토린이를 위한 토익 첫걸음

해커스 토익 왕기초 LC
LISTENING 200%활용법!

KB086758

무료 온라인 모의토익 이용 방법

방법 **해커스토익**(Hackers.co.kr) 접속 ▶
상단 메뉴 **[무료강의 → 토익 무료컨텐츠 → 모의토익]**
클릭하여 이용하기

들으면서 외우는 단어암기자료(단어암기 MP3 + 단어암기장)

방법 **해커스인강**(HackersIngang.com) 접속 ▶
상단 메뉴 **[MP3/자료 → 무료 MP3/자료]** 클릭 ▶
본 교재의 단어암기장 및 단어암기 MP3 클릭하여 다운받기

* QR코드로 [MP3/자료] 바로 이용하기

교재 MP3 다운로드 방법

방법 **해커스인강**(HackersIngang.com) 접속 ▶
상단 메뉴 **[MP3/자료 → 문제풀이 MP3]** 클릭 ▶
본 교재의 MP3 클릭하여 다운받기

* QR코드로 [교재 MP3] 바로 이용하기

토린이를 위한 토익 첫걸음

해커스
토익 LC 왕기초
LISTENING

해커스 어학연구소

토익 리스닝의 첫걸음
해커스 토익 왕기초 Listening

영어는 알파벳밖에 모르는데,
토익은 어떻게 시작하죠?

토익을 쉽게 시작할
방법이 있을 거예요.

졸업, 취업, 공무원 시험, 승진... 그 목표 달성에 꼭 필요한 토익!

<해커스 토익 왕기초 Listening>은 토익을 처음 시작하는 분들은 물론

누구라도 토익을 쉽게 접할 수 있도록 구성되었습니다.

<해커스 토익 왕기초 Listening>과 함께라면 영어가 들리고, 토익이 쉬워집니다.

리스닝 전반은 물론 리스닝 파트별 기초 학습으로 본격적인
토익 학습을 위한 토대를 쌓을 수 있습니다.

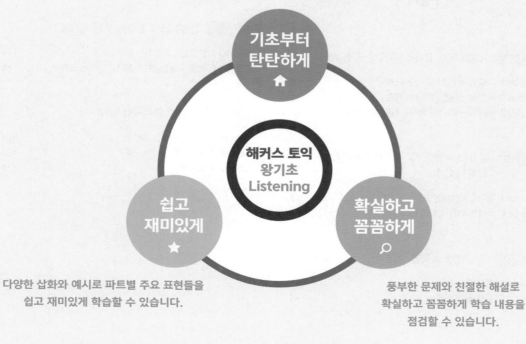

기초부터
탄탄하게

해커스 토익
왕기초
Listening

쉽고
재미있게

확실하고
꼼꼼하게

다양한 삽화와 예시로 파트별 주요 표현들을
쉽고 재미있게 학습할 수 있습니다.

풍부한 문제와 친절한 해설로
확실하고 꼼꼼하게 학습 내용을
점검할 수 있습니다.

목차

질문에 적절한
응답 고르기

토익 리스닝 기초

사진을 잘 묘사한
보기 고르기

Part 1

Part 2

두 사람 이상의
대화 듣고 문제 풀기

한 사람의 담화를 듣고
문제 풀기

Part 3

Part 4

책의 특징과 구성 알아보기

❶ 토익 리스닝을 위한 **기초부터 탄탄하게 학습할 수 있어요.**

<해커스 토익 왕기초 Listening>은 기본적인 영어 듣기 실력을 다질 수 있는 **듣기 기초 학습**과, 리스닝 파트별로 문제를 풀기 위해 꼭 필요한 **기본기 학습**을 제공하여 기초를 탄탄히 쌓을 수 있도록 구성되어 있습니다.

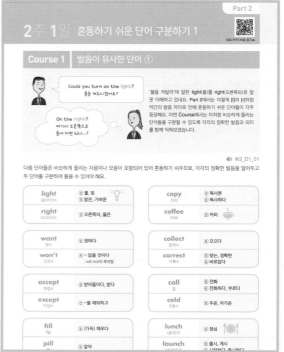

듣기 기초 학습

영어 듣기에 꼭 필요한 내용 중에서도 토익 리스닝을 효율적으로 학습하기 위해 필요한 부분들을 선정하여 듣기 기초를 다질 수 있도록 구성하였습니다.

파트별 기본기 학습

Part 2의 유사 발음 어휘, Part 3/4의 끊어 듣기 등 본격적인 학습 전 각 파트에서 기본적으로 필요한 개념과 듣기 스킬을 익힐 수 있습니다.

❷ 다양한 삽화와 유형별 공략으로 쉽고 재미있게 학습할 수 있어요.

<해커스 토익 왕기초 Listening>은 파트별로 자주 사용되는 표현을 **다양한 삽화**와 함께 익혀 학습 효과와 재미를 모두 높일 수 있도록 구성되었습니다. 또한 **문제 유형에 따른 단계별 공략법**을 제시하여, 쉽고 빠르게 문제를 풀 수 있습니다.

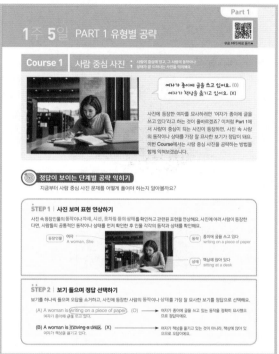

삽화와 함께 익히는 핵심 표현

파트별 핵심 어휘 및 표현들이 삽화와 함께 수록되어 있어 보다 쉽고 재미있게 학습할 수 있으며, 표현을 암기하는 데에도 효과적입니다.

문제 유형별 공략법 학습

문제 유형에 따라 단계별 공략법을 익히고, 이를 직접 문제에 적용해볼 수 있습니다.

❸ 풍부한 문제와 친절한 해설로 확실하고 꼼꼼하게 목표를 달성할 수 있어요.

<해커스 토익 왕기초 Listening>은 앞서 학습한 표현과 공략법을 직접 적용하여 **연습 문제**와 **실전 문제**를 풀어보고, 실제 시험을 위한 준비를 꼼꼼히 할 수 있습니다.

배운 내용을 적용해보는 연습 문제

문제 풀이 공략법을 사용하여 문제를 풀어보는 연습을 할 수 있고, 앞서 배운 어휘와 표현들이 문제에서 어떻게 활용되는지 확인할 수 있습니다.

실전 토익과 유사한 실전 문제

실제 토익 문제를 반영한 문제들을 풀어보며 실전 감각을 기를 수 있습니다.

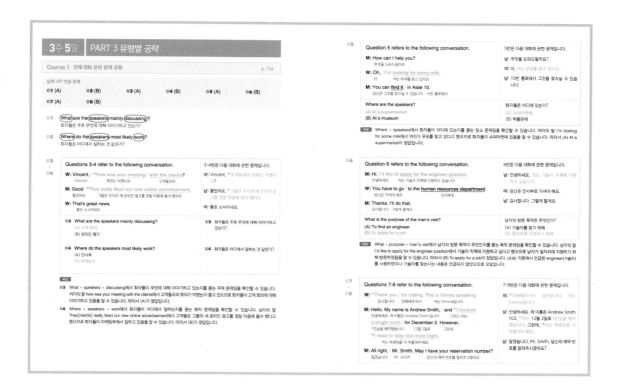

끊어 듣기별 해석

지문을 끊어 듣는 부분을 표시하고, 각 부분별 해석을 제공하여 문장의 구조를 파악하고, 긴 문장도 쉽게 해석할 수 있도록 하였습니다.

정답의 단서

각 문제의 정답 단서가 되는 부분을 지문과 해석 모두 파란색으로 표시하여 한눈에 파악할 수 있도록 하였습니다.

친절한 해설

단계별 공략법을 적용한 상세한 문제 해설로 문제 풀이 방식 및 정답의 이유를 명확하게 이해하고, 그럴듯한 오답에 대한 근거를 제공하여 오답 함정에 빠지지 않도록 합니다.

토익이란 무엇인가요?

토익(TOEIC)은 Test of English for International Communication의 약자로 영어가 모국어가 아닌 사람들을 대상으로 한 시험입니다. 언어 본래의 기능인 '커뮤니케이션' 능력에 중점을 두고 회사 생활(채용, 물품 구매, 계약 등) 또는 일상생활(문화, 건강, 외식 관련 등)에 필요한 실용영어 능력을 평가합니다.

토익은 어떻게 구성되어 있나요?

구성		내용	문항 수	시간	배점
Listening Test	Part 1	사진 묘사	6문항	45분	495점
	Part 2	질의응답	25문항		
	Part 3	짧은 대화	39문항, 13지문		
	Part 4	짧은 담화	30문항, 10지문		
Reading Test	Part 5	단문 빈칸 채우기 (문법/어휘)	30문항	75분	495점
	Part 6	장문 빈칸 채우기 (문법/어휘/문장 고르기)	16문항, 4지문		
	Part 7	지문 읽고 문제 풀기(독해) - 단일 지문 - 복합 지문	54문항, 15지문 - 29문항, 10지문 - 25문항, 5지문		
Total		7 Parts	200문항	120분	990점

토익은 어떻게 접수하나요?

1. 접수 기간을 TOEIC위원회 인터넷 사이트(www.toeic.co.kr) 혹은 공식 애플리케이션에서 확인하세요.
2. 추가시험은 연중 상시로 시행되니 시험 일정을 인터넷으로 확인하고 접수하세요.
3. 접수 시, jpg 형식의 사진 파일이 필요하므로 미리 준비해 두세요.

토익 보기 전 챙겨야 할 준비물이 있나요?

신분증   연필&지우개   시계   수험번호를 적어둔 메모

* 시험 당일 신분증이 없으면 시험에 응시할 수 없으므로, 반드시 ETS에서 요구하는 신분증(주민등록증, 운전면허증, 공무원증 등)을 지참합니다. ETS에서 인정하는 신분증 종류는 TOEIC위원회 인터넷 사이트(www.toeic.co.kr)에서 확인 가능합니다.

토익 시험 당일 일정은 어떻게 되나요?

정기시험/추가시험(오전)	추가시험(오후)	내용
09:30 ~ 09:45	2:30 ~ 2:45	답안지 작성 오리엔테이션
09:45 ~ 09:50	2:45 ~ 2:50	쉬는 시간
09:50 ~ 10:10	2:50 ~ 3:10	신분 확인 및 문제지 배부
10:10 ~ 10:55	3:10 ~ 3:55	듣기 평가(Listening Test)
10:55 ~ 12:10	3:55 ~ 5:10	독해 평가(Reading Test)

토익 성적은 어떻게 확인하나요?

성적 발표일	시험일로부터 약 10일 이후 (성적 발표 기간은 회차마다 상이함)
성적 확인 방법	TOEIC위원회 인터넷 사이트(www.toeic.co.kr) 혹은 공식 애플리케이션
성적표 수령 방법	우편 수령 또는 온라인 출력 (시험 접수 시 선택) *온라인 출력은 성적 발표 즉시 발급 가능하나, 우편 수령은 약 7일가량의 발송 기간이 소요될 수 있음

Part 1 • 사진 묘사하기

Part 1은 사진을 보고 주어진 4개의 보기 중에서 사진의 상황을 가장 잘 묘사한 보기를 고르는 유형입니다. 1번부터 6번까지 총 6문제가 출제되며, 문제지에는 사진만 제시되고 음성으로 4개의 보기를 들려줍니다.

◉ 문제 형태

디렉션

LISTENING TEST

In this section, you must demonstrate your ability to understand spoken English. This section is divided into four parts and will take approximately 45 minutes to complete. Do not mark the answers in your test book. Use the answer sheet that is provided separately.

PART 1

Directions: For each question, you will listen to four short statements about a picture in your test book. These statements will not be printed and will only be spoken one time. Select the statement that best describes what is happening in the picture and mark the corresponding letter (A), (B), (C), or (D) on the answer sheet.

Sample Answer
Ⓐ ● Ⓒ Ⓓ

The statement that best describes the picture is (B), "The man is sitting at the desk." So, you should mark letter (B) on the answer sheet.

45분간 4개 파트로 구성된 리스닝 테스트를 진행할 것이며, 네 개의 보기 중 사진을 가장 잘 묘사한 문장을 고르라는 내용이에요. (약 1분 30초간 들려줍니다.)

문제지

1.

음성

Number One.
Look at the picture marked number one in your test book.

(A) She is closing a window.
(B) She is holding a cup.
(C) She is using a computer.
(D) She is moving a desk.

해설 사진에서 눈에 띄는 여자의 행동을 살펴보면, 앉아서 컴퓨터를 사용하고 있는 모습을 확인할 수 있습니다. 네 개의 보기 중 컴퓨터를 사용하고 있는 여자의 동작을 잘 묘사한 (C)가 정답이에요.
(A): 여자가 창문을 닫고 있는 것이 아니라, 창문을 마주 보고 앉아 있으므로 오답입니다.
(B): 여자가 컵을 들고 있는 것이 아니라, 카드를 들고 있으므로 오답입니다.
(D): 여자가 책상을 옮기고 있는 것이 아니라, 책상 앞에 앉아 있으므로 오답입니다.

Part 2 • 묻고 답하기

Part 2는 하나의 질문에 대한 세 개의 응답 중 가장 적절하게 답한 보기를 고르는 유형입니다. 7번부터 31번까지 총 25문제가 출제되며, 문제지에는 답안지에 답을 마킹하라는 디렉션만 제시되고 음성으로 질문과 3개의 보기를 들려줍니다.

◎ 문제 형태

디렉션

> 질문에 가장 잘 응답한 보기를 고르라는
> 내용이에요. (약 30초간 들려줍니다.)

PART 2

Directions: For each question, you will listen to a statement or question followed by three possible responses spoken in English. They will not be printed and will only be spoken one time. Select the best response and mark the corresponding letter (A), (B), or (C) on your answer sheet.

문제지

7. **Mark your answer on your answer sheet.**

음성

Number Seven. When does the library close?

(A) At 8 P.M.
(B) Yes, it was great.
(C) Next to the bank.

해설   When(언제)을 사용하여 도서관이 문을 닫는 시점이 언제인지를 묻는 질문임을 파악할 수 있습니다. 세 개의 보기 중 오후 8시라며 도서관이 문을 닫는 시간으로 적절하게 응답한 (A)가 정답이에요.
(B): 도서관이 문을 닫는 시점은 Yes/No로 응답할 수 없으므로 오답입니다.
(C): 도서관이 문을 닫는 시점을 묻는 질문에 '은행 옆'이라는 장소로 응답했으므로 오답입니다.

Part 3 • 두 사람 이상의 대화 듣기

Part 3는 두 사람 혹은 세 사람이 나누는 대화를 듣고, 그에 관련된 세 개의 문제를 푸는 유형입니다. 32번부터 70번까지 총 39문제가 출제되며, 문제지에는 질문과 보기가 제시되고 음성으로 질문을 들려줍니다.

◉ 문제 형태

> 두 사람 이상의 대화를 듣고, 관련된 세 개의 질문에 가장 잘 응답한 보기를 고르라는 내용이에요. (약 30초간 들려줍니다.)

디렉션

PART 3

Directions: In this part, you will listen to several conversations between two or more speakers. These conversations will not be printed and will only be spoken one time. For each conversation, you will be asked to answer three questions. Select the best response and mark the corresponding letter (A), (B), (C), or (D) on your answer sheet.

문제지

32. **What are the speakers mainly discussing?**
(A) Finding a building
(B) Fixing a computer
(C) Hiring an employee
(D) Doing some research

음성

Questions 32 through 34 refer to the following conversation.

M: We need to hire another person for the sales team.
W: I agree. How about posting a job advertisement on the employment Web site that we used before?
M: Hmm . . . I don't think many people use that site nowadays.
W: OK. I'll look for another site.

Number 32. What is the conversation mainly about?

해설 질문을 보고 화자들이 주로 무엇에 대해 이야기하고 있는지, 즉 대화의 주제를 묻는 문제임을 파악할 수 있습니다. 대화 초반에서 남자가 영업부에 사람을 고용해야 한다고 말하며 그에 관련된 이야기들로 대화가 이어지고 있어요. 이를 통해 화자들이 공석인 회계부의 일자리에 대해 이야기하고 있음을 알 수 있으므로 (C)가 정답이에요.

Part 4 · 한 사람의 담화 듣기

Part 4는 한 사람의 담화를 듣고 그에 관련된 세 개의 문제를 푸는 유형입니다. 71번부터 100번까지 총 30문제가 출제되며, 문제지에는 질문과 보기가 제시되고 음성으로 질문을 들려줍니다.

◉ 문제 형태

> 짧은 담화를 듣고 관련된 세 개의 질문에 가장 잘 응답한 보기를 고르라는 내용이에요. (약 30초간 들려줍니다.)

디렉션

PART 4

Directions: In this part, you will listen to several short talks by a single speaker. These talks will not be printed and will only be spoken one time. For each talk, you will be asked to answer three questions. Select the best response and mark the corresponding letter (A), (B), (C), or (D) on your answer sheet.

문제지

73. **What does the speaker ask the listener to do?**

(A) Finish a report
(B) Bring a receipt
(C) Provide a sample
(D) Return a call

음성

Questions 71 through 73 refer to the following telephone message.

My name is Dennis Lehman, and I'm calling about your company's repair service. The problem is that one of your technicians arrived at my house at 11:20 A.M. . . . The appointment was for 10:15 A.M. Because of this, I had to cancel an important meeting. Therefore, I do not think I should pay the full amount for this service. Please call me back immediately to discuss this situation. Thank you.

Number 73. What does the speaker ask the listener to do?

 해설 질문을 보고 화자가 청자에게 무엇을 하라고 요청하는지, 즉 화자의 요청 사항을 묻는 문제임을 파악할 수 있습니다. 담화 후반에서 화자가 자신에게 다시 전화를 해달라고 요청하고 있어요. 이를 통해 화자가 청자에게 회신해달라고 요청하고 있음을 알수 있으므로 (D)가 정답이에요.

나에게 딱! 맞는 학습 플랜은? 자가 진단 및 학습 플랜

◉ 자가 진단

YES ⟶ NO ⤑

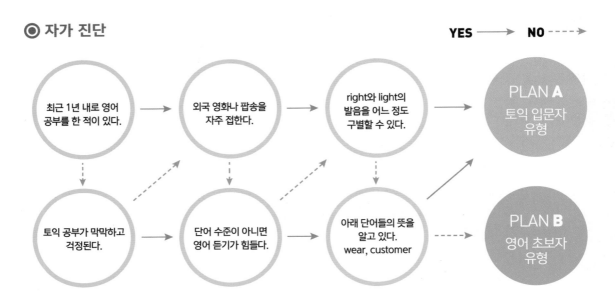

PLAN A
토익 입문자 유형

PLAN B
영어 초보자 유형

◉ 학습 플랜

PLAN A. 토익 입문자 유형 · 4주로 완성하기

일상에서 영어를 종종 접해 기본기를 어느 정도 갖추고 있군요. 본 교재의 기본 구성대로 4주 동안 학습하면 영어 듣기 실력을 향상시키고, 토익 리스닝을 차근차근 준비할 수 있어요.

	1일	2일	3일	4일	5일	6일
1주	1주 1일	1주 2일	1주 3일	1주 4일	1주 5일	1주 복습
2주	2주 1일	2주 2일	2주 3일	2주 4일	2주 5일	2주 복습
3주	3주 1일	3주 2일	3주 3일	3주 4일	3주 5일	3주 복습
4주	4주 1일	4주 2일	4주 3일	4주 4일	4주 5일	4주 복습

PLAN B. 영어 초보자 유형 8주로 완성하기

영어가 어렵고 영어에 대한 두려움이 큰 영어 초보 학습자들을 위한 학습 플랜입니다. 이틀에 1일씩 8주 동안 학습하여 학습량에 대한 부담을 줄이고, 보다 꼼꼼하게 학습할 수 있어요.

1주	1일	2일	3일	4일	5일	6일
	1주 1일 C1, C2	1주 1일 실전문제, 1주 2일 C1	1주 2일 C2, 실전 문제	1주 1,2일 복습	1주 3일 C1	1주 3일 C2

2주	1일	2일	3일	4일	5일	6일
	1주 3일 실전 문제, 1주 4일 C1	1주 4일 C2	1주 4일 실전 문제, 1주 3,4일 복습	1주 5일 C1, C2	1주 5일 실전 문제	1주 복습

3주	1일	2일	3일	4일	5일	6일
	2주 1일 C1, C2	2주 1일 실전문제, 2주 2일 C1	2주 2일 C2, 실전 문제	2주 1,2일 복습	2주 3일 C1	2주 3일 C2

4주	1일	2일	3일	4일	5일	6일
	2주 3일 실전 문제, 2주 4일 C1	2주 4일 C2	2주 4일 실전 문제, 2주 3,4일 복습	2주 5일 C1, C2	2주 5일 실전 문제	2주 복습

5주	1일	2일	3일	4일	5일	6일
	3주 1일 C1, C2	3주 1일 실전문제, 3주 2일 C1	3주 2일 C2, 실전 문제	3주 1,2일 복습	3주 3일 C1	3주 3일 C2

6주	1일	2일	3일	4일	5일	6일
	3주 3일 실전 문제, 3주 4일 C1	3주 4일 C2	3주 4일 실전 문제, 3주 3,4일 복습	3주 5일 C1, C2	3주 5일 실전 문제	3주 복습

7주	1일	2일	3일	4일	5일	6일
	4주 1일 C1, C2	4주 1일 실전문제, 4주 2일 C1	4주 2일 C2, 실전 문제	4주 1,2일 복습	4주 3일 C1	4주 3일 C2

8주	1일	2일	3일	4일	5일	6일
	4주 3일 실전 문제, 4주 4일 C1	4주 4일 C2	4주 4일 실전 문제, 4주 3,4일 복습	4주 5일 C1, C2	4주 5일 실전 문제	4주 복습

토익 리스닝
기초

1주 1일 리스닝 기초 다지기 1

Course 1 | 비슷한 발음 구분하여 듣기

Please copy this report.
[카피]

갑자기 왜 커피를
타오라는 거지?

여자가 '보고서를 복사해달라'며 말한 **copy**(복사하다)를 **coffee**(커피)로 잘못 이해하고 있네요. 이처럼 **copy**의 [p]와 **coffee**의 [f]는 발음이 비슷해서 들을 때 혼동하기 쉬워요. 이번 Course에서는 이렇게 서로 비슷하게 들리는 발음들을 함께 알아보겠습니다.

♛ [p] & [f]

🔊 W1_D1_01

[p]는 두 입술을 맞붙였다가 떼면서 숨을 세게 내보내어 내는 소리로, 우리말의 'ㅍ'처럼 들려요. [f]는 윗니로 아랫입술을 살짝 물었다 놓으면서 숨을 내쉬어 내는 소리로 'ㅍ'와 'ㅎ'의 중간 소리처럼 들려요.

[p]	**[f]**
open [오픈] 열다	**often** [어f픈] 자주
copy [카피] 복사하다	**coffee** [커f피] 커피
pull [풀] 끌다	**full** [f풀] 가득 찬

📢 **토익에 이렇게 나와요!**

(A) He is **pulling** a cart. (O)
   그는 카트를 끌고 있다.

(B) The hall is **full** of people. (X)
   복도가 사람들로 가득 차 있다.

→ (A)는 pull을 사용하여 남자가 카트를 끌고 있는 동작을 정확히 묘사했어요.
  (B)는 pull과 비슷하게 들리는 full을 사용했지만 사진과는 관련 없는 내용이에요.

---

[b] & [v]

[b]는 두 입술을 맞붙였다가 떼며 내는 소리로 우리말의 'ㅂ'처럼 들려요. [v]는 윗니로 아랫입술을 살짝 물었다 놓으며 내는 소리로, 'ㅂ'보다 **바람 새는 소리**가 더 들려요.

[b]	**[v]**
best [베스ㅌ] 최고의	**vest** [v베스ㅌ] 조끼
base [베이ㅅ] 기초	**vase** [v베이ㅅ] 꽃병
boat [보우ㅌ] 배	**vote** [v보우ㅌ] 투표; 투표하다

📢 **토익에 이렇게 나와요!**

Who was the **best** speaker at the seminar? 세미나에서 누가 최고의 연설자였나요?

(A) Mr. Green. (O) Mr. Green이요.

(B) It's a nice **vest**. (X) 멋진 조끼네요.

→ 최고의 연설자가 누구인지를 묻는 질문에 (A)는 Mr. Green이라고 적절히 응답했어요.
(B)는 질문의 best와 비슷하게 들리는 vest를 사용했지만 질문과는 관련 없는 내용으로 응답했어요.

 [l] & [r]

[l]는 혀끝을 앞니 뒤에 대었다가 떼며 내는 소리로 '(을)르'처럼 들려요. [r]는 입술을 둥글게 해서 혀를 입천장 가까이 가져가며 내는 소리로 '(우)르'처럼 들려요.

[l]	**[r]**
lead [(을)리ㄷ] 이끌다	**read** [(우)리ㄷ] 읽다
light [(을)라잇ㅌ] 가벼운; 빛	**right** [(우)라잇ㅌ] 옳은
load [(을)로ㄷ] (짐을) 싣다	**road** [(우)로ㄷ] 길

📢 **토익에 이렇게 나와요!**

(A) A man is standing on the **road**. (O)
남자가 길 위에 서 있다.

(B) A man is **loading** a truck. (X)
남자가 트럭에 짐을 싣고 있다.

→ (A)는 남자가 길 위에 서 있는 상태를 road를 사용하여 정확히 묘사했어요.
(B)는 road와 비슷하게 들리는 load를 사용했지만 사진과는 관련 없는 내용이에요.

토익리스닝기초

PART 1

PART 2

PART 3

PART 4

해커스 토익 왕기초 Listening

👑 [ou] & [ɔː]

[ou]는 입을 동그랗게 해서 '오' 뒤에 '우'를 연결하여 내는 소리로 **'오우'**처럼 들려요. [ɔː]는 입을 동그랗게 한 채 '아'를 발음하듯 내는 소리로 **'오'와 '아'의 중간 소리**처럼 들려요.

[ou]

low [(을)로우] 낮은

coast [코우스트] 해안

whole [호울] 전부의

[ɔː]

law [(을)러어] 법

cost [커스트] 값, 비용

hall [허얼] 홀, 복도

📢 토익에 이렇게 나와요!

How much does this shirt cost?   이 셔츠값이 얼마인가요?

(A) It's $15.   **(O)**   그건 15달러예요.

(B) Along the **coast**.   **(X)**   해안을 따라서요.

→ 셔츠값이 얼마인지를 묻는 질문에 (A)는 It's $15(그건 15달러예요)라며 적절히 응답했어요.
  (B)는 질문의 cost와 비슷하게 들리는 coast를 사용했지만 질문과는 관련 없는 내용으로 응답했어요.

👑 [i] & [iː]

[i]는 짧게 끊어서 내는 소리로 **'이'**처럼 들려요. [iː]는 입술을 옆으로 크게 벌리고 길게 내는 소리로 더 긴 **'이-'**처럼 들려요.

[i]

live [(을)리v브] 살다

fill [f필] 채우다

hit [힛트] 치다, ~와 부딪히다

[iː]

leave [(을)리이v브] 떠나다

feel [f피일] 느끼다

heat [히잇트] 열, 온도

📢 토익에 이렇게 나와요!

Where do you live now?   지금 어디에 사시나요?

(A) On Hines Street.   **(O)**   Hines가에요.

(B) I should **leave** early.   **(X)**   전 일찍 떠나야 해요.

→ 어디에서 사는지를 묻는 질문에 (A)는 On Hines Street(Hines가에)이라고 적절히 응답했어요.
  (B)는 질문의 live와 비슷하게 들리는 leave를 사용했지만 질문과는 관련 없는 내용으로 응답했어요.

실력 UP! 연습 문제

🔊 W1_D1_Practice1

[01-06] 비슷한 발음에 유의하여 음성을 듣고, 문장 안에서 사용된 단어를 골라 보세요. (음성은 세 번 들려줍니다.)

01 Ⓐ often   Ⓑ open

02 Ⓐ leave   Ⓑ live

03 Ⓐ boat   Ⓑ vote

04 Ⓐ cold   Ⓑ called

05 Ⓐ leading   Ⓑ reading

06 Ⓐ law   Ⓑ low

[07-11] 비슷한 발음에 유의하여 음성을 듣고, 빈칸에 들어갈 단어를 받아써 보세요. (음성은 세 번 들려줍니다.)

07 A flower is in the _____.

꽃이 꽃병에 있어요.

08 I was _____ for a meeting.

저는 회의에 늦었습니다.

09 There is a guest in the _____.

복도에 손님이 있습니다.

10 The room is almost _____.

방이 거의 가득 찼어요.

11 Could you _____ the papers?

서류를 복사해주시겠어요?

정답 ▪ 스크립트 ▪ 해석 ▪ 해설 p. 2

이런 단어가 나와요!

01 **window** 뎽 창문   03 **river** 뎽 강   04 **cold** 뎽 추운   **outside** 뿐 야외에(서)   05 **book** 뎽 책   06 **sell** 뙹 팔다   **price** 뎽 가격   07 **flower** 뎽 꽃
08 **late** 뎽 늦은   **meeting** 뎽 회의   09 **guest** 뎽 손님   **hall** 뎽 복도   10 **almost** 뿐 거의   11 **papers** 뎽 서류

1주 1일 Course 1 비슷한 발음 구분하여 듣기   **23**

토익 리스닝 기초 | PART 1 | PART 2 | PART 3 | PART 4 | 해커스 토익 왕기초 Listening

See you next time.
[넥스타임]

'다음에 보자'며 말한 next time을 연음 때문에 잘못 듣고 혼동하고 있네요. '연음'이란 next와 time처럼 두 개의 단어가 이어지면서 나는 소리로, 각 단어의 원래 발음과는 다르게 들릴 수 있어 혼동하기 쉬워요. 이번 Course에서는 이러한 연음으로 인해 변하는 발음들을 함께 알아보겠습니다.

넥스타임은 무슨 시간이지?

이어지면서 사라지는 소리

🔊 W1_D1_06

두 단어 사이에 발음이 같거나 비슷한 자음이 나란히 나오면, 앞 자음의 소리는 사라지고 뒤의 자음만 들려요.

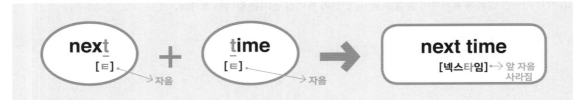

next
[ㅌ] → 자음

+

time
[ㅌ] → 자음

→

next time
[넥스타임] ↔ 앞 자음 사라짐

*next의 마지막 자음 [t]와 time의 첫 자음 [t]가 나란히 오는 경우, 앞 자음 [t]가 사라져 '넥스트 타임'이 아닌 '넥스타임'으로 들려요.

bus stop	[버스탑]	need to	[니이투]
last time	[래스타임]	send them	[쎈뎀]
next to	[넥스투]	bank card	[뱅카르드]

 토익에 이렇게 나와요!

❶ Where is the nearest bus stop? 가장 가까운 버스 정류장이 어디인가요?

❷ We need to talk to your manager. 우리는 당신의 관리자와 이야기해야 합니다.

이어지면서 하나 되는 소리　　　　　　　　🔊 W1_D1_07

앞에 나온 단어의 끝 자음과 뒤에 나온 단어의 첫 모음이 이어져서 새로운 하나의 소리로 들려요.

*find의 끝 자음 [d]와 it의 첫 모음 [i]가 이어져서 'f파인드 잇'이 아닌 'f파인딧'으로 들려요.

pick up	[피컵]	**look around**	[루커라운드]
hand out	[핸다웃]	**ask about**	[애스커바웃]
a cup of	[어커버v브]	**for a break**	[f포러브레이크]

📢 토익에 이렇게 나와요!

❶ It's time **for a** break.　　휴식 시간입니다.
❷ Jackson will **hand out** some books.　　Jackson이 책을 나누어 줄 것입니다.

 모음 사이에서 다른 발음으로 변하는 t　　　　　🔊 W1_D1_08

모음과 모음 사이에 t가 오면 우리말의 'ㄹ'와 비슷한 발음으로 들려요.

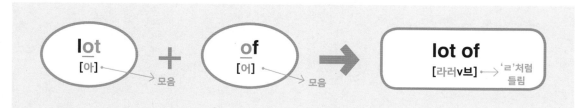

*lot의 모음 [o]와 of의 모음 [o] 사이에 온 [t]가 'ㄹ'처럼 변하여 '랏 어브'가 아닌 '라러v브'로 들려요.

out of	[아우러v브]	**put on**	[푸런]
pick it up	[피키럽]	**about an hour**	[어바우런아월]
a lot of	[얼라러v브]	**fill out a form**	[f필라우러f폼]

📢 토익에 이렇게 나와요!

❶ A **lot of** people are in the office.　　많은 사람들이 사무실에 있어요.
❷ She called **about an** hour ago.　　그녀는 약 한 시간 전에 전화했어요.

앞에 나온 단어의 끝 자음이 d나 t일 때 뒤에 you와 이어지면, 각각 우리말의 'ㅈ', 'ㅊ'과 비슷한 발음으로 들려요.

Did
[디]
→ 끝 자음 d

+

you
[유]
→ 첫 모음 y

→

Did you
[디쥬] ↪ 새로운 발음 'ㅈ'

*Did의 끝 자음 [d]와 you[유]가 이어지는 경우, d가 'ㅈ'처럼 변해 '디드 유'가 아닌 '디쥬'로 들려요.

told you	[톨쥬]	**meet you**	[미츄]
need your help	[니쥬얼 헬ㅍ]	**how about you**	[하우어바우츄]

📢 토익에 이렇게 나와요!

❶ **Did you** finish your work? 일은 다 마치셨나요?

❷ I'll **let you** know tomorrow. 내일 알려드릴게요.

실력 UP! 연습 문제

🔊 W1_D1_Practice2

[01-08] 연음에 유의하여 음성을 듣고, 빈칸을 받아써 보세요. (음성은 세 번 들려줍니다.)

01 I'll _____ the key.

제가 열쇠를 찾아올게요.

02 He is _____ the office.

그는 사무실에 없어요.

03 I was having dinner at _____.

저는 그때 저녁을 먹고 있었어요.

04 _____ check the receipt?

영수증을 확인해주시겠어요?

05 You should call the _____.

당신은 안내 데스크에 전화하셔야 해요.

06 If you have the reports, _____ to me.

보고서를 갖고 계시다면, 그것들을 저에게 보내주세요.

07 I _____ know your _____.

저는 당신의 거리 주소를 알고 싶습니다.

08 He will _____ to _____ ideas.

그는 몇 가지 방안들을 논의하기 위해 당신을 만날 것입니다.

정답 ▪ 스크립트 ▪ 해석 ▪ 해설 p. 3

이런 단어가 나와요!

01 **pick up** ~을 찾다 02 **out of** 없는 **office** 몡 사무실 03 **dinner** 몡 저녁 04 **check** 통 확인하다 **receipt** 몡 영수증
05 **call** 통 전화하다 **front desk** 안내 데스크 06 **report** 몡 보고서 **send** 통 보내다 07 **know** 통 알다 **street address** 거리 주소
08 **meet** 통 만나다 **discuss** 통 논의하다

1주 2일 리스닝 기초 다지기 2

Course 1 | 시제 익히기

> 사람들이 서류를 보는 중이에요. (현재 진행 시제)
> 사람들이 회의실에 있어요. (현재 시제)

사람들이 회의실에서 서류를 보고 있는 모습을 '사람들이 서류를 보는 중이다'라고 묘사할 수도 있고, '사람들이 회의실에 있다'라고 묘사할 수도 있어요. 이번 Course에서는 이렇게 상황을 묘사할 때 사용되는 시제의 여러 형태와 의미를 함께 익혀보겠습니다.

👑 '~하는 중이다' (현재 진행 시제)   🔊 W1_D2_01

'서류를 보는 중이다'와 같이 사람이 지금 진행하고 있는 동작이나, '시계가 벽에 걸려 있다'와 같이 사물의 현재 상태를 묘사할 때 현재 진행 시제를 주로 사용해요.

형태	의미
주어 + am / is / are + -ing	주어가 ~하는 중이다 (동작) 주어가 ~해 있다 (상태)

❶ They **are looking** at some papers. 그들은 서류를 보는 중이에요. (동작)

❷ He **is reading** a book. 그는 책을 읽는 중이에요. (동작)

❸ A clock **is hanging** on a wall. 시계가 벽에 걸려 있어요. (상태)

📣 토익에 이렇게 나와요!

현재 진행 시제

> She **is opening** a box.
> 그녀는 상자를 여는 중이에요.

→ 상자를 열고 있는 여자의 동작을 현재 진행 시제를 사용하여 묘사했어요.

'~에 있다 / ~한 상태이다' (현재 시제)

'사람들이 회의실에 있다'나 '책이 책상 위에 있다'와 같이 사람이나 사물의 현재 위치를 묘사하거나, '그는 지금 바쁘다'와 같이 사람의 현재 상태를 묘사할 때 현재 시제를 주로 사용해요.

형태	의미
주어 + am / is / are ~ There is / are + ~	주어가 ~에 있다, ~한 상태이다

❶ Some people **are** in the meeting room. 사람들이 회의실에 있어요.

❷ Some pens **are** on the desk. 몇몇 펜들이 책상 위에 있어요.

❸ He **is** busy now. 그는 지금 바빠요.

❹ **There are** some cans in the bag. 몇몇 캔들이 가방 안에 있어요.

 토익에 이렇게 나와요!

현재 시제

There is some fruit on the table.
과일이 탁자 위에 있어요.

→ 탁자 위에 놓인 과일의 위치를 현재 시제를 사용하여 묘사했어요.

토익 리스닝 기초 / PART 1 / PART 2 / PART 3 / PART 4 / 해커스 토익 왕기초 Listening

👑 '~했다 / ~해왔다' (현재 완료 시제)

누군가가 30분 전에 식탁을 차려서 지금까지도 식탁이 차려져 있을 때, '그가 식탁을 차렸다'라고 묘사할 수 있어요. 이처럼 과거에 시작된 일이 현재까지 유지되고 있는 상태를 묘사할 때 현재 완료 시제를 주로 사용해요.

형태	주어 + has / have + p.p.	의미	주어가 ~했다, ~해왔다

❶ He **has set** the table. 그는 식탁을 차렸어요. (지금도 식탁이 차려져 있음)

❷ A woman **has opened** a door. 여자가 문을 열었어요. (지금도 문이 열려 있음)

❸ **I've lived** in France for three years. 저는 3년간 프랑스에서 살아왔어요. (지금도 프랑스에서 살고 있음)

📢 토익에 이렇게 나와요!

현재 완료 시제

Some people **have gathered** outside.
몇몇 사람들이 야외에 모였어요.

→ 과거에 모인 사람들이 현재까지 계속 모여 있는 상태를 현재 완료 시제를 사용하여 묘사했어요.

실력 UP! 연습 문제

🔊 W1_D2_Practice1

[01-04] 문장을 듣고 알맞은 뜻을 고른 후, 괄호 안의 동사를 활용하여 빈칸을 받아써 보세요. (음성은 세 번 들려줍니다.)

01 그는 이메일을 Ⓐ 읽는 중이다. Ⓑ 읽었다.

He _____ an e-mail. (read)

02 그는 창문을 Ⓐ 닫았다. Ⓑ 닫는 중이다.

He _____ the window. (close)

03 그들은 상자들을 Ⓐ 옮기는 중이다. Ⓑ 옮겼다.

They _____ some boxes. (move)

04 트럭이 코너에 Ⓐ 멈추는 중이다. Ⓑ 멈췄다.

The truck _____ at the corner. (stop)

[05-08] 문장을 듣고 알맞은 뜻을 고른 후, 빈칸을 받아써 보세요. (음성은 세 번 들려줍니다.)

05 그녀는 문을 Ⓐ 여는 중이다. Ⓑ 열었다.

She _____ the door.

06 책 몇 권이 책상 위에 Ⓐ 있었다. Ⓑ 있다.

Some books _____ on the desk.

07 그들은 음식을 Ⓐ 준비하는 중이다. Ⓑ 준비했다.

They _____ some food.

08 몇몇 사람들이 벤치 가까이에 Ⓐ 있었다. Ⓑ 있다.

_____ some people near the bench.

정답 ■ 스크립트 ■ 해석 ■ 해설 p. 4

이런 단어가 나와요!

01 **read** 통 읽다 02 **close** 통 닫다 **window** 명 창문 03 **move** 통 옮기다 **box** 명 상자 04 **stop** 통 멈추다 05 **open** 통 열다 **door** 명 문
06 **book** 명 책 **desk** 명 책상 07 **prepare** 통 준비하다 **food** 명 음식 08 **people** 명 사람들 **near** 전 가까이(에)

토익리스닝기초

PART 1

PART 2

PART 3

PART 4

해커스 토익 왕기초 Listening

Course 2 | 태 익히기

사람들이 벽을 칠하는 중이에요. (능동)

벽이 사람들에 의해 칠해지는 중이에요. (수동)

사람들이 벽을 칠하고 있는 모습을 보고 '벽이 사람들에 의해 칠해지는 중이다'라고 묘사할 수도 있겠죠? 이렇게 어떤 동작을 당하는 대상에 초점을 맞추어 묘사할 때 수동태가 사용돼요. 이번 Course에서는 수동태의 여러 형태와 의미를 함께 익혀보겠습니다.

👑 '~되는 중이다' (현재 진행 수동태)   🔊 W1_D2_04

누군가가 기계를 수리하고 있는 모습을 보고 '기계가 수리되는 중이다'라고 묘사할 수 있는 것처럼, 사람이 사물을 다루고 있는 동작을 사물을 중심으로 묘사할 때 현재 진행 수동태를 주로 사용해요.

형태	**주어 + is / are + being + p.p.**	의미	**주어가 ~되는 중이다**

❶ A mirror **is being cleaned.**   거울이 닦이는 중이에요.

❷ Some boxes **are being carried.**   상자들이 운반되는 중이에요.

❸ Some computers **are being moved.**   컴퓨터들이 옮겨지는 중이에요.

📢 **토익에 이렇게 나와요!**

현재 진행 수동태

A machine **is being repaired.**
기계가 수리되는 중이에요.

→ 기계를 수리하고 있는 남자의 동작을 현재 진행 수동태를 사용하여 기계가 '수리되는 중이다'라고 묘사했어요.

He **is repairing** a machine.   ➡   A machine **is being repaired.**
그는 기계를 수리하는 중이다.   기계가 수리되는 중이다.

'~되어 있다' (현재 수동태)

누군가가 자동차를 주차해 두었을 때 '자동차가 주차되어 있다'라고 묘사할 수 있는 것처럼, 사물의 현재 상태나 위치를
묘사할 때 현재 수동태를 주로 사용해요.

형태	의미
주어 + is / are + p.p.	**주어가** ~되어 있다

❶ Some windows **are closed**.　창문들이 닫혀 있어요.

❷ A bottle **is filled** with water.　병이 물로 채워져 있어요.

❸ Some memos **are posted** on the board.　메모들이 게시판에 게시되어 있어요.

📢 **토익에 이렇게 나와요!**

현재 수동태

Some cars <u>are parked</u> on the street.
자동차들이 길에 주차되어 있어요.

→ 자동차가 주차되어 있는 상태를 현재 수동태를 사용하여 묘사했어요.

People **parked** some cars on the street.	➡	Some cars **are parked** on the street.
사람들이 길에 자동차들을 주차했다.		자동차들이 길에 주차되어 있다.

'~되어 있다' (현재 완료 수동태)

누군가가 과거에 쿠션을 소파에 놓았는데 지금까지도 쿠션이 그 자리에 놓여 있을 때, '쿠션이 소파에 놓여 있다'라고 묘사할 수 있어요. 이처럼 사물의 상태가 과거부터 현재까지 유지되고 있는 모습을 묘사할 때 현재 완료 수동태를 주로 사용해요.

형태	주어 + has / have + been + p.p.	의미	주어가 ~되어 있다

❶ Some books **have been piled** up. 책들이 쌓여 있어요.

❷ The room **has been reserved**. 그 방은 예약되어 있어요.

❸ A lamp **has been set** on the desk. 전등이 책상에 놓여 있어요.

📢 토익에 이렇게 나와요!

현재 완료 수동태

Some cushions **have been placed** on the sofa.
쿠션들이 소파에 놓여 있어요.

→ 쿠션들이 과거부터 현재까지 소파에 놓인 채로 유지되어 있는 상태를 현재 완료 수동태를 사용하여 묘사했어요.

They **placed** some cushions on the sofa. → Some cushions **have been placed** on the sofa.

그들은 쿠션들을 소파에 놓았다. 쿠션들이 소파에 놓여 있다.

🔊 W1_D2_Practice2

[01-04] 문장을 듣고 알맞은 뜻을 고른 후, 괄호 안의 동사를 활용하여 빈칸을 받아써 보세요.
(음성은 세 번 들려줍니다.)

01 음식이 ⓐ 제공된다. ⓑ 제공되는 중이다.
The food _____. (serve)

02 컵이 커피로 ⓐ 채워지는 중이다. ⓑ 채워져 있다.
A cup _____ with coffee. (fill)

03 몇몇 상품들이 ⓐ 팔렸다. ⓑ 팔리는 중이다.
Some items _____. (sell)

04 자동차들이 도로를 따라 ⓐ 줄 세워지는 중이다. ⓑ 줄 세워져 있다.
Some cars _____ up along the road. (line)

[05-08] 문장을 듣고 알맞은 뜻을 고른 후, 빈칸을 받아써 보세요. (음성은 세 번 들려줍니다.)

05 폴더들이 탁자에 ⓐ 놓여 있다. ⓑ 놓이는 중이다.
Folders _____ on the table.

06 꽃 몇 송이가 정원에 ⓐ 심겨 있다. ⓑ 심기는 중이다.
Some flowers _____ in the garden.

07 창문이 ⓐ 닦여 있다. ⓑ 닦이는 중이다.
The windows _____.

08 엔진이 ⓐ 수리되었다. ⓑ 수리되는 중이다.
The engine _____.

정답 ▪ 스크립트 ▪ 해석 ▪ 해설 p. 4

이런 단어가 나와요!

01 **food** 뗑 음식 **serve** 툉 제공하다 02 **fill** 툉 채우다 03 **item** 뗑 상품 04 **line** 툉 줄을 세우다 **road** 뗑 도로 05 **set** 툉 놓다
06 **flower** 뗑 꽃 **plant** 툉 심다; 뗑 식물 **garden** 뗑 정원 07 **window** 뗑 창문 **clean** 툉 닦다 08 **repair** 툉 수리하다

PART 1

Part 1 알아보기

◉ Part 1 소개

Part 1은 1번부터 6번까지 총 6문제로, 사람이나 사물 또는 풍경이 등장하는 사진을 보고 네 개의 보기를 들은 후, 사진을 가장 잘 묘사한 것을 선택하는 유형이에요. 문제지에는 사진만 제시되고, 음성으로 보기를 들려줍니다.

[문제지]

[음성]

(A) She is sitting on a chair.
(B) She is reading a book.
(C) She is pointing at a magazine.
(D) She is leaving a room.

◉ Part 1 학습 전략

사진 상황별 빈출 표현 익히기

Part 1에는 사람이나 사물 및 풍경을 담은 여러 가지 상황의 사진과 각각의 상황을 묘사하는 다양한 표현이 등장해요. Part 1에 등장하는 사진의 상황에서 자주 사용되는 표현들을 익혀두면 사진을 묘사하는 보기가 더욱 잘 들려요.

유형별 문제 풀이 공략 익히기

Part 1의 사진 유형에 따라 문제를 푸는 방법을 알아두면 실전 시험에서도 Part 1을 쉽게 공략할 수 있어요.

1주 3일 사람의 동작·상태를 나타내는 표현 익히기

무료 MP3 바로 듣기▲

Course 1 · 사람의 동작을 나타내는 표현

> 남자가 펜을 사용하고 있어요.
> A man is using a pen.

남자가 펜을 사용하고 있는 모습을 잘 묘사했네요. Part 1 에서는 이처럼 사진 속 사람의 동작을 묘사하는 표현들이 자주 등장해요. 이번 Course에서는 사람의 동작을 나타내는 표현을 함께 익혀보겠습니다.

👑 도구를 사용하고 있는 모습을 나타내는 표현

🔊 W1_D3_01

using
사용하고 있다

using a paint brush
페인트 붓을 사용하고 있다

using a pen
펜을 사용하고 있다

using a hammer
망치를 사용하고 있다

using a ladder
사다리를 사용하고 있다

using a computer
컴퓨터를 사용하고 있다

using a telephone
전화기를 사용하고 있다

typing
타자를 치고 있다

typing on a keyboard
키보드로 타자를 치고 있다

typing on a computer
컴퓨터에 타자를 치고 있다

pressing
누르고 있다

pressing a button
버튼을 누르고 있다

installing
설치하고 있다

installing a machine
기계를 설치하고 있다

installing a bookshelf
책장을 설치하고 있다

이동하고 있는 모습을 나타내는 표현 ◀)) W1_D3_02

walking
걷고 있다

walking on the street
길을 걷고 있다

walking outside
야외에서 걷고 있다

crossing
건너고 있다

crossing the road
도로를 건너고 있다

riding
타고 있다

riding a bicycle
자전거를 타고 있다

 읽거나 쓰고 있는 모습을 나타내는 표현 ◀)) W1_D3_03

reading
읽고 있다, 독서하고 있다

reading a book
책을 읽고 있다

reading in a library
도서관에서 독서하고 있다

writing
(글을) 쓰고 있다

writing on a piece of paper
종이에 글을 쓰고 있다

writing on a board
칠판에 글을 쓰고 있다

 옷을 입거나 벗고 있는 모습을 나타내는 표현 ◀)) W1_D3_04

putting on
입고 있다, 신고 있다

putting on a coat
코트를 입고 있다

putting on a pair of boots
부츠 한 켤레를 신고 있다

taking off
벗고 있다

taking off a jacket
재킷을 벗고 있다

taking off his/her glasses
그/그녀의 안경을 벗고 있다

tying
매고 있다, 묶고 있다

tying an apron
앞치마를 매고 있다

tying his/her shoes
그/그녀의 신발 끈을 묶고 있다

👑 물건을 옮기거나 고치고 있는 모습을 나타내는 표현

moving
옮기고 있다

moving a chair
의자를 옮기고 있다

moving a basket
바구니를 옮기고 있다

putting
놓고 있다, 넣고 있다

putting a vase on a cabinet
진열장 위에 꽃병을 놓고 있다

putting some books in a bag
가방에 책들을 넣고 있다

carrying
나르고 있다, 운반하고 있다

carrying a plate
접시를 나르고 있다

carrying some boxes
상자들을 운반하고 있다

hanging
걸고 있다

hanging a picture
그림을 걸고 있다

hanging a poster
포스터를 걸고 있다

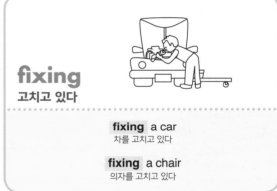

fixing
고치고 있다

fixing a car
차를 고치고 있다

fixing a chair
의자를 고치고 있다

👑 주방·식당 등에서 일하고 있는 모습을 나타내는 표현

washing
씻고 있다

washing a cup
컵을 씻고 있다

washing some plates
접시들을 씻고 있다

cleaning
닦고 있다

cleaning a window
창문을 닦고 있다

cleaning some dishes
접시들을 닦고 있다

preparing
준비하고 있다

preparing some food
음식을 준비하고 있다

preparing some drinks
음료를 준비하고 있다

🔊 W1_D3_Practice1

[01-04] 음성을 듣고 사진을 적절히 묘사한 보기를 고른 후, 알맞은 어휘를 골라 빈칸을 받아써 보세요.
(음성은 세 번 들려줍니다.)

taking off	carrying	cleaning
tying	riding	hanging
preparing	walking	reading

01

(A)   (B)

(A) The woman is _____ a bicycle.

(B) The woman is _____ a helmet.

02

(A)   (B)

(A) The woman is _____ her shoes.

(B) The woman is _____ outside.

03

(A)   (B)

(A) She is _____ a book.

(B) She is _____ some lights.

04

(A)   (B)

(A) He is _____ a cup.

(B) He is _____ some food.

정답 ▪ 스크립트 ▪ 해석 ▪ 해설 p. 5

이런 단어가 나와요!

01 **bicycle** 몡 자전거   02 **outside** 凰 야외에(서)   03 **book** 몡 책   **light** 몡 전등   04 **food** 몡 음식

Course 2 | 사람의 상태를 나타내는 표현

남자가 재킷을 입고 있어요.
A man is wearing a jacket.

재킷을 입고 있는 남자의 옷차림을 잘 묘사했네요. Part 1 에서는 이처럼 사진 속 사람의 옷차림이나 자세, 시선 등 사람의 상태를 묘사하는 표현들이 자주 등장해요. 이번 Course에서는 사람의 상태를 나타내는 표현을 함께 익혀보겠습니다.

👑 옷차림을 묘사하는 표현

◀)) W1_D3_07

wearing
입고 있다

wearing a coat
코트를 입고 있다

wearing a hat
모자를 쓰고 있다

wearing glasses
안경을 쓰고 있다

wearing a jacket
재킷을 입고 있다

wearing sunglasses
선글라스를 쓰고 있다

wearing gloves
장갑을 끼고 있다

⬆ 한 걸음 더 실력 UPGRADE!

'입고 있다'라는 뜻의 wearing과 putting on은 비슷하지만 서로 다른 상황을 나타낼 때 쓰여요. 옷을 이미 착용한 상태일 때를 나타낼 때는 wearing을, 옷을 입기 위해 걸치고 있는 동작을 나타낼 때는 putting on을 사용해요. Part 1에서는 wearing(이미 입고 있는 상태)과 putting on(지금 입고 있는 동작)이 둘 다 등장하므로, 각각의 상황에 알맞은 표현이 무엇인지 정확하게 구분할 수 있어야 해요.

She is **wearing** a coat.
그녀는 코트를 입고 있다.

→ 이미 코트를 착용한 상태

VS

She is **putting on** a coat.
그녀는 코트를 입고 있는 중이다.

→ 지금 코트를 걸치고 있는 동작

👑 물건을 들고 있는 모습을 나타내는 표현

holding
들고 있다, 잡고 있다

holding a bottle
병을 들고 있다

holding a cup
컵을 들고 있다

holding a bag
가방을 잡고 있다

holding a box
상자를 들고 있다

holding some clothes
옷을 들고 있다

holding some papers
서류를 잡고 있다

👑 서 있거나 앉아 있는 모습을 나타내는 표현

standing
서 있다

standing next to a chair
의자 옆에 서 있다

standing in front of a desk
책상 앞에 서 있다

sitting
앉아 있다

sitting on a sofa
소파에 앉아 있다

sitting at a table
탁자에 앉아 있다

relaxing
휴식을 취하고 있다

relaxing on a sofa
소파에서 휴식을 취하고 있다

👑 몸을 굽히거나 기대고 있는 모습을 나타내는 표현

bending
(몸을) 굽히고 있다

bending down
몸을 아래로 굽히고 있다

bending forward
몸을 앞으로 굽히고 있다

kneeling
무릎을 꿇고 있다

kneeling down
무릎을 꿇고 있다

kneeling on the grass
잔디 위에 무릎을 꿇고 있다

leaning
기대고 있다, (몸을) 숙이고 있다

leaning against a wall
벽에 기대고 있다

leaning forward
몸을 앞으로 숙이고 있다

looking
보고 있다

looking at a mobile phone
휴대 전화를 보고 있다

looking out a window
창밖을 보고 있다

watching
보고 있다

watching television
텔레비전을 보고 있다

watching a performance
공연을 보고 있다

pointing
가리키고 있다

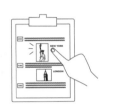

pointing at a picture
사진을 가리키고 있다

pointing at a screen
화면을 가리키고 있다

reaching for
~로 손을 뻗고 있다

reaching for a book
책으로 손을 뻗고 있다

reaching for a telephone
전화기로 손을 뻗고 있다

pushing
밀고 있다

pushing a door
문을 밀고 있다

pushing a cart
카트를 밀고 있다

pulling
끌고 있다, 당기고 있다

pulling a suitcase
여행 가방을 끌고 있다

pulling a door
문을 당기고 있다

🔊 W1_D3_Practice2

[01-04] 음성을 듣고 사진을 적절히 묘사한 보기를 고른 후, 알맞은 어휘를 골라 빈칸을 받아써 보세요.

(음성은 세 번 들려줍니다.)

standing	holding	wearing
kneeling	looking	bending
pointing	reaching for	putting on

01

(A)   (B)

(A) She is _____ a glass.

(B) She is _____ at a cup.

02

(A)   (B)

(A) He is _____ glasses.

(B) He is _____ down.

03

(A)   (B)

(A) A woman is _____ a hat.

(B) A woman is _____ at a screen.

04

(A)   (B)

(A) A man is _____ a jacket.

(B) A man is _____ near a machine.

정답 ▪ 스크립트 ▪ 해석 ▪ 해설 p. 6

이런 단어가 나와요!

01 glass 명 유리잔   **cup** 명 컵   **02 glasses** 명 안경   **03 hat** 명 모자   **screen** 명 화면, 스크린   **04 near** 전 가까이(에)   **machine** 명 기계

남자들이 서로 마주 보고 있어요.
The men are facing each other.

남자들이 서로 마주 보고 있는 모습을 잘 묘사했네요. Part 1에서는 이처럼 사진 속 사람들이 마주 보고 있는 것과 같은 공통적인 상태나 동작을 묘사하는 표현들이 자주 등장해요. 이번 Course에서는 여러 사람의 상태나 동작을 나타내는 표현을 함께 익혀보겠습니다.

사람들의 시선·자세를 나타내는 표현 　🔊 W1_D3_12

facing
마주 보고 있다

facing each other
서로 마주 보고 있다

stopped
멈춰 있다

stopped at a crosswalk
횡단보도에 멈춰 있다

사람들이 인사하거나 대화하고 있는 모습을 나타내는 표현 　🔊 W1_D3_13

talking
이야기하고 있다

talking to a group
무리에게 이야기하고 있다

talking to a man
남자에게 이야기하고 있다

chatting
이야기를 나누고 있다

chatting with each other
서로 이야기를 나누고 있다

shaking hands
악수를 하고 있다

They are **shaking hands**.
그들은 악수를 하고 있다.

사람들이 모여 있는 모습을 나타내는 표현

waiting
기다리고 있다

waiting in line
줄을 서서 기다리고 있다

waiting for a taxi
택시를 기다리고 있다

seated
앉아 있다

seated at a table
탁자에 앉아 있다

seated at a café
카페에 앉아 있다

gathered
모여 있다

gathered for a meeting
회의를 위해 모여 있다

gathered on the street
길에 모여 있다

 사람들이 일하거나 물건을 제공하고 있는 모습을 나타내는 표현

working
일하고 있다

working together
함께 일하고 있다

working on a computer
컴퓨터로 일하고 있다

giving
주고 있다

giving a bag to a woman
여자에게 가방을 주고 있다

handing
건네고 있다

handing a file to a man
남자에게 서류를 건네고 있다

handing a poster to a woman
여자에게 포스터를 건네고 있다

serving
제공하고 있다

serving some food
음식을 제공하고 있다

serving water
물을 제공하고 있다

entering
들어가고 있다

entering a mall
쇼핑몰에 들어가고 있다

entering a building
건물에 들어가고 있다

leaving
떠나고 있다

leaving a room
방을 떠나고 있다

leaving an office
사무실을 떠나고 있다

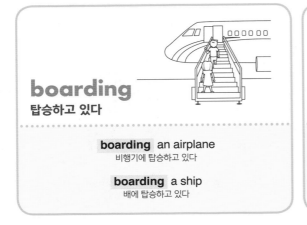

boarding
탑승하고 있다

boarding an airplane
비행기에 탑승하고 있다

boarding a ship
배에 탑승하고 있다

getting on
올라타고 있다

getting on a bus
버스에 올라타고 있다

getting on a train
기차에 올라타고 있다

 한 걸음 더 실력 UPGRADE!

Part 1에서 여러 사람이 등장하는 사진을 묘사할 때는 그들(They), 남자들(The men), 여자들(The women), 몇몇 사람들(Some people) 같은 주어가 주로 사용돼요. 또한, 여러 사람 중 한 사람의 동작이나 상태를 묘사할 때는 남자/여자들 중 한 명(One of the men/women)을 사용하는 경우도 있어요.

They are working together.　그들은 함께 일하고 있어요.
One of the women is cleaning a window.　여자들 중 한 명이 창문을 닦고 있어요.

실력 UP! 연습 문제

🔊 W1_D3_Practice3

[01-04] 음성을 듣고 사진을 적절히 묘사한 보기를 고른 후, 알맞은 어휘를 골라 빈칸을 받아써 보세요.

(음성은 세 번 들려줍니다.)

entering	waiting	gathered
getting on	working	talking
leaving	facing	seated

01

(A)　　　　　　(B)

(A) They are ＿＿＿＿＿＿＿ an office.
(B) They are ＿＿＿＿＿＿＿ at a desk.

02

(A)　　　　　　(B)

(A) Some people are ＿＿＿＿＿＿＿ each other.
(B) Some people are ＿＿＿＿＿＿＿ a bus.

03

(A)　　　　　　(B)

(A) The men are ＿＿＿＿＿＿＿ together.
(B) The men are ＿＿＿＿＿＿＿ in a group.

04

(A)　　　　　　(B)

(A) They are ＿＿＿＿＿＿＿ a building.
(B) They are ＿＿＿＿＿＿＿ in line.

정답 ▪ 스크립트 ▪ 해석 ▪ 해설 p. 7

이런 단어가 나와요!

01 **office** 몡 사무실　02 **each other** 서로　03 **together** 틘 함께　**group** 몡 무리　04 **building** 몡 건물　**line** 몡 줄

자신감 UP! 실전 대비하기

🔊 W1_D3_Test

[01-03] 음성을 듣고 사진을 적절히 묘사한 보기를 모두 고른 후, 빈칸을 받아써 보세요. (음성은 세 번 들려줍니다.)

01

(A)   (B)   (C)

(A) A woman is _____ her hands.

(B) A woman is _____ an engine.

(C) A woman is _____ forward.

02

(A)   (B)   (C)

(A) Some people are _____ around a table.

(B) Some people are _____ up a television.

(C) One of the men is _____ to the group.

03

(A)   (B)   (C)

(A) She is _____ a jacket.

(B) She is _____ items into a suitcase.

(C) She is _____ on a bed.

이런 단어가 나와요!

01 **hand** 몡 손　**engine** 몡 엔진　**forward** 뷔 앞으로　02 **around** 전 주위에　**table** 몡 탁자　**television** 몡 텔레비전　**group** 몡 무리
03 **item** 몡 물건, 상품　**suitcase** 몡 여행 가방　**bed** 몡 침대

[04-06] 음성을 듣고, 사진을 적절히 묘사한 보기를 골라 보세요. (음성은 세 번 들려줍니다.)

04

여자가 복사기를
사용하고 있어요.

(A)　　　　　　(B)　　　　　　(C)

05

두 남자가 악수를 하고
있어요.

(A)　　　　　　(B)　　　　　　(C)

06

남자가 창문 앞에 서
있어요.

(A)　　　　　　(B)　　　　　　(C)

정답 ▪ 스크립트 ▪ 해석 ▪ 해설 p. 8

이런 단어가 나와요!

04 copy machine 복사기　**book** 명 책　**newspaper** 명 신문　**05 room** 명 방　**06 in front of** 전 ~ 앞에　**window** 명 창문

토익리스닝기초

PART 1

PART 2

PART 3

PART 4

해커스 토익 왕기초 Listening

1주 4일 풍경 및 사물의 위치·상태를 나타내는 표현 익히기

무료 MP3 바로 듣기▲

Course 1 | 풍경을 나타내는 표현

> 자전거들이 도로 가까이에 있어요.
> Some bicycles are near a road.

도로 가까이에 자전거들이 있는 모습을 잘 묘사했네요. Part 1에서는 이처럼 사진에 도로·건물, 강·바다, 공원 등 여러 곳의 풍경이 등장해요. 이번 Course에서는 각 장소의 풍경을 묘사하는 표현을 함께 익혀보겠습니다.

 도로·건물 풍경

W1_D4_01

bicycle
명 자전거

Some **bicycles** are near a road.
자전거들이 도로 가까이에 있다.

walkway
명 보도

on a **walkway**
보도 위에

through a **walkway**
보도를 통해

covered
덮여 있다

A walkway is **covered** with leaves.
보도가 나뭇잎들로 덮여 있다.

parked
주차되어 있다

Some cars have been **parked**.
자동차들이 주차되어 있다.

vehicle
명 차량

Some **vehicles** are driving on a street.
차량들이 길 위를 달리고 있다.

brick
명 벽돌

Some **bricks** have been piled up.
벽돌들이 쌓여 있다.

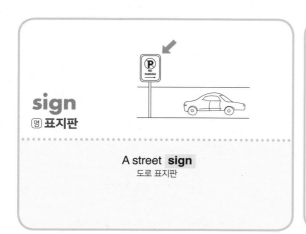

sign
명 표지판

A street **sign**
도로 표지판

set up
세워져 있다

A sign has been **set up** .
표지판이 세워져 있다.

set up on a road
도로 위에 세워져 있다

 강·호수·바다 풍경 　　　　　　　　　　🔊 W1_D4_02

river
명 강

next to a **river**
강 옆에

over a **river**
강 위로

flowing
흐르고 있다

The river is **flowing** .
강이 흐르고 있다.

beach
명 해변

on a **beach**
해변에

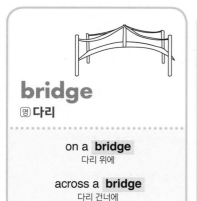

bridge
명 다리

on a **bridge**
다리 위에

across a **bridge**
다리 건너에

dock
명 부두

at a **dock**
부두에

floating
떠 있다

Some boats are **floating**
on a river.
배들이 강 위에 떠 있다.

path
명 길

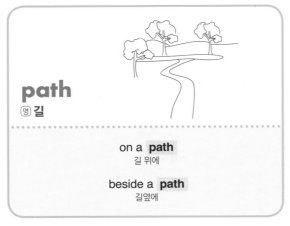

on a **path**
길 위에

beside a **path**
길옆에

plant
명 식물 동 심다

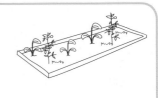

plants in a garden
정원에 있는 식물들

Some flowers have been **planted** .
꽃들이 심겨 있다.

bush
명 덤불

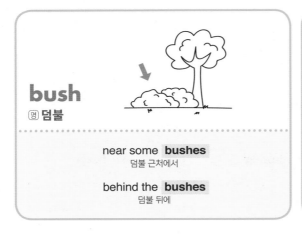

near some **bushes**
덤불 근처에서

behind the **bushes**
덤불 뒤에

growing
자라고 있다

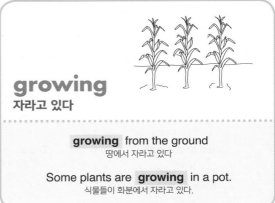

growing from the ground
땅에서 자라고 있다

Some plants are **growing** in a pot.
식물들이 화분에서 자라고 있다.

lined up
줄 세워져 있다

Some trees are **lined up** .
나무들이 줄 세워져 있다.

cut
잘려 있다

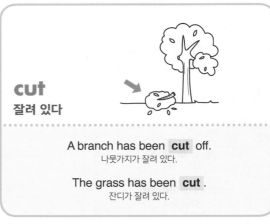

A branch has been **cut** off.
나뭇가지가 잘려 있다.

The grass has been **cut** .
잔디가 잘려 있다.

🔊 W1_D4_Practice1

[01-04] 음성을 듣고 사진을 적절히 묘사한 보기를 고른 후, 알맞은 어휘를 골라 빈칸을 받아써 보세요.
(음성은 세 번 들려줍니다.)

bicycle	vehicle	set up
bushes	bridge	bricks
lined up	planted	dock

01

(A)   (B)

(A) Some trees have been _____.
(B) Some _____ have been cut.

02

(A)   (B)

(A) A _____ is parked outside.
(B) A _____ is on a sidewalk.

03

(A)   (B)

(A) A sign has been _____ on a road.
(B) There are some _____ on a walkway.

04

(A)   (B)

(A) A ship is at the _____.
(B) A _____ is over a river.

정답 ▪ 스크립트 ▪ 해석 ▪ 해설 p. 10

이런 단어가 나와요!

01 tree 몡 나무   **02 outside** 뷔 야외에(서)   **sidewalk** 몡 보도   **03 road** 몡 도로   **04 ship** 몡 배   **over** 전 ~ 위에

Course 2 | 사물의 위치·상태를 나타내는 표현

> 유리잔들이 탁자 위에 있어요.
> Some glasses are on a table.

유리잔들이 탁자 위에 놓여 있는 모습을 잘 묘사했네요. Part 1에서는 이처럼 사진에 등장한 사물이 놓여 있는 위치나 상태를 묘사하는 표현들이 자주 등장해요. 이번 Course에서는 사물의 위치와 상태를 나타내는 표현을 함께 익혀보겠습니다.

👑 사물의 위치를 나타내는 표현
🔊 W1_D4_04

on
전 ~ 위에

on a table
탁자 위에

on a sofa
소파 위에

under
전 ~ 아래에

under a table
탁자 아래에

under a window
창문 아래에

There is/are ~
~이 있다

There is a bag.
가방이 있다.

There are some pens on a desk.
책상 위에 몇 개의 펜이 있다.

behind
전 ~ 뒤에

behind a chair
의자 뒤에

behind a sofa
소파 뒤에

beside
전 ~ 옆에

beside a chair
의자 옆에

beside a tree
나무 옆에

along
전 ~을 따라

There are some shops
along a street.
길을 따라 상점들이 있다.

사물이 배치되어 있는 모습을 나타내는 표현

set
차려져 있다, 놓여 있다

set on a table
탁자 위에 차려져 있다

set on a cabinet
장식장 위에 놓여 있다

placed
놓여 있다

placed on a shelf
선반 위에 놓여 있다

placed in a garden
정원에 놓여 있다

arranged
배치되어 있다

Some chairs have been **arranged**.
의자들이 배치되어 있다.

arranged in a circle
원형으로 배치되어 있다

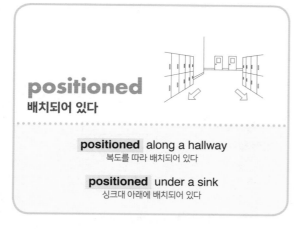

positioned
배치되어 있다

positioned along a hallway
복도를 따라 배치되어 있다

positioned under a sink
싱크대 아래에 배치되어 있다

on display
전시되어 있다

Some items are **on display**.
물건들이 전시되어 있다.

Some fruit is **on display**.
과일이 전시되어 있다.

 사물이 쌓여 있는 모습을 나타내는 표현

piled
쌓여 있다

Some books have been **piled** up.
책들이 쌓여 있다.

stacked
쌓여 있다

Some boxes have been **stacked**.
상자들이 쌓여 있다.

filled
채워져 있다

filled with items
물건들로 채워져 있다

filled with water
물로 채워져 있다

토익 리스닝 기초

PART 1

PART 2

PART 3

PART 4

해커스 토익 왕기초 Listening

hung/hanging
걸려 있다

A shirt has been **hung** up.
셔츠가 걸려 있다.

hanging on a wall
벽에 걸려 있다

posted
게시되어 있다

A memo has been **posted** .
메모가 게시되어 있다.

posted on a board
게시판에 게시되어 있다

♛ 사물의 상태를 나타내는 표현 W1_D4_08

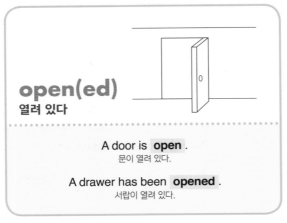

open(ed)
열려 있다

A door is **open** .
문이 열려 있다.

A drawer has been **opened** .
서랍이 열려 있다.

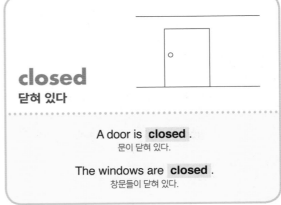

closed
닫혀 있다

A door is **closed** .
문이 닫혀 있다.

The windows are **closed** .
창문들이 닫혀 있다.

empty
형 비어 있는

A glass is **empty** .
유리잔이 비어 있다.

The seats are **empty** .
의자들이 비어 있다.

poured
따라져 있다

The water has been **poured** .
물이 따라져 있다.

The drinks have been **poured** .
음료가 따라져 있다.

W1_D4_Practice2

[01-04] 음성을 듣고 사진을 적절히 묘사한 보기를 고른 후, 알맞은 어휘를 골라 빈칸을 받아써 보세요.
(음성은 세 번 들려줍니다.)

hung	bricks	piled
stacked	placed	bridge
parked	closed	beside

01

(A)   (B)

(A) The doors are _____.

(B) Some plants have been _____ on a cabinet.

02

(A)   (B)

(A) A cup has been _____ up.

(B) There are some pens _____ a computer.

03

(A)   (B)

(A) Some wood has been _____ up.

(B) Some machines are behind a _____.

04

(A)   (B)

(A) Some cars are _____ along the street.

(B) Some _____ have been _____.

정답 ▪ 스크립트 ▪ 해석 ▪ 해설 p. 11

이런 단어가 나와요!

01 **door** 명 문 **cabinet** 명 장식장 02 **cup** 명 컵 **computer** 명 컴퓨터 03 **wood** 명 목재 **machine** 명 기계 04 **car** 명 자동차 **street** 명 길, 도로

자신감 UP! 실전 대비하기

🔊 W1_D4_Test

[01-03] 음성을 듣고 사진을 적절히 묘사한 보기를 모두 고른 후, 빈칸을 받아써 보세요. (음성은 세 번 들려줍니다.)

01

    (A)   (B)   (C)

(A) Some _____ are on the walkway.

(B) There is a path _____ the water.

(C) Some trees are _____ near the _____.

02

    (A)   (B)   (C)

(A) Some clothing is _____ on the wall.

(B) Some _____ have been _____ beside a mirror.

(C) A drawer has been _____.

03

    (A)   (B)   (C)

(A) There are some _____ on a table.

(B) Some cushions have been _____ on a _____.

(C) The shelves are _____ with items.

이런 단어가 나와요!

01 **water** 명 물 02 **clothing** 명 옷 **wall** 명 벽 **towel** 명 수건 **mirror** 명 거울 **drawer** 명 서랍 03 **sofa** 명 소파 **shelves** 명 선반들(shelf의 복수형)

토익리스닝기초

PART 1

PART 2

PART 3

PART 4

해커스 토익 왕기초 Listening

[04-06] 음성을 듣고, 사진을 적절히 묘사한 보기를 골라 보세요. (음성은 세 번 들려줍니다.)

04

탁자들이 줄 세워져
있어요.

(A)   (B)   (C)

05

의자들이 해변을 따라
배치되어 있어요.

(A)   (B)   (C)

06

배가 물 위에 떠 있어요.

(A)   (B)   (C)

정답 ▪ 스크립트 ▪ 해석 ▪ 해설 p. 12

이런 단어가 나와요!

04 **table** 몡 탁자   **food** 몡 음식   **leaves** 몡 나뭇잎(leaf의 복수형)   05 **tree** 몡 나무   **umbrella** 몡 파라솔, 우산   06 **road** 몡 도로   **boat** 몡 배

1주 5일 PART 1 유형별 공략

Course 1 | 사람 중심 사진 ; 사람이 중심에 있고, 그 사람의 동작이나 상태가 잘 드러나는 사진을 의미해요.

> 여자가 종이에 글을 쓰고 있어요. (O)
> 여자가 책상을 옮기고 있어요. (X)

사진에 등장한 여자를 묘사하려면 '여자가 종이에 글을 쓰고 있다'라고 하는 것이 올바르겠죠? 이처럼 Part 1에서 사람이 중심이 되는 사진이 등장하면, 사진 속 사람의 동작이나 상태를 가장 잘 묘사한 보기가 정답이 돼요. 이번 Course에서는 사람 중심 사진을 공략하는 방법을 함께 익혀보겠습니다.

 정답이 보이는 단계별 공략 익히기

지금부터 사람 중심 사진 문제를 어떻게 풀어야 하는지 알아볼까요?

STEP 1 | 사진 보며 표현 연상하기

사진 속 등장인물의 **동작**이나 **자세, 시선, 옷차림 등의 상태**를 확인하고 관련된 표현을 연상해요. 사진에 여러 사람이 등장한다면, 사람들의 공통적인 동작이나 상태를 먼저 확인한 후 인물 각각의 동작과 상태를 확인해요.

등장인물 여자
A woman, She

동작 종이에 글을 쓰고 있다
writing on a piece of paper

상태 책상에 앉아 있다
sitting at a desk

STEP 2 | 보기 들으며 정답 선택하기

보기를 하나씩 들으며 오답을 소거하고, 사진에 등장한 사람의 **동작**이나 **상태**를 가장 잘 묘사한 보기를 정답으로 선택해요.

(A) A woman is writing on a piece of paper (O) ➞ 여자가 종이에 글을 쓰고 있는 동작을 정확히 묘사했으
여자가 종이에 글을 쓰고 있다. 므로 정답이에요.

(B) A woman is moving a desk. (X) ➞ 여자가 책상을 옮기고 있는 것이 아니라, 책상에 앉아 있
여자가 책상을 옮기고 있다. 으므로 오답이에요.

공략 적용하기

이제 앞에서 배운 공략을 적용해 다음 문제를 풀어 보세요.

(A)   (B)

 한 번 확인해 볼까요?

(STEP 1) **사진 보며 표현 연상하기**

> 상태   안경을 쓰고 있다
> wearing glasses

> 상태   컵을 잡고 있다
> holding a cup

> 동작   컴퓨터를 사용하고 있다
> using a computer

(STEP 2) **보기 들으며 정답 선택하기**

(A) She is holding a cup. (O)   →   여자가 컵을 잡고 있는 상태를 정확히 묘사했으므로 정답이에요.
그녀는 컵을 잡고 있다.

(B) She is wearing a hat. (X)   →   여자가 모자를 쓰고 있는 것이 아니라, 안경을 쓰고 있으므로 오답이에요.
그녀는 모자를 쓰고 있다.

이런 문장도 정답이 될 수 있어요!

1. 여자가 안경을 쓰고 있다.   →   A woman is wearing glasses.
2. 그녀는 컴퓨터를 사용하고 있다.   →   She is using a computer.

실력 UP! 연습 문제

[01-09] 다음 사진을 보고, 각 단계에 따라 문제를 풀어 보세요.

두 남자가 컴퓨터를 바라보고 있는 모습이 중심이 되는 사진이에요.

헬멧을 쓰고 있다

화면을 보고 있다

컴퓨터를 사용하고 있다

의자에 앉아 있다

STEP 1 | 위 사진에 등장한 사람들의 동작·상태와 관련하여 연상할 수 있는 표현을 골라 보세요.

01 Ⓐ wearing helmets   Ⓑ carrying helmets

02 Ⓐ pointing at a screen   Ⓑ looking at a screen

03 Ⓐ using a computer   Ⓑ moving a computer

04 Ⓐ fixing a chair   Ⓑ sitting on a chair

STEP 2 | 음성을 듣고 위 사진을 적절히 묘사한 문장이면 O, 그렇지 않으면 X로 표시한 후, 빈칸을 받아써 보세요.
(음성은 세 번 들려줍니다.)

05 They are _____ the window. (   )

06 They are _____ helmets. (   )

07 One of the men is _____ on a chair. (   )

08 One of the men is _____ a computer. (   )

09 They are _____. (   )

[10-12] 음성을 듣고 사진을 적절히 묘사한 보기를 고른 후, 빈칸을 받아써 보세요. (음성은 세 번 들려줍니다.)

10

(A)   (B)

(A) A woman is _____ a plate.
(B) A woman is _____.

이런 문장도 정답이 될 수 있어요!
1. A woman is _____ a dish.
2. A woman is _____ at a sink.

11

(A)   (B)

(A) Some people are _____ at desks.
(B) Some people are _____ computers.

이런 문장도 정답이 될 수 있어요!
1. One of the men is _____ some papers.
2. One of the men is _____ glasses.

12

(A)   (B)

(A) He is _____ a shirt.
(B) He is _____ at a screen.

이런 문장도 정답이 될 수 있어요!
1. A man is _____ a monitor.
2. A man is _____ in front of some clothes.

정답 ▪ 스크립트 ▪ 해석 ▪ 해설 p. 14

이런 단어가 나와요!

10 **plate** 명 접시 **kneel** 동 무릎을 꿇다 **dish** 명 식기, 접시 **sink** 명 싱크대 11 **desk** 명 책상
12 **shirt** 명 셔츠 **screen** 명 화면 **in front of** ~ 앞에 **clothes** 명 옷

의자들이 탁자 가까이에 있어요. (O)
몇몇 책들이 탁자 위에 있어요. (X)

사진에 등장한 사물을 묘사할 때, '의자들이 탁자 가까이에 있다'라고 하는 것이 올바르겠죠? 이처럼 Part 1에서 사물이나 풍경이 중점적으로 보이는 사진이 등장하면, 사진 속 사물의 위치나 상태를 가장 잘 묘사한 보기가 정답이 돼요. 이번 Course에서는 사물·풍경 중심 사진을 공략하는 방법을 함께 익혀보겠습니다.

 정답이 보이는 단계별 공략 익히기

지금부터 사물·풍경 중심 사진 문제를 어떻게 풀어야 하는지 알아볼까요?

STEP 1 | 사진 보며 표현 연상하기

사진에 어떤 사물들이 등장하는지를 확인하고 각 사물의 **상태**와 **위치**를 파악한 다음, 관련된 표현을 연상해요.

사물	커튼 The curtain
상태	걸려 있다 hanging
사물	의자 Some chairs
위치	탁자 가까이에 있다 near the table

| 사물 | 책 Some books |
| 위치 | 선반 위에 있다 on the shelf |

STEP 2 | 보기 들으며 정답 선택하기

보기를 하나씩 들으며 오답을 소거하고, 사진에 등장한 사물의 **상태**나 **위치**를 가장 잘 묘사한 보기를 정답으로 선택해요.

(A) There are some chairs near the table. (O) ⟶ 의자들이 탁자 가까이에 위치한 모습을 정확히 묘사했
의자들이 탁자 가까이에 있다. 으므로 정답이에요.

(B) Some books are on the table. (X) ⟶ 책들이 탁자 위가 아니라, 선반 위에 있으므로 오답이
몇몇 책들이 탁자 위에 있다. 에요.

공략 적용하기

이제 앞에서 배운 공략을 적용해 다음 문제를 풀어 보세요.

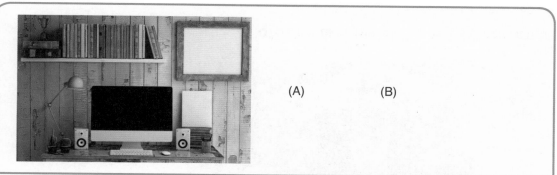

(A)　　　　　　　(B)

한 번 확인해 볼까요?

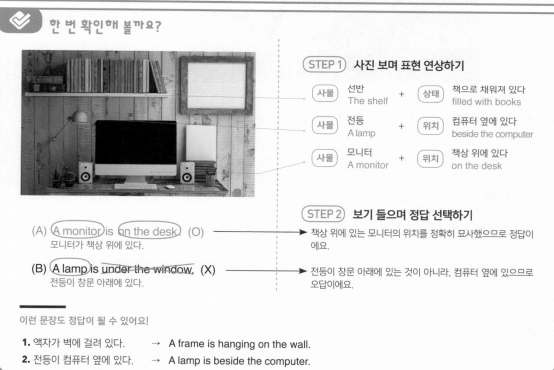

STEP 1 사진 보며 표현 연상하기

| 사물 | 선반 The shelf | + | 상태 | 책으로 채워져 있다 filled with books |

| 사물 | 전등 A lamp | + | 위치 | 컴퓨터 옆에 있다 beside the computer |

| 사물 | 모니터 A monitor | + | 위치 | 책상 위에 있다 on the desk |

STEP 2 보기 들으며 정답 선택하기

(A) A monitor is on the desk. (O)
모니터가 책상 위에 있다.

→ 책상 위에 있는 모니터의 위치를 정확히 묘사했으므로 정답이 에요.

(B) A lamp is under the window. (X)
전등이 창문 아래에 있다.

→ 전등이 창문 아래에 있는 것이 아니라, 컴퓨터 옆에 있으므로 오답이에요.

이런 문장도 정답이 될 수 있어요!

1. 액자가 벽에 걸려 있다.　→　A frame is hanging on the wall.
2. 전등이 컴퓨터 옆에 있다.　→　A lamp is beside the computer.

한 걸음 더 실력 UPGRADE!

Part 1 사진에서는 사람과 사물이 비슷한 비중으로 등장할 수도 있어요. 이때는 등장인물의 동작과 상태를 먼저 확인한 다음, 사물의 위치 및 상태를 파악하고 관련된 표현을 연상하면 쉽게 문제를 풀 수 있어요.

① 등장인물 여자 A woman
상태 의자에 앉아 있다 sitting on a chair

② 사물 상자 Boxes
위치 선반 위에 놓여 있다 placed on some shelves

실력 UP! 연습 문제

🔊 W1_D5_Practice2

[01-09] 다음 사진을 보고, 각 단계에 따라 문제를 풀어 보세요.

파라솔, 의자 등 사물이 중심이 되는 사진이에요.

파라솔 – 줄 세워져 있다

문 – 닫혀 있다

의자 – 비어 있다

식물 – 화분에서 자라고 있다

STEP 1 | 위 사진에 등장한 사물들의 위치·상태와 관련하여 연상할 수 있는 표현을 골라 보세요.

01   Ⓐ The umbrellas, under the table   Ⓑ The umbrellas, lined up

02   Ⓐ A door, closed   Ⓑ A door, open

03   Ⓐ The chairs, empty   Ⓑ The chairs, piled up

04   Ⓐ Some plants, beside a river   Ⓑ Some plants, growing in a pot

STEP 2 | 음성을 듣고 위 사진을 적절히 묘사한 문장이면 O, 그렇지 않으면 X로 표시한 후, 빈칸을 받아써 보세요.
(음성은 세 번 들려줍니다.)

05   A door is _____. ( )

06   The chairs are _____. ( )

07   The umbrellas have been _____. ( )

08   A _____ is _____ on the street. ( )

09   Some _____ are _____. ( )

[10-12] 음성을 듣고 사진을 적절히 묘사한 보기를 고른 후, 빈칸을 받아써 보세요. (음성은 세 번 들려줍니다.)

10

(A)   (B)

(A) There is a _____ near some trees.
(B) A _____ is _____ on a sidewalk.

───────

이런 문장도 정답이 될 수 있어요!

1. There is a _____ the bridge.
2. Some trees have been _____.

11

(A)   (B)

(A) A vase is _____ flowers.
(B) Some _____ have been _____.

───────

이런 문장도 정답이 될 수 있어요!

1. There is a vase _____.
2. Some plants are _____ outside.

12

(A)   (B)

(A) Some tables have been _____.
(B) Some chairs have been _____ in a circle.

───────

이런 문장도 정답이 될 수 있어요!

1. The chairs are _____.
2. Some drinks have been _____.

정답 ▪ 스크립트 ▪ 해석 ▪ 해설 p. 16

이런 단어가 나와요!

10 **near** [부] 가까이   **vehicle** [명] 차량   **park** [동] 주차하다   **sidewalk** [명] 보도   **river** [명] 강   **under** [전] ~ 아래에   **plant** [동] 심다; [명] 식물
11 **vase** [명] 꽃병   **outside** [부] 야외에(서)   12 **in a circle** 원형으로   **drink** [명] 음료

🔊 W1_D5_Test

[01-06] 음성을 듣고, 사진을 적절히 묘사한 보기를 골라 보세요. (음성은 세 번 들려줍니다.)

01

> 사진의 중심에 사람들이 있으므로,
> 등장인물들의 동작·상태를 확인한 후
> 관련된 표현을 연상해요. 사람들이 계단을
> 걸어 내려가고 있군요.

(A)　　　　(B)　　　　(C)　　　　(D)

> 보기를 하나씩 들으며 오답을 소거하고, 정답을 선택해요.

02

> 배들이 강 위에 떠 있고,
> 사람들이 모여 있어요.

(A)　　　　(B)　　　　(C)　　　　(D)

03

> 여자가 여행 가방을
> 끌고 있어요.

(A)　　　　(B)　　　　(C)　　　　(D)

이런 단어가 나와요!

01 stair 몡 계단 　**lean** 툉 기대다 　**wall** 몡 벽 　**point** 툉 가리키다 　**02 wait** 툉 기다리다 　**line** 몡 줄; 툉 줄을 세우다 　**board** 툉 탑승하다 　**float** 툉 뜨다
03 look 툉 보다 　**pull** 툉 끌다 　**suitcase** 몡 여행 가방 　**put on** ~을 입다 　**leave** 툉 떠나다

토익 리스닝 기초

PART 1

PART 2

PART 3

PART 4

해커스 토익 읽기초 Listening

04

접시들이 쌓여 있어요.

(A)　　　　(B)　　　　(C)　　　　(D)

05

사람들이 무리를 지어
모여 있어요.

(A)　　　　(B)　　　　(C)　　　　(D)

06

나무들이 건물 옆에서
자라고 있어요.

(A)　　　　(B)　　　　(C)　　　　(D)

정답 ▪ 스크립트 ▪ 해석 ▪ 해설 p. 18

이런 단어가 나와요!

04 **food** 몡 음식　**plate** 몡 접시　**glass** 몡 유리잔　**counter** 몡 조리대, 계산대　**stack** 동 쌓다　05 **performance** 몡 공연　**install** 동 설치하다　**gather** 동 모이다
06 **sit** 동 앉다　**building** 몡 건물

PART 2

Part 2 알아보기

◉ **Part 2 소개**

Part 2는 7번부터 31번까지 총 25문제로, 하나의 질문과 세 개의 응답을 듣고 질문에 가장 적절하게 응답한 보기를 선택하는 유형이에요. 문제지에는 질문과 보기가 제시되지 않고, 음성으로 질문과 보기를 모두 들려줍니다.

[문제지]

> 7. Mark your answer on your answer sheet.

[음성]

> **Who is the new designer?**
>
> (A) Yes, she is.
> (B) A new design.
> **(C) His name is John.**

◉ **Part 2 학습 전략**

혼동하기 쉬운 유사 단어 구분하기

Part 2에는 발음이나 형태가 비슷해 혼동하기 쉬운 단어들이 자주 등장하므로, 이러한 단어들의 정확한 발음과 의미를 익히고, 질문과 보기를 정확하게 이해하는 연습이 필요해요.

질문에 대한 응답 표현 익히기

질문에 대해 직접적으로, 또는 간접적으로 응답하는 여러 가지 표현을 익혀두면 보기의 내용을 쉽게 파악할 수 있어요.

유형별 문제 풀이 공략 익히기

Part 2의 질문에 등장하는 의문문의 유형별로 문제를 푸는 법을 알아두면 실전 시험에서도 Part 2를 쉽게 공략할 수 있어요.

2주 1일 혼동하기 쉬운 단어 구분하기 1

Course 1 | 발음이 유사한 단어 ①

Could you turn on the light?
불을 켜주시겠어요?

On the right?
여기서 오른쪽으로
돌아가면 되나...?

'불을 켜달라'며 말한 light(불)를 right(오른쪽의)로 잘 못 이해하고 있네요. Part 2에서는 이렇게 [l]과 [r]처럼 약간의 발음 차이로 인해 혼동하기 쉬운 단어들이 자주 등장해요. 이번 Course에서는 이처럼 비슷하게 들리는 단어들을 구분할 수 있도록 각각의 정확한 발음과 의미를 함께 익혀보겠습니다.

🔊 W2_D1_01

다음 단어들은 비슷하게 들리는 자음이나 모음이 포함되어 있어 혼동하기 쉬우므로, 각각의 정확한 발음을 알아두고 두 단어를 구분하여 들을 수 있어야 해요.

light (을)라잇ㅌ	명 불, 빛 형 밝은, 가벼운
right (우)라잇ㅌ	형 오른쪽의, 옳은

copy 카피	명 복사본 동 복사하다
coffee 커f피	명 커피

want 원ㅌ	동 원하다
won't 오운ㅌ	동 ~ 않을 것이다 : will not의 축약형

collect 컬렉ㅌ	동 모으다
correct 커렉ㅌ	형 맞는, 정확한 동 바로잡다

accept 액셉ㅌ	동 받아들이다, 받다
except 익셉ㅌ	전 ~을 제외하고

call 컬	명 전화 동 전화하다, 부르다
cold 코울ㄷ	형 추운, 차가운

fill f필	동 (가득) 채우다
pill 필	명 알약

lunch (을)런치	명 점심
launch (을)러운치	명 출시, 개시 동 시작하다, 출시하다

실력 UP! 연습 문제

🔊 W2_D1_Practice1

[01-06] 음성을 듣고, 문장에서 사용된 단어로 알맞은 것을 골라 보세요. (음성은 세 번 들려줍니다.)

01 Ⓐ light   Ⓑ right

02 Ⓐ coffee   Ⓑ copy

03 Ⓐ correct   Ⓑ collect

04 Ⓐ want   Ⓑ won't

05 Ⓐ pill   Ⓑ fill

06 Ⓐ accept   Ⓑ except

[07-11] 음성을 듣고, 빈칸에 알맞은 단어를 받아써 보세요. (음성은 세 번 들려줍니다.)

07 I am waiting for an important _____.
저는 중요한 전화를 기다리고 있어요.

08 The product _____ was successful.
제품 출시는 성공적이었어요.

09 The store is open every day _____ Monday.
그 가게는 월요일을 제외하고 매일 열어요.

10 We should _____ the survey results.
우리는 설문조사 결과를 모아야 해요.

11 Many people _____ the room.
많은 사람들이 방을 가득 채웠어요.

정답 ■ 스크립트 ■ 해석 ■ 해설 p. 20

이런 단어가 나와요!

01 turn 동 돌다 **02 need** 동 필요하다 **report** 명 보고서 **03 amount** 명 양 **04 get** 동 도착하다, 받다 **before** 전 ~ 전에 **05 day** 명 하루
06 credit card 신용카드 **07 wait** 동 기다리다 **important** 형 중요한 **08 product** 명 제품, 상품 **successful** 형 성공적인
09 store 명 가게 **every day** 매일 **10 survey** 명 설문조사 **result** 명 결과 **11 people** 명 사람들

Will you come to the job *fair* tomorrow?
내일 채용 박람회에 오실 건가요?

fare?
내일 무슨 요금을 내야 하는 건가?!

'채용 박람회에 오는지'를 물으며 말한 fair(박람회)를 fare(요금)로 잘못 이해하고 있네요. Part 2에서는 이렇게 발음이 동일하거나 매우 비슷해 혼동하기 쉬운 단어들이 자주 등장해요. 이번 Course에서는 이러한 단어들을 구분할 수 있도록 각각의 의미를 함께 익혀보겠습니다.

🔊 W2_D1_02

다음 단어들은 발음이 동일하거나 매우 비슷해 발음만으로는 구분하기 어려우므로, 각각의 정확한 의미를 알아두고 문맥에 따라 어떤 단어가 쓰였는지 파악할 수 있어야 해요.

fair		몡 박람회, 설명회
	f페얼	혱 공정한
fare		몡 요금

move it	무v빗	이것(그것)을 옮기다
movie	무v비	몡 영화

week		몡 주, 일주일
	위이ㅋ	
weak		혱 약한

eight		몡 8, 여덟
	에잇ㅌ	혱 여덟의
ate		됭 먹었다 : eat(먹다)의 과거형

brake		몡 제동 장치, 브레이크
	브뤠이ㅋ	
break		몡 휴식 됭 깨다, 부수다

weight		몡 무게
	웨잇ㅌ	
wait		됭 기다리다

hear		됭 듣다
	히얼	
here		붱 여기에(서)

too		붱 ~도(또한), 너무
	투	
two		몡 2, 둘

실력 UP! 연습 문제

🔊 W2_D1_Practice2

[01-06] 음성을 듣고, 문장에서 사용된 단어로 알맞은 것을 골라 보세요. (음성은 세 번 들려줍니다.)

01   Ⓐ brake   Ⓑ break

02   Ⓐ wait   Ⓑ weight

03   Ⓐ too   Ⓑ two

04   Ⓐ ate   Ⓑ eight

05   Ⓐ fair   Ⓑ fare

06   Ⓐ move it   Ⓑ movie

[07-11] 음성을 듣고, 빈칸에 알맞은 단어를 받아써 보세요. (음성은 세 번 들려줍니다.)

07   _____ is your passport.
여기 당신의 여권이 있습니다.

08   What did you _____ about the project?
프로젝트에 관해 무엇을 들으셨나요?

09   The box is over the _____ limit.
그 상자는 무게 제한을 넘습니다.

10   The class begins next _____.
수업은 다음 주에 시작합니다.

11   Do you want to watch a _____ tonight?
오늘 밤에 영화를 보고 싶으세요?

정답 ▪ 스크립트 ▪ 해석 ▪ 해설 p. 21

이런 단어가 나와요!

01 **take a break** 휴식을 취하다   02 **minute** 阌 잠깐, (시간 단위의) 분   04 **flight** 阌 항공편   **leave** 동 출발하다, 떠나다   05 **post** 동 게시하다
06 **office** 阌 사무실   07 **passport** 阌 여권   09 **limit** 阌 제한   10 **class** 阌 수업   **begin** 동 시작하다   11 **watch** 동 보다   **tonight** 阌 오늘 밤에

🔊 W2_D1_Test

[01-10] 음성을 듣고 질문에 알맞은 답변을 고른 후, 빈칸을 받아써 보세요. (음성은 세 번 들려줍니다.)

01　　(A)　　　　　(B)

누가 보고서의 오류를 바로잡을 것인지 묻고 있어요.

Who will _____ the errors in the report?

02　　(A)　　　　　(B)

양식을 채워달라고 요청하고 있어요.

Can you _____ in the form?

03　　(A)　　　　　(B)

영수증 복사본이 필요한지 묻고 있어요.

Do we need a _____ of the receipt?

04　　(A)　　　　　(B)

밖이 추운지 묻고 있어요.

Is it _____ outside?

05　　(A)　　　　　(B)

자신이 비행편을 예약하기를 원하는지 묻고 있어요.

Do you _____ me to book the flights?

이런 단어가 나와요!

01 **error** 몡 오류　**report** 몡 보고서　**coin** 몡 동전　02 **form** 몡 양식　03 **need** 동 필요하다　**receipt** 몡 영수증
04 **outside** 囝 밖에　**wear** 동 입다　**receive** 동 받다　05 **book** 동 예약하다; 몡 책　**flight** 몡 항공편　**delay** 동 지연시키다; 몡 지연　**already** 囝 벌써, 이미

토익 리스닝 기초

PART 1

PART 2

PART 3

PART 4

해커스 토익 왕기초 Listening

06 (A)　　　　　　(B)

언제 제안서를 받아들였는지 묻고 있어요.

When did you ＿＿＿＿＿＿＿ their proposal?

07 (A)　　　　　　(B)

팀에 8명의 구성원이 있는지 묻고 있어요.

Are there ＿＿＿＿＿＿ members on your team?

08 (A)　　　　　　(B)

다음 주에 휴가를 갈 것인지 묻고 있어요.

Will you go on vacation next ＿＿＿＿＿＿?

09 (A)　　　　　　(B)

그것을 방으로 옮겨 줄 수 있는지 묻고 있어요.

Can you ＿＿＿＿＿＿ to my room?

10 (A)　　　　　　(B)

여기에서 얼마나 일했는지 묻고 있어요.

How long have you worked ＿＿＿＿＿＿?

정답 ▪ 스크립트 ▪ 해석 ▪ 해설 p. 21

이런 단어가 나와요!

06 **proposal** 몡 제안서　07 **member** 몡 구성원　**actually** 뷔 사실　08 **vacation** 몡 휴가　**plan** 몡 계획; 통 계획하다
09 **room** 몡 방　**watch** 통 보다　**now** 뷔 지금　10 **work** 통 일하다

2주 2일 혼동하기 쉬운 단어 구분하기 2

무료 MP3 바로 듣기▲

Course 1 | 형태가 비슷한 단어

When can we **replace** the computer?
컴퓨터를 언제 교체할 수 있을까요?

place the computer?
컴퓨터를 어디에 놓을 건지
묻는 건가...?

'컴퓨터를 언제 교체할지'를 물으며 말한 **replace**(교체하다)를 **place**(놓다)로 잘못 이해하고 있네요. Part 2에서는 이처럼 서로 형태가 비슷해 혼동하여 듣기 쉬운 단어들이 종종 등장해요. 이번 Course에서는 이처럼 형태가 비슷한 단어들을 살펴보고 각 단어의 정확한 발음과 의미를 함께 익혀보겠습니다.

◀) W2_D2_01

다음 단어들은 철자가 동일한 부분이 있어 비슷하게 들릴 수 있으므로, 각각의 발음을 주의 깊게 듣고 구분할 수 있어야 해요.

replace (우)리플레이스	동 교체하다, 대신하다
place 플레이스	동 놓다 / 명 장소

go 고우	동 가다
ago 어고우	부 (시간) ~ 전에

logo (을)로고	명 상징, 로고
log on (을)로곤	동 로그인(로그온)하다

view v뷰	명 견해, 관점 / 동 보다
review (우)리뷰	명 논평, 보고서 / 동 검토하다

plan 플랜	명 계획
plant 플랜트	명 식물, 공장 / 동 (나무 등을) 심다

car 카아르	명 자동차
cart 카알트	명 수레

cross 크(우)로스	동 건너다 / 명 십자
across 어크(우)로스	부 건너서

inspect 인스펙트	동 점검하다, 조사하다
expect 익스펙트	동 예상하다, 기대하다

실력 UP! 연습 문제

🔊 W2_D2_Practice1

[01-06] 음성을 듣고, 문장에서 사용된 단어로 알맞은 것을 골라 보세요. (음성은 세 번 들려줍니다.)

01 Ⓐ place   Ⓑ replace

02 Ⓐ car   Ⓑ cart

03 Ⓐ expect   Ⓑ inspect

04 Ⓐ plan   Ⓑ plant

05 Ⓐ logo   Ⓑ log on

06 Ⓐ ago   Ⓑ go

[07-11] 음성을 듣고, 빈칸에 알맞은 단어를 받아써 보세요. (음성은 세 번 들려줍니다.)

07 Can you _____ this report?
이 보고서를 검토해 주시겠어요?

08 We need to _____ the street.
우리는 길을 건너야 해요.

09 She _____ the desk in the corner.
그녀는 책상을 모퉁이에 놓았어요.

10 Did you water the _____ today?
오늘 식물에 물을 주었나요?

11 How many people do you _____ to come?
몇 명의 사람들이 올 것이라고 예상하시나요?

정답 ▪ 스크립트 ▪ 해석 ▪ 해설 p. 24

이런 단어가 나와요!

01 **worker** 図 작업자   **carpet** 図 카펫, 깔개   02 **drive** 图 운전하다   03 **have to** ~해야 하다   04 **change** 图 변경하다, 바꾸다
05 **design** 图 디자인하다, 설계하다   06 **staff** 図 직원   **training** 図 교육, 훈련   08 **street** 図 길, 도로   09 **corner** 図 모퉁이, 모서리   10 **water** 图 물을 주다

2주 2일 Course 1 형태가 비슷한 단어 **81**

Course 2 | 여러 가지 의미로 쓰이는 단어

Who is going to present at the seminar?
세미나에서 누가 발표할 건가요?

선물? 세미나에 가면 선물을 주는 건가? 그럼 나도 가야지...

여자가 세미나에서 누가 발표할 것인지를 물으며 말한 present(발표하다)를 '선물'이라는 뜻으로 잘못 이해하고 있네요. Part 2에서는 이처럼 여러 가지 의미를 갖고 있어 무슨 의미로 사용되었는지 혼동하기 쉬운 단어들이 종종 등장해요. 이번 Course에서는 이러한 단어들의 여러 의미들을 함께 익혀보겠습니다.

🔊 W2_D2_02

다음 단어들은 2개 이상의 의미를 갖고 있으므로, 각각의 의미를 정확히 익혀두고 문맥을 통해 어떤 의미로 쓰였는지 파악할 수 있어야 해요.

| **present** 프레즌ㅌ | 몡 선물 |
| | 동 보여주다, 발표하다 |

| **right** (우)라잇ㅌ | 혱 알맞은, 옳은 |
| | 혱 오른쪽의 |

| **place** 플레이ㅅ | 몡 장소 |
| | 동 두다 |

| **ship** 쉽 | 몡 배 |
| | 동 운송하다 |

| **book** 북 | 몡 책 |
| | 동 예약하다 |

| **set** 셋ㅌ | 몡 세트 |
| | 동 놓다 |

| **last** 래스ㅌ | 혱 지난, 마지막의 |
| | 동 계속되다 |

| **fine** f파인 | 혱 좋은, 괜찮은 |
| | 몡 벌금 |

| **change** 체인지 | 몡 잔돈 |
| | 동 변경하다, 바꾸다 |

| **press** 프뤠ㅅ | 몡 신문, 언론 |
| | 동 누르다 |

| **stop** 스탑 | 몡 정류장 |
| | 동 멈추다 |

| **close** 클로우ㅈ | 혱 가까운 |
| | 동 닫다 |

실력 UP! 연습 문제

🔊 W2_D2_Practice2

[01-12] 음성을 듣고, 문장에서 사용된 단어의 의미로 알맞은 것을 골라 보세요. (음성은 세 번 들려줍니다.)

01 present

(A) 선물
(B) 보여주다

02 place

(A) 장소
(B) 두다

03 turn

(A) 차례
(B) 돌다

04 close

(A) 가까운
(B) 닫다

05 set

(A) 세트
(B) 놓다

06 last

(A) 계속되다
(B) 마지막의

07 press

(A) 누르다
(B) 신문

08 right

(A) 오른쪽의
(B) 알맞은

09 ship

(A) 배
(B) 운송하다

10 change

(A) 잔돈
(B) 변경하다

11 stop

(A) 정류장
(B) 멈추다

12 book

(A) 책
(B) 예약하다

정답 ▪ 스크립트 ▪ 해석 ▪ 해설 p. 24

이런 단어가 나와요!

01 **driver** 명 기사, 운전자 02 **learn** 동 ~을 알게 되다 03 **drive** 동 운전하다 04 **shop** 명 가게 05 **plate** 명 접시 **nice** 형 멋진, 좋은
06 **bottle** 명 병 08 **try to** ~하기 위해 노력하다 **find** 동 찾다 09 **package** 명 소포 **tomorrow** 부 내일 10 **schedule** 명 일정
12 **flight** 명 항공편 **soon** 부 곧

토익리스닝기초

PART 1

PART 2

PART 3

PART 4

해커스 토익 왕기초 Listening

🔊 W2_D2_Test

[01-10] 음성을 듣고 질문에 알맞은 답변을 고른 후, 빈칸을 받아써 보세요. (음성은 세 번 들려줍니다.)

01　　(A)　　　　　　(B)

컴퓨터에 로그인했는지 묻고 있어요.

Did you _____ to the computer?

02　　(A)　　　　　　(B)

길 아래쪽에 괜찮은 식당이 있다고 말하고 있어요.

There's a _____ restaurant down the street.

03　　(A)　　　　　　(B)

도시의 풍경이 어땠는지를 묻고 있어요.

How was the _____ of the city?

04　　(A)　　　　　　(B)

페인트 가게가 사무실과 가까운지 묻고 있어요.

Is the paint store _____ to the office?

05　　(A)　　　　　　(B)

벽의 색깔을 바꿔야 할지 묻고 있어요.

Should we _____ the color of that wall?

이런 단어가 나와요!

01 **yet** 🔒 아직　02 **restaurant** 🔒 식당　**parking fine** 주차 위반 벌금　03 **view** 🔒 풍경　**city** 🔒 도시　**again** 🔒 다시
04 **minute** 🔒 (시간 단위의) 분　**restaurant** 🔒 식당　05 **wall** 🔒 벽

06 (A)   (B)

무엇이 언론에 보도되었는지 묻고 있어요.

What was reported in the _____?

07 (A)   (B)

영화관에 가는 것을 좋아하는지 묻고 있어요.

Do you like to _____ to the theater?

08 (A)   (B)

여기가 우체국으로 가는 옳은 길인지 묻고 있어요.

Is this the _____ way to the post office?

09 (A)   (B)

발표를 위해 준비가 되었는지 묻고 있어요.

Are you _____ for your presentation?

10 (A)   (B)

자신을 위해 표를 예약해 줄 수 있는지 묻고 있어요.

Can you _____ a ticket for me?

정답 ▪ 스크립트 ▪ 해석 ▪ 해설 p. 25

이런 단어가 나와요!

06 report 통 보도하다   **07 theater** 명 영화관   **watch** 통 보다   **movie** 명 영화   **hour** 명 한 시간   **08 post office** 우체국   **person** 명 사람   **side** 명 쪽, 측면
09 prepare 통 준비하다   **presentation** 명 발표   **ready** 형 준비된   **yesterday** 부 어제   **10 book** 통 예약하다   **ticket** 명 표, 승차권   **enjoy** 통 즐기다

2주 3일 직접적으로 답하는 표현 익히기

무료 MP3 바로 듣기▲

Course 1 | 의문사 Who, When, Where에 답하는 표현

누가 행사를 준비하고 있나요?
Who is preparing the event?

남자가 Who를 사용하여 행사를 준비하고 있는 사람이 누구인지 묻자, 여자가 Tim이라며 사람의 이름으로 답하고 있네요. 이번 Course에서는 Part 2에서 의문사 Who(누가), When(언제), Where(어디서)로 묻는 질문들에 직접적으로 답할 때 사용할 수 있는 표현을 익혀 보겠습니다.

Tim이요.
Tim.

 Who(누가)로 물어볼 때 답하는 표현　　　　　🔊 W2_D3_01

누가 행사를 준비하고 있나요?
Who is preparing the event?

사람 이름	인칭대명사
· Tim이요. **Tim.** · 그녀의 이름은 Amanda예요. **Her name is** Amanda. · 그건 Tom의 일이에요. **That's Tom's job.**	· 제가 하고 있어요. **I'm doing it.** · 우리가 하고 있어요. **We're working on it.**

직책명	부서명
· Ms. Choi의 비서가요. Ms. Choi's **secretary.** - **assistant**　보조 - **manager/supervisor**　관리자 - **CEO**　최고 경영자	· 회계팀이요. **The accounting team.** · 인사부요. **The human resources department.** - **customer service team**　고객 서비스팀 - **sales department**　영업부 - **marketing department**　마케팅부

언제 행사가 시작하나요?
When does the event start?

시간

· 10시에요.
At 10 o'clock.

· 오전 8시 이후에요.
After 8 A.M.

· 30분 후에요.
In 30 minutes.

요일

· 월요일이에요.
On Monday.

- Tuesday	화요일	- Friday	금요일
- Wednesday	수요일	- Saturday	토요일
- Thursday	목요일	- Sunday	일요일

날짜

· 4월에요.
In April.

· 4월 20일에요.
On April 20.

- January	1월	- May	5월	- September	9월
- February	2월	- June	6월	- October	10월
- March	3월	- July	7월	- November	11월
		- August	8월	- December	12월

기타 시간 표현

· 오늘 오후에요.
This afternoon.

· 내일 아침이요.
Tomorrow morning.

· 다음 주에요.
Next week.

· 약 1시간 뒤에요.
About an hour **later.**

· 점심 전에요.
Before lunch.

> 관리자는 어디에 있나요?
> **Where is the manager?**

장소/위치

· 회의실이에요.
In the meeting room.

· 2층이에요.
On the second floor.

· 가게예요.
At the store.

- **lobby** 로비
- **headquarters** 본사
- **conference room** 회의실
- **museum** 박물관
- **art museum** 미술관

· 모퉁이 근처예요.
Around the corner.

· Jan의 사무실 옆이요.
Next to Jan's office.

- **across** 맞은편에
- **in front of** ~ 앞에
- **behind** ~ 뒤에

· 바로 여기에요.
Right here.

> 행사 정보를 어디서 받을 수 있나요?
> **Where can I get the event information?**

출처/방향

· 웹사이트에서요.
From the Web site.

· Mia에게서 그것을 받았어요.
I got it **from** Mia.

· 오른쪽으로 도세요.
Turn **right**.

· 곧장 가세요.
Go **straight**.

🔊 W2_D3_Practice1

[01-06] 음성을 듣고 질문에 알맞은 답변을 고른 후, 빈칸을 받아써 보세요. (음성은 세 번 들려줍니다.)

01 (A) Gloria will. (B) Around the corner.

_____ set up the printer?

02 (A) In the meeting room. (B) In 10 minutes.

_____ does the workshop take place?

03 (A) In the lobby. (B) At 6 o'clock.

_____ will Mr. Long arrive?

04 (A) On the second floor. (B) The accounting team.

_____ the waiting room?

05 (A) Next week. (B) Ms. Smith's supervisor.

_____ going to review the report?

06 (A) On Monday. (B) Next to the elevators.

_____ your office?

정답 ■ 스크립트 ■ 해석 ■ 해설 p. 28

이런 단어가 나와요!

01 **set up** 설치하다 02 **workshop** 몡 워크숍 **take place** 열리다, 개최되다 03 **arrive** 동 도착하다 04 **waiting room** 대기실 05 **review** 동 검토하다
06 **office** 몡 사무실 **elevator** 몡 엘리베이터

왜 일찍 출발하시나요?
why do you leave early?

왜냐하면 병원 예약이 있어서요.
Because I have a
doctor's appointment.

남자가 Why를 사용하여 일찍 출발하는 이유를 묻자, 여자가 '왜냐하면 병원 예약이 있어서'라며 일찍 출발하는 이유를 답하고 있네요. 이번 Course에서는 Part 2에서 의문사 Why(왜인지), How(어떤지/얼마만큼인지), What(무엇인지/어떤지)으로 묻는 질문들에 직접적으로 답할 때 사용할 수 있는 표현을 익혀보겠습니다.

 Why(왜인지)로 물어볼 때 답하는 표현　　　　　🔊 W2_D3_04

왜 일찍 출발하시나요?
Why do you leave early?

이유

· 왜냐하면 병원 예약이 있어서요.
Because I have a doctor's appointment.

· 교통 혼잡 때문에요.
Because of a traffic jam.

목적

· 고객을 만나기 위해서요.
To meet a client.

· 제 항공 일정을 확인하기 위해서요.
To check my flight schedule.

 한 걸음 더 실력 UPGRADE!

Why로 묻는 질문에 이유로 답하는 경우 주로 Because(왜냐하면)를 넣어서 답하지만, 생략할 수도 있어요.

질문: 왜 웹사이트에 사진을 업로드하지 않았나요?
Because가 포함된 답변: Because we had a technical problem.　왜냐하면 기술적인 문제가 있었어요.
Because가 생략된 답변: We had a technical problem.　기술적인 문제가 있었어요.

How(어떤지/얼마만큼인지)로 물어볼 때 답하는 표현　🔊 W2_D3_05

How로 시작하는 질문은 뒤에 오는 단어에 따라 **How do/can**(방법), **How is/are**(상태), **How many**(수량), **How much**(가격), **How often**(빈도), **How long**(기간) 등을 물을 수 있어요.

어떻게 행사에 오셨나요?
How did you come to the event?

방법

· 버스로요.
  By bus.

· 견학을 신청해서요.
  By applying for the tour.

- **taxi**	택시
- **train**	기차
- **car**	자동차

당신의 일은 어떤가요?
How is your job?

상태

· 아주 좋아요.
  It's **great**.

· 잘 되어 가고 있어요.
  It's **going well**.

우리는 얼마나 많은 의자가 필요한가요?
How many chairs do we need?

수량

· 약 100개요.
  About **one hundred**.

· 2개나 3개면 돼요.
  Only **two or three**.

그것은 얼마가 드나요?
How much does it cost?

가격

· 100달러가 들 거예요.
  It will cost one hundred **dollars**.

· 50유로 정도요.
  Around fifty **euros**.

얼마나 자주 운동하시나요?
How often do you exercise?

빈도

· 매일 아침이요.
  Every morning.

· 일주일에 두 번이요.
  Twice a week.

- **once**	한 번
- **twice**	두 번
- **three times**	세 번

여기에 얼마나 머무르셨나요?
How long have you stayed here?

기간

· 2시간 동안이요.
  For two **hours**.

· 6주 이상이요.
  Over six **weeks**.

· 약 3달이요.
  About three **months**.

What으로 시작하는 질문은 뒤에 오는 단어에 따라 **What time**(시간), **What color**(색깔), **What ~ price**(비용), **What ~ think**(의견), **What ~ weather**(날씨) 등으로 물을 수 있어요.

회의는 몇 시에 시작하나요?
What time does the meeting start?

시간

- 2시에요.
  At 2 o'clock.
- 1시간 후에요.
  In an hour.
- 오후 4시 이후에요.
  After 4 P.M.

무슨 색을 좋아하시나요?
What color do you like?

색깔

- 빨간색이 좋아요.
  I like red.
- 초록색을 선호해요.
  I prefer green.

그 가방의 가격은 얼마인가요?
What's the price of that bag?

비용

- 5달러예요.
  Five dollars.
- 16유로예요.
  Sixteen euros.

그 보고서에 대해 어떻게 생각하나요?
What do you think of the report?

의견

- 그것은 매우 전문적인 것 같아요.
  I think it is very professional.
- 그것은 정말 읽기 쉬워요.
  It is really easy to read.

내일 날씨는 어떤가요?
What's the weather like tomorrow?

날씨

- 흐릴 예정이에요.
  It's going to be cloudy.
- 내일은 화창할 거예요.
  Tomorrow will be sunny.

- **windy** 바람이 부는
- **rainy** 비가 오는
- **cold** 추운

🔊 W2_D3_Practice2

[01-06] 음성을 듣고 질문에 알맞은 답변을 고른 후, 빈칸을 받아써 보세요. (음성은 세 번 들려줍니다.)

토익실전기초

PART 1

PART 2

PART 3

PART 4

해커스 토익 왕기초 Listening

01 (A) Because of a traffic jam.   (B) Ten dollars.

_____ late for work?

02 (A) To visit my family.   (B) It's going to be rainy.

_____ for this weekend?

03 (A) Twice a week.   (B) To check my schedule.

_____ exercise?

04 (A) It's going well.   (B) I like red.

_____ do you like?

05 (A) Because it was too long.   (B) By bus.

_____ did you change the _____?

06 (A) In an hour.   (B) For a month.

_____ going on a trip?

정답 ▪ 스크립트 ▪ 해석 ▪ 해설 p. 29

이런 단어가 나와요!

01 **late** 형 늦은   **work** 명 직장, 일   **traffic jam** 교통 체증   02 **weather** 명 날씨   **weekend** 명 주말   **visit** 동 방문하다
03 **often** 부 자주   **exercise** 운동하다   **schedule** 명 일정   04 **color** 명 색, 색깔   **bag** 명 가방   **like** 동 마음에 들어 하다, 좋아하다   05 **long** 형 긴
06 **trip** 명 여행

이 상자들을 옮겨주실 수 있나요?
Can you move these boxes?

여자가 상자들을 옮겨줄 수 있는지 묻자, 남자가 '물론이죠'라며 긍정적으로 답하고 있네요. 이번 Course에서는 이처럼 Part 2 질문에 '네' 또는 '아니오', 즉 긍정이나 부정으로 답할 때 사용할 수 있는 표현을 익혀보겠습니다.

물론이죠.
Sure.

🔊 W2_D3_07

어떤 일을 요청·제안하거나 의문사 없이 '~하는지/~인지'를 묻는 질문에 대해서는 다음과 같이 긍정·수락하거나 부정·거절하는 표현을 사용하여 답할 수 있어요.

이 상자들을 옮겨주실 수 있나요?
Can you move these boxes?

긍정(수락)	
· 물론이죠. Sure. / Of course.	· 기꺼이요. I'd be happy to.
· 그럼요. Certainly.	· 지금 할게요. I'll do it now.
· 아마도요. Probably.	· 알겠어요, 제가 처리할게요. OK, I'll take care of it.

부정(거절)	
· 죄송하지만 그럴 수 없어요. Sorry, but I can't.	· 안타깝지만 안 돼요. Unfortunately not.
· 유감이지만 안 돼요. I'm afraid not.	· 저는 그렇게 생각하지 않아요. I don't think so.

🔊 W2_D3_Practice3

[01-05] 음성을 듣고 질문에 알맞은 답변을 고른 후, 빈칸을 받아써 보세요. (음성은 세 번 들려줍니다.)

01 (A)   (B)

Could you show me the receipt?

(A) _____.

(B) I think _____.

02 (A)   (B)

Are you coming to the seminar tomorrow?

(A) I'll _____.

(B) No, _____.

03 (A)   (B)

Can I take a break for a moment?

(A) No, _____.

(B) _____.

04 (A)   (B)

Is Ms. Jones on vacation this week?

(A) _____.

(B) Her _____.

05 (A)   (B)

Is this product on sale now?

(A) I _____.

(B) _____.

정답 ▪ 스크립트 ▪ 해석 ▪ 해설 p. 31

이런 단어가 나와요!

01 **show** 圖 보여주다 **receipt** 圖 영수증 02 **come** 圖 오다 **seminar** 圖 세미나 03 **take a break** 휴식을 취하다 **moment** 圖 잠깐
04 **vacation** 圖 휴가 05 **product** 圖 제품, 상품 **on sale** 할인 중인

자신감 UP! 실전 대비하기

🔊 W2_D3_Test

[01-10] 음성을 듣고 질문에 알맞은 답변을 고른 후, 빈칸을 받아써 보세요. (음성은 세 번 들려줍니다.)

01   (A)   (B)

> 회의가 어디에서 열릴지(장소) 묻고 있어요.

_____ will the meeting be held?

02   (A)   (B)

> 일이 어떻게 되어 가는지(상태) 묻고 있어요.

_____ is your work going?

03   (A)   (B)

> 새로운 인턴이 누구인지(사람) 묻고 있어요.

_____ is the new intern?

04   (A)   (B)

> Ms. Williams에 대해 어떻게 생각하는지(의견) 묻고 있어요.

_____ do you think of Ms. Williams?

05   (A)   (B)

> 어떻게 출근하는지(방법) 묻고 있어요.

_____ do you go to work?

이런 단어가 나와요!

01 **meeting** 몡 회의   02 **work** 몡 일, 업무   **easy** 혱 쉬운   03 **new** 혱 새로운   **intern** 몡 인턴   **name** 몡 이름
04 **think** 동 생각하다   **every** 혱 매, 모든   **seem** 동 ~인 것 같다   **professional** 혱 전문적인, 능숙한   05 **go to work** 출근하다

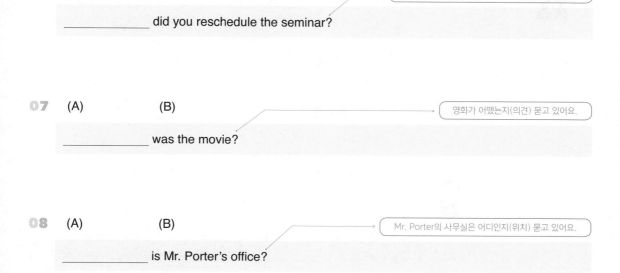

06 (A) _____ (B) _____

_____ did you reschedule the seminar?

> 세미나 일정을 언제 변경했는지(시점) 묻고 있어요.

07 (A) _____ (B) _____

_____ was the movie?

> 영화가 어땠는지(의견) 묻고 있어요.

08 (A) _____ (B) _____

_____ is Mr. Porter's office?

> Mr. Porter의 사무실은 어디인지(위치) 묻고 있어요.

09 (A) _____ (B) _____

_____ are you going to Texas on Saturday?

> 왜 토요일에 텍사스에 가는지(이유) 묻고 있어요.

10 (A) _____ (B) _____

_____ is the _____ of the plane ticket?

> 비행기 표의 가격이 얼마인지(비용) 묻고 있어요.

정답 ▪ 스크립트 ▪ 해석 ▪ 해설 p. 32

이런 단어가 나와요!

06 **reschedule** 图 일정을 변경하다   07 **movie** 图 영화   **theater** 图 영화관, 극장   **interesting** 图 흥미로운
08 **office** 图 사무실   **upstairs** 图 위층   **meet** 图 만나다   **client** 图 고객   09 **workshop** 图 워크숍
10 **price** 图 가격   **plane** 图 비행기   **about** 图 약, ~에 대하여

2주 4일 간접적으로 답하는 표현 익히기

Course 1 | 모르겠다고 답하는 표현

우리의 다음 회의는 언제인가요?
When is our next meeting?

여자가 다음 회의는 언제인지 묻자, 남자가 회의 날짜로 직접적으로 답하는 대신 '모르겠어요'라며 간접적으로 답하고 있네요. 이번 **Course**에서는 이처럼 질문에 대해 모르겠다거나 확인해보겠다고 답하거나, 다른 사람에게 물어보라고 답할 때 사용할 수 있는 표현을 익혀보겠습니다.

모르겠어요.
I don't know.

W2_D4_01

우리의 다음 회의는 언제인가요?
When is our next meeting?

모르겠다고 답하는 표현

· 모르겠어요. **I don't know.**	· 잘 모르겠어요. **I'm not sure.**	· 전혀 모르겠어요. **I have no idea.**

확인해보겠다고 답하는 표현

· 확인해볼게요. **Let me check.**	· 확인해봐야 할 거예요. **I'll have to check.**	· 한 번 볼게요. **I'll take a look.**

다른 사람에게 물어보라고 답하는 표현

· Sarah에게 물어보세요. **Ask Sarah.**	· Rachel에게 확인해보세요. **Check with Rachel.**	· 관리자에게 물어보셔야 해요. **You should ask the director.**

실력 UP! 연습 문제

[01-05] 음성을 듣고 질문에 알맞은 답변을 고른 후, 빈칸을 받아써 보세요. (음성은 세 번 들려줍니다.)

01   (A)   (B)

When is the next conference?
(A) I _____.
(B) Around _____.

02   (A)   (B)

Where is the manager's office?
(A) I _____.
(B) I'm _____.

03   (A)   (B)

Can we order new computers?
(A) To _____.
(B) _____ check.

04   (A)   (B)

What time does the workshop finish?
(A) It's going to be _____.
(B) _____ the director.

05   (A)   (B)

How long does it take to go to the airport?
(A) _____.
(B) I think _____.

정답 ▪ 스크립트 ▪ 해석 ▪ 해설 p. 35

이런 단어가 나와요!

01 **next** ⑧ 다음의; ⑲ 다음 것   **conference** ⑲ 회의   02 **manager** ⑲ 관리자   **office** ⑲ 사무실   03 **order** ⑧ 주문하다
04 **workshop** ⑲ 워크숍   **finish** ⑧ 끝나다, 끝내다   05 **airport** ⑲ 공항   **professional** ⑧ 전문적인

워크숍은 어디에서 열리나요?
Where will the workshop take place?

우리는 아직 결정하지 않았어요.
We haven't decided yet.

여자가 워크숍이 어디에서 열리는지 묻자, 남자가 워크숍 장소로 직접적으로 답하는 대신 '우리는 아직 결정하지 않았어요'라고 간접적으로 답하고 있네요. 이번 Course에서는 이처럼 아직 결정되지 않았다고 답하거나, 자신이 결정할 수 있는 일이 아니거나 다른 요소에 따라 달라진다고 답할 때 사용할 수 있는 표현을 익혀보겠습니다.

◀)) W2_D4_02

워크숍은 어디에서 열릴 것인가요?
Where will the workshop take place?

아직 결정되지 않았다고 답하는 표현

· 우리는 아직 결정하지 않았어요.
We **haven't decided yet**.

· 저는 여전히 그것에 대해 생각 중이에요.
I'm **still thinking about that**.

· 우리는 여전히 결정하고 있어요.
We're **still deciding**.

· 우리는 다음 회의에서 결정할 거예요.
We'll **decide in the next meeting**.

자신이 결정할 수 있는 일이 아니라고 답하는 표현

· 그건 제 결정 사항이 아니에요.
It's **not my decision**.

· 저는 그것을 담당하지 않아요.
I'm **not in charge of it**.

다른 요소에 따라 달라진다고 답하는 표현

· 가격에 달려 있어요.
It **depends on** the price.

· 날씨에 달려 있어요.
It **depends on** the weather.

🔊 W2_D4_Practice2

[01-05] 음성을 듣고 질문에 알맞은 답변을 고른 후, 빈칸을 받아써 보세요. (음성은 세 번 들려줍니다.)

01 (A) (B)

When will the company move?
(A) I'm _____.
(B) _____ yet.

02 (A) (B)

Are you coming to the conference?
(A) _____ my schedule.
(B) _____.

03 (A) (B)

Where are you going on a trip?
(A) To _____.
(B) I'm _____.

04 (A) (B)

Why was the work schedule changed?
(A) It's _____.
(B) _____ .

05 (A) (B)

Did you fix the computer?
(A) I _____.
(B) I'm _____.

정답 ■ 스크립트 ■ 해석 ■ 해설 p. 36

이런 단어가 나와요!

01 **company** 몡 회사 **move** 통 이사하다, 옮기다 **decide** 통 결정하다 **yet** 분 아직 02 **schedule** 몡 일정 03 **go on a trip** 여행을 가다 **still** 분 여전히
04 **change** 통 바뀌다, 바꾸다 **decision** 몡 결정(사항) **decision** 몡 결정(사항) 05 **fix** 통 고치다 **be in charge of** ~을 담당하다

자신감 UP! 실전 대비하기

🔊 W2_D4_Test

[01-10] 음성을 듣고 질문에 알맞은 답변을 고른 후, 빈칸을 받아써 보세요. (음성은 세 번 들려줍니다.)

01   (A)   (B)

_____ the seminar be canceled?

> 세미나가 취소될지 묻고 있어요.

02   (A)   (B)

_____ is Paul from?

> Paul이 어디 출신인지 묻고 있어요.

03   (A)   (B)

_____ is the technology convention?

> 기술 회의가 언제인지 묻고 있어요.

04   (A)   (B)

_____ you submit the research report?

> 연구 보고서를 제출했는지 묻고 있어요.

05   (A)   (B)

_____ should I place these boxes?

> 상자들을 어디에 놓아야 하는지 묻고 있어요.

이런 단어가 나와요!

01 **cancel** 통 취소하다   **decide** 통 결정하다 02 **from** 전 ~ 출신의 03 **convention** 명 회의 04 **research** 명 연구   **review** 통 검토하다
05 **place** 통 놓다   **check** 통 확인하다

토익리스닝기초

PART 1

PART 2

PART 3

PART 4.

해커스 토익 왕기초 Listening

06 (A)   (B)

회사가 스페인에 사무실을 열지 묻고 있어요.

_____ the company open an office in Spain?

07 (A)   (B)

몇 시에 방을 페인트칠할 것인지 묻고 있어요.

_____ will you paint the room?

08 (A)   (B)

누가 새로운 관리자인지 묻고 있어요.

_____ is the new manager?

09 (A)   (B)

캠페인이 언제 시작하는지 묻고 있어요.

_____ is the campaign going to begin?

10 (A)   (B)

창고에 어떻게 갈 수 있는지 묻고 있어요.

_____ get to the warehouse?

정답 ▪ 스크립트 ▪ 해석 ▪ 해설 p. 37

이런 단어가 나와요!

06 **open** 图 열다 **accounting** 图 회계 **cost** 图 비용, 가격 07 **paint** 图 페인트를 칠하다 **room** 图 방 08 **manager** 图 관리자 **weather** 图 날씨
09 **campaign** 图 캠페인, 활동 **begin** 图 시작하다 **director** 图 관리자, 책임자 10 **warehouse** 图 창고

2주 5일 PART 2 유형별 공략

Course 1 | 의문사가 있는 의문문

누가 매출 보고서를 검토할 것인가요?

누가(Who) 매출 보고서를 검토할 것인지 묻자 마케팅 팀의 James라고 답하고 있네요. 이처럼 Part 2에는 사람·장소·시간 등을 묻는 의문사가 있는 의문문이 자주 등장해요. 이번 Course에서는 의문사가 있는 의문문의 유형을 확인하고, 이러한 의문문을 공략하는 방법을 익혀보겠습니다.

마케팅팀의 James요.

질문 유형 확인하기

W2_D5_01

의문사가 있는 의문문은 **Who**(누가), **When**(언제), **Where**(어디서), **Why**(왜), **How**(어떻게/어떤지), **What**(무엇을/어떻게) 의문문이 주로 등장해요. 이때 How·What 의문문은 의문사 다음에 오는 단어를 함께 이해해야 의문문의 정확한 의미를 파악할 수 있으므로, 이를 주의 깊게 들어야 해요.

Who(누가) 의문문	**When(언제) 의문문**
누가 매출 보고서를 검토할 것인가요? **Who** will review the sales report?	다음 학회는 언제인가요? **When** is the next conference?

Where(어디서) 의문문	**Why(왜) 의문문**
Ms. Scott을 어디서 찾을 수 있나요? **Where** can I find Ms. Scott?	당신은 왜 여기에서 기다리고 있나요? **Why** are you waiting here?

How(어떻게/어떤지) 의문문	**What(무엇을/어떻게) 의문문**
방법/상태/기간/수량/가격/빈도 등을 물어요. 우리는 호텔에 어떻게 갈 건가요? (방법) **How** are we getting to the hotel? 당신의 새로운 직장은 마음에 드세요? (상태) **How do you like** your new job?	시간/의견/비용/색깔/날씨 등을 물어요. 수업은 몇 시에 시작하나요? (시간) **What time** does the class start? 우리의 새 프로젝트에 대해 어떻게 생각하세요? (의견) **What do you think** of our new project?

정답이 보이는 단계별 공략 익히기

이제 의문사가 있는 의문문이 등장했을 때 어떻게 문제를 풀어야 하는지 알아볼까요?

STEP 1 | 질문 들으며 의미 파악하기

질문을 듣고, 의문사와 그 뒤에 나오는 주요 단어를 파악해요. 주로 의문사 뒤에 오는 동사 · 명사가 질문의 핵심 내용을 나타내는 주요 단어인 경우가 많으므로, 이를 주의 깊게 듣고 질문의 의미를 정확히 파악해요.

Who will **review** the **sales report**? 누가 매출 보고서를 검토할 것인가요?

→ 의문사 Who(누가)와 주요 단어 review(검토하다), sales report(매출 보고서)를 통해 '누가 판매 보고서를 검토할 것인지'를 묻는 Who 의문문임을 파악할 수 있어요.

STEP 2 | 보기 들으며 오답 소거하고 정답 선택하기

보기를 하나씩 들으며 오답을 소거하고, 질문의 의문사와 관련된 표현을 사용하여 적절하게 응답한 보기를 정답으로 선택해요.

(A) James in the marketing team. (O) ──────→ 누가 보고서를 검토할 것인지를 묻는 Who 의문문에
마케팅팀의 James요.　　　　　　　　　　　　　　James in the marketing team(마케팅의 James요)
　　　　　　　　　　　　　　　　　　　　　　　라는 사람 이름으로 적절하게 응답했으므로 정답이에요.

(B) Yes, we did it. (X) ──────────────────→ 의문사 Who를 사용하여 누구인지를 묻는 질문에는
네, 우리가 했어요.　　　　　　　　　　　　　　　Yes로 답할 수 없으므로 오답이에요.

공략 적용하기

🔊 W2_D5_02

위에서 배운 공략을 적용해 다음 문제를 풀어 보세요.

(A)　　　　　　　(B)

한 번 확인해 볼까요?

Where is the **Mexican restaurant**?
멕시코 음식점은 어디에 있나요?

(A) The food is great. (X)
음식이 훌륭하네요.

(B) Around the corner. (O)
모퉁이를 돌아서요.

STEP 1 질문 들으며 의미 파악하기

의문사 Where(어디인지)와 주요 단어 Mexican restaurant(멕시코 음식점)을 듣고, 멕시코 음식점이 어디에 있는지를 묻는 Where 의문문임을 파악해요.

STEP 2 보기 들으며 오답 소거하고 정답 선택하기

질문에서 사용된 restaurant(음식점)과 내용이 연관된 food(음식)를 사용하여 혼동을 주는 오답이에요.

멕시코 음식점이 어디인지를 묻는 Where 의문문에 Around the corner (모퉁이를 돌아서요)라는 위치로 적절하게 응답했으므로 정답이에요.

토익리스닝기초 PART 1 PART 2 PART 3 PART 4 해커스 토익 왕기초 Listening

실력 UP! 연습 문제

🔊 W2_D5_Practice1

[01-04] 다음 단계에 따라 질문에 알맞은 답을 골라 보세요.

STEP 1 │ 음성을 듣고 빈칸을 받아쓴 후, 무엇을 묻는 질문인지 적절하게 표현한 보기를 골라 보세요.

01 _____ can I take a break?

   (A) 언제 휴식을 취할 수 있는지   (B) 어디에서 휴식을 취할 수 있는지

02 _____ was the trip to Chicago?

   (A) 언제 시카고 여행을 갔는지   (B) 시카고 여행은 어땠는지

STEP 2 │ 질문과 보기를 들으며 오답을 소거하고 알맞은 답을 골라 보세요. (음성은 세 번 들려줍니다.)

03 (A)   (B)

다시 한번 듣고 받아쓰며 확인해 봐요!

  (A) In _____.   (B) _____.

04 (A)   (B)

다시 한번 듣고 받아쓰며 확인해 봐요!

  (A) _____.   (B) It _____.

이런 단어가 나와요!

01-04 **take a break** 휴식을 취하다 **trip** 몡 여행 **agree** 동 동의하다 **tour guide** 여행 가이드

토익난이기초

PART 1

PART 2

PART 3

PART 4

해커스 토익 왕기초 Listening

[05-08] 음성을 듣고 질문에 알맞은 응답을 고른 후, 빈칸을 받아써 보세요. (음성은 세 번 들려줍니다.)

05　(A)　　　　　　(B)

(A) Don't _____.
(B) _____ the bus.

06　(A)　　　　　　(B)

(A) Their _____.
(B) I _____ pasta.

07　(A)　　　　　　(B)

(A) _____ for you.
(B) A _____.

08　(A)　　　　　　(B)

(A) _____ lunch.
(B) _____.

정답 ▪ 스크립트 ▪ 해석 ▪ 해설 p. 40

이런 단어가 나와요!

05 arrive 图 도착하다　**late** 문 늦게; 图 늦은　**today** 문 오늘　**miss** 图 놓치다　**06 restaurant** 图 식당　**order** 图 주문하다
07 wait 图 기다리다　**front desk** 안내 데스크　**delivery person** 배달원　**08 put** 图 놓다　**quick** 图 빠른　**lunch** 图 점심　**counter** 图 조리대, 계산대

> 매일 운동하시나요?

남자가 여자에게 매일 운동하는지(Do) 묻고 있네요. 이처럼 Part 2에서 '~하는지'를 물을 때는 Do와 같은 조동사나 be동사로 시작해 의문사가 없는 의문문이 자주 등장해요. 이번 Course에서는 의문사가 없는 의문 문의 유형을 확인하고, 이러한 의문문을 공략하는 방법 을 익혀보겠습니다.

> 네, 공원에서요.

질문 유형 확인하기

◀)) W2_D5_03

의문사가 없는 의문문은 의문사 대신 **Do/Can/Have/Will** 등의 조동사나 **Is/Are** 등의 be동사로 시작 하는 의문문이 주로 등장해요. 또한 **Don't/Aren't** 등으로 시작하는 부정 의문문과 **A or B**(A 또는 B)가 포함된 선택 의문문도 종종 등장해요.

조동사 의문문	be동사 의문문
'~하는지, ~할 수 있는지, ~할 것인지'를 물어요.	'~인지'를 물어요.
매일 운동하시나요? **Do** you exercise every day?	여기가 당신의 사무실인가요? **Is** this your office?
제게 보고서를 보내주실 수 있나요? **Can** you send me the report?	세미나에 오실 건가요? **Are** you coming to the seminar?

부정 의문문	선택 의문문
'~하지 않은지'를 물어요.	A와 B 중에서 무엇을 선택할 것인지를 물어요.
회의가 있지 않으신가요? (= 회의가 있으세요?) **Don't** you have a meeting?	커피가 좋으세요, 차가 좋으세요? **Would** you like **coffee or tea**?

 한 걸음 더 실력 UPGRADE!

'~하지 않은지'라는 의미의 부정 의문문은 '~한지'를 묻는 조동사/be동사 의문문과 동일한 의미이므로, 긍정·수락의 의미로 응답 할 때는 Yes로, 부정·거절할 때는 No로 응답해요.

Q. **Aren't you coming to the trade fair?** 무역 박람회에 오지 않으세요? (=무역 박람회에 오세요?)
A: **Yes**, on Monday. 네, 월요일이에요. (=무역 박람회에 가요.)
A: **No**, I have a meeting that day. 아뇨, 저는 그날 회의가 있어요. (=무역 박람회에 가지 않아요.)

정답이 보이는 단계별 공략 익히기

이제 의문사가 없는 의문문이 등장했을 때 어떻게 문제를 풀어야 하는지 알아볼까요?

STEP 1 | 질문 들으며 의미 파악하기

질문을 듣고, **조동사·be동사**의 형태와 그 뒤에 나오는 **주요 단어**를 파악해요. 의문사가 없는 의문문은 주요 단어에 따라 질문의 내용이 결정되므로, 이를 주의 깊게 듣고 질문의 의미를 정확히 파악해요.

Do you **exercise** every day? 매일 운동하시나요?

→ 조동사 Do와 주요 단어 exercise(운동하다)를 통해 '매일 운동하는지'를 묻는 조동사 의문문임을 파악할 수 있어요.

STEP 2 | 보기 들으며 오답 소거하고 정답 선택하기

보기를 하나씩 들으며 오답을 소거하고, **Yes나 No로 응답**한 뒤 **적절한 부연 설명**을 덧붙여 응답한 보기를 정답으로 선택해요. 이때 Yes나 No를 생략하여 답하는 정답 보기가 등장하기도 하므로, 보기를 주의 깊게 들으며 정확한 의미를 파악해요. 선택 의문문의 경우, 질문에서 제시한 선택지 중 한 가지를 선택하여 응답한 보기를 정답으로 선택해요.

(A) Yes, at the park. (O) ────────────────▶ 매일 운동하는지를 묻는 조동사 의문문에 Yes로 응답
네, 공원에서요. 한 뒤, at the park(공원에서요)라고 적절히 부연 설명
했으므로 정답이에요.

(B) No, they came on Tuesday. (X) ───────▶ 조동사 의문문에 No로 응답하였지만 질문과는 관련
아니요, 그들은 화요일에 왔어요. 없는 내용으로 부연 설명했으므로 오답이에요.

공략 적용하기

◀)) W2_D5_04

위에서 배운 공략을 적용해 다음 문제를 풀어 보세요.

(A)　　　　　　(B)

한 번 확인해 볼까요?

Can I **use** the **elevator**?
엘리베이터를 이용할 수 있나요?

(A) On the fifth floor. (X) ─────▶
5층에요.

(B) No. It's not working. (O) ─────▶
아니요. 그건 작동하지 않아요.

STEP 1 질문 들으며 의미 파악하기

조동사 Can과 주요 단어 use(이용하다), elevator(엘리베이터)를 듣고, 엘리베이터를 이용할 수 있는지를 묻는 조동사 의문문임을 파악해요.

STEP 2 보기 들으며 오답 소거하고 정답 선택하기

질문에서 사용된 elevator(엘리베이터)와 내용이 연관된 the fifth floor(5층)를 사용하여 혼동을 주는 오답이에요.

엘리베이터를 이용할 수 있는지 묻는 조동사 의문문에 No로 응답한 뒤, It's not working(그건 작동하지 않아요)이라고 적절히 부연 설명했으므로 정답이에요.

실력 UP! 연습 문제

[01-04] 다음 단계에 따라 질문에 알맞은 답을 골라 보세요.

STEP 1 | 음성을 듣고 빈칸을 받아쓴 후, 무엇을 묻는 질문인지 적절하게 표현한 보기를 골라 보세요.

01 _____ you _____ the seminar today?

    (A) 오늘 세미나에 갈 것인지　　　　　　　　(B) 오늘 세미나를 열 것인지

02 _____ you _____ the meeting room?

    (A) 회의실을 청소했는지　　　　　　　　　(B) 회의실을 청소할 예정인지

STEP 2 | 질문과 보기를 들으며 오답을 소거하고 알맞은 답을 골라 보세요. (음성은 세 번 들려줍니다.)

03 (A)　　　　　　　　(B)

다시 한번 듣고 받아쓰며 확인해 봐요!

  (A) No, _____.　　　　(B) Yes, _____.

04 (A)　　　　　　　　(B)

다시 한번 듣고 받아쓰며 확인해 봐요!

  (A) Yes, I _____.　　　　(B) I _____ tomorrow.

이런 단어가 나와요!

01-04 **busy** 휑 바쁜　**clean** 통 청소하다　**tomorrow** 튀 내일

토익리스닝기초

PART 1

PART 2

PART 3

PART 4

해커스 토익 왕기초 Listening

[05-08] 음성을 듣고 질문에 알맞은 응답을 고른 후, 빈칸을 받아써 보세요. (음성은 세 번 들려줍니다.)

05 Are you ready for your interview?

(A)　　　　　(B)

(A) Yes, I'm _____.
(B) We _____ it.

06 Have you seen the manager?

(A)　　　　　(B)

(A) No. I _____.
(B) No. _____.

07 Don't you want to join my team?

(A)　　　　　(B)

(A) A _____.
(B) _____ I do.

08 Would you like to take the bus or the train?

(A)　　　　　(B)

(A) Let's get _____.
(B) I _____.

정답 ▪ 스크립트 ▪ 해석 ▪ 해설 p. 41

이런 단어가 나와요!

05 **ready** 혱 준비가 된　**prepared** 혱 준비가 된　**already** 뿐 이미, 벌써　06 **manage** 통 관리하다
07 **want** 통 ~하고 싶어 하다　**join** 통 가입하다　**team** 뗭 팀, 단체　08 **bus** 뗭 버스　**train** 뗭 기차　**prefer** 통 더 좋아하다

그 식당은 매우 붐벼요.

네, 장소가 매우 좁은 것 같아요.

여자가 '그 식당은 매우 붐빈다'는 사실을 전달하고 있네요. 이처럼 Part 2에는 의문문 형태가 아니어도 상대방의 응답을 요구하는 평서문이 종종 등장해요. 이번 Course에서는 평서문의 유형을 확인하고, 평서문 문제를 공략하는 방법을 함께 익혀보겠습니다.

 평서문 유형 확인하기

◀)) W2_D5_05

평서문은 사실을 전달하거나 문제점·의견을 이야기하는 상황, 또는 상대방에게 무언가를 제안하거나 요청하는 유형이 주로 등장해요.

사실 전달	문제점 언급
그 식당은 매우 붐벼요. The restaurant is very crowded.	프린터가 작동하지 않아요. The printer is not working.
이 제품은 지금 할인 중이에요. This product is on sale now.	제 이웃은 매우 시끄러워요. My neighbor is very noisy.

의견 제시	제안·요청
워크숍은 매우 유익했어요. The workshop was very helpful.	저녁 식사를 합시다. Let's have dinner.
저는 우리가 일찍 출발해야 한다고 생각해요. I think we should leave early.	제게 보고서의 사본을 보내주세요. Please send me a copy of the report.

정답이 보이는 단계별 공략 익히기

이제 평서문이 등장했을 때 어떻게 문제를 풀어야 하는지 알아볼까요?

STEP 1 | 문장 들으며 의미 파악하기

문장이 명사·인칭대명사, It, There, Please 등으로 시작하면 평서문 유형임을 파악할 수 있어요. 이때 문장의 **주어·동사**와 **형용사·목적어**를 듣고 문장의 의미를 정확하게 파악해요.

The restaurant is very crowded. 그 식당은 매우 붐벼요.

→ 문장이 명사 The restaurant(그 식당)으로 시작했으므로 평서문임을 파악할 수 있어요. 주어 The restaurant(그 식당)과 동사 is, 형용사 crowded(붐비는)를 듣고 '그 식당은 붐빈다'는 사실을 전달하고 있음을 파악할 수 있어요.

STEP 2 | 보기 들으며 오답 소거하고 정답 선택하기

보기를 하나씩 들으며 오답을 소거하고, 화자의 말에 **동의·반대**하거나, **부연 설명·해결책을 제시**하여 적절하게 응답한 보기를 정답으로 선택해요.

(A) Yes, I think the space is very small. (O) ────────→ 그 식당은 매우 붐빈다는 사실에 대해 Yes, I think the
네, 장소가 매우 좁은 것 같아요. space is very small(네, 장소가 매우 좁은 것 같아요)
이라며 동의하는 내용으로 응답했으므로 정답이에요.

(B) I'm ready to go. (X) ────────────────────→ 문장과는 관련 없는 내용이므로 오답이에요.
저는 갈 준비가 되었어요.

 공략 적용하기

🔊 W2_D5_06

위에서 배운 공략을 적용해 다음 문제를 풀어 보세요.

(A)   (B)

 한 번 확인해 볼까요?

We need a new printer, I think.
우리는 새로운 프린터가 필요한 것 같아요.

STEP 1 **문장 들으며 의미 파악하기**

문장이 인칭대명사 We로 시작하므로 평서문임을 파악하고, 주어·동사인 We need(우리는 필요하다)와 목적어 new printer(새로운 프린터)를 듣고 '새로운 프린터가 필요하다'는 의견을 제시하고 있음을 확인해요.

STEP 2 **보기 들으며 오답 소거하고 정답 선택하기**

(A) You should ask the manager. (O) ──→ 새로운 프린터가 필요하다는 의견에 대해 You should ask the
관리자에게 물어보셔야 해요. manager(관리자에게 물어보셔야 해요)라며 적절하게 응답했으므로 정답이에요.

(B) Yes, I need to go. (X) ─────────→ 질문의 need(필요하다)를 반복 사용하여 혼동을 주는 오답이에요.
네, 저는 가야 해요.

토익실전기초 / PART 1 / PART 2 / PART 3 / PART 4

해커스 토익 왕기초 Listening

실력 UP! 연습 문제

[01-04] 다음 단계에 따라 질문에 알맞은 답을 골라 보세요.

STEP 1 | 음성을 듣고 빈칸을 채운 후, 문장의 내용을 적절하게 표현한 보기를 골라 보세요.

01 You need to _____ this _____.

    (A) 당신은 이 양식에 서명하셔야 합니다.   (B) 당신은 이 양식을 검토하셔야 합니다.

02 Let's _____ our _____.

    (A) 우리의 기차표를 취소합시다.   (B) 우리의 기차표를 구매합시다.

STEP 2 | 질문과 보기를 들으며 오답을 소거하고 알맞은 답을 골라 보세요. (음성은 세 번 들려줍니다.)

03   (A)   (B)

다시 한번 듣고 받아쓰며 확인해 봐요!

  (A) OK, _____.   (B) Yes, _____.

04   (A)   (B)

다시 한번 듣고 받아쓰며 확인해 봐요!

  (A) The station _____.   (B) I _____.

이런 단어가 나와요!

01-04 **need to** ~해야 하다   **sign** 통 서명하다   **form** 명 양식   **station** 명 역, 정거장   **large** 형 큰   **pass** 명 탑승권

[05-08] 음성을 듣고 평서문에 알맞은 응답을 고른 후, 빈칸을 받아써 보세요. (음성은 세 번 들려줍니다.)

05 Let's have lunch together.

(A)   (B)

(A) That _____.
(B) We _____ yet.

06 I can't open this window.

(A)   (B)

(A) The store _____.
(B) Here, _____.

07 It costs $50 to take a taxi to the airport.

(A)   (B)

(A) That's very _____.
(B) I took _____.

08 Please send me a copy of the report.

(A)   (B)

(A) I _____ a copy machine.
(B) Sure. _____ right now.

정답 ■ 스크립트 ■ 해석 ■ 해설 p. 43

이런 단어가 나와요!

05 have lunch 점심을 먹다 **together** 뷔 함께 **decide** 통 결정하다 **06 open** 통 열다; 톙 열려 있는 **window** 톙 창문 **store** 톙 가게
07 cost 통 (값·비용이) 들다 **taxi** 톙 택시 **airport** 톙 공항 **expensive** 톙 비싼 **bus** 톙 버스
08 send 통 보내다 **copy** 톙 복사본 **order** 통 주문하다 **copy machine** 복사기

자신감 UP! 실전 대비하기

🔊 W2_D5_Test

[01-12] 음성을 듣고 주요 단어를 파악한 뒤, 질문에 가장 적절하게 응답한 보기를 고르세요.

01   (A)   (B)   (C)

(When) is the (meeting) with Ms. Doris?

> Ms. Doris와의 회의가 언제인지 묻는 When 의문문임을 파악해요. 보기를 잘 듣고, When 의문문과 관련된 시간 표현을 정답으로 선택해요.

02   (A)   (B)   (C)

> 상대방의 가방인지 묻는 Be동사 의문문이에요.

03   (A)   (B)   (C)

> 어디에 그림을 걸어야 할지 묻는 Where 의문문이에요.

04   (A)   (B)   (C)

> 왜 Mark가 디자인을 바꿨는지 묻는 Why 의문문이에요.

05   (A)   (B)   (C)

> 은퇴 파티가 매우 잘 진행되었다고 말하는 평서문이에요.

06   (A)   (B)   (C)

> 상대방이 발표를 봤는지 묻는 조동사 의문문이에요.

이런 단어가 나와요!

01 **meeting** 옝 회의 **with** 젠 ~와, ~와 함께 **wrote** 용 썼다(write의 과거형) **article** 옝 (신문·잡지의) 기사, 글
02 **bag** 옝 가방 **brown** 옝 갈색의 **need** 용 필요하다 **03** **hang** 용 걸다, 매달다 **painting** 옝 그림 **agree** 용 동의하다 **wall** 옝 벽 **art gallery** 미술관
04 **change** 용 바꾸다; 옝 변화 **design** 옝 디자인, 설계 **05** **retirement** 옝 은퇴 **glad** 옝 기쁜
06 **presentation** 옝 발표 **give a speech** 연설하다, 강연하다 **impressive** 옝 감명 깊은

토익실전기초

PART 1

PART 2

PART 3

PART 4

해커스 토익 왕기초 Listening

07 (A)   (B)   (C)   새로운 직장이 마음에 드는지 묻는 How 의문문이에요.

08 (A)   (B)   (C)   Mary가 곧 떠날 예정인지 묻는 be동사 의문문이에요.

09 (A)   (B)   (C)   누가 프로젝트를 이끌지 묻는 Who 의문문이에요.

10 (A)   (B)   (C)   우체국이 닫았는지 묻는 be동사 의문문이에요.

11 (A)   (B)   (C)   선반들이 채워져야 한다고 말하는 평서문이에요.

12 (A)   (B)   (C)   누가 사무용 의자를 주문했는지 묻는 Who 의문문이에요.

정답 ■ 스크립트 ■ 해석 ■ 해설 p. 44

이런 단어가 나와요!

07 **job** 阅 직장, 일   **interesting** 휑 흥미로운, 재미있는   **model** 阅 모델, 모형   **job interview** 면접   08 **leave** 홍 떠나다
09 **lead** 홍 이끌다   **everything** 예 모든 것   **be in charge of** ~을 담당하다   **read** 홍 읽다   **letter** 阅 편지
10 **post office** 우체국   **close** 홍 닫다; 휑 가까운   **large** 휑 큰   **package** 阅 소포, 포장
11 **shelves** 阅 선반들(shelf의 복수형)   **fill** 홍 채우다   **grocery store** 식료품점   **empty** 휑 비어 있는
12 **order** 홍 주문하다; 阅 주문품   **seat** 阅 자리   **believe** 홍 생각하다   **arrive** 홍 도착하다   **yesterday** 튀 어제

PART 3

Part 3 알아보기 ✏️

◉ Part 3 소개

Part 3는 32번부터 70번까지 총 39문제로, 회사 생활 또는 일상생활에서 일어나는 두 명 혹은 세 명의 대화를 듣고 그와 관련된 세 개의 문제를 푸는 유형이에요. 문제지에는 각 문제의 질문과 네 개의 보기가 모두 제시되고, 음성으로는 대화와 이에 대한 3문제의 질문만 들려줍니다.

[문제지]

> **32. What does the man want to do?**
>
> (A) Meet a client
> (B) Review a report
> (C) Have an interview
> (D) Hold a seminar

> 남자가 하고 싶어 하는 것이 무엇인지를 묻고 있구나.

[음성]

> W: What are you planning to do?
> M: **I'd like to hold a seminar** for the employees.
> W: That's a good idea.
>
> 32. What does the man want to do?

> 남자는 세미나를 열고 싶다고 했으므로 (D)가 정답!

◉ Part 3 학습 전략

긴 문장 파악하기

Part 3의 대화에는 비교적 긴 문장들이 등장하므로, 적절한 곳에서 문장을 끊어 듣는 연습을 통해 긴 문장의 의미도 정확하게 파악하는 것이 중요해요. 또한 대화 상황에서 자주 등장하는 시간·순서나 제안·요청 표현들을 익혀두면 문장의 의미를 빠르고 정확하게 이해할 수 있어요.

대화 상황별 빈출 표현 익히기

Part 3에 출제되는 대화 상황별 자주 사용되는 어휘와 표현을 익혀두면 대화의 내용을 보다 쉽고 정확하게 파악할 수 있어요.

유형별 문제 풀이 공략 익히기

Part 3에 등장하는 질문의 유형별로 문제를 푸는 법을 알아두면 실전 시험에서도 Part 3를 쉽게 공략할 수 있어요.

3주 1일 긴 문장 끊어 듣기

무료 MP3 바로 듣기▲

Course 1 | 구 단위로 끊어 듣기

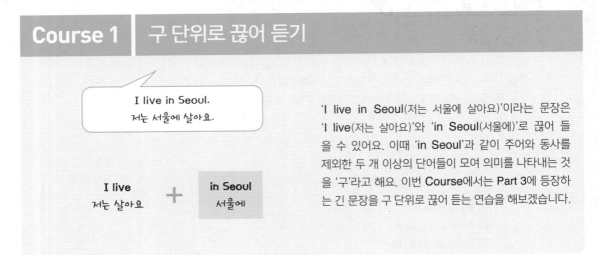

I live in Seoul.
저는 서울에 살아요.

I live
저는 살아요
+
in Seoul
서울에

'I live in Seoul(저는 서울에 살아요)'이라는 문장은 'I live(저는 살아요)'와 'in Seoul(서울에)'로 끊어 들을 수 있어요. 이때 'in Seoul'과 같이 주어와 동사를 제외한 두 개 이상의 단어들이 모여 의미를 나타내는 것을 '구'라고 해요. 이번 Course에서는 Part 3에 등장하는 긴 문장을 구 단위로 끊어 듣는 연습을 해보겠습니다.

◀)) W3_D1_01

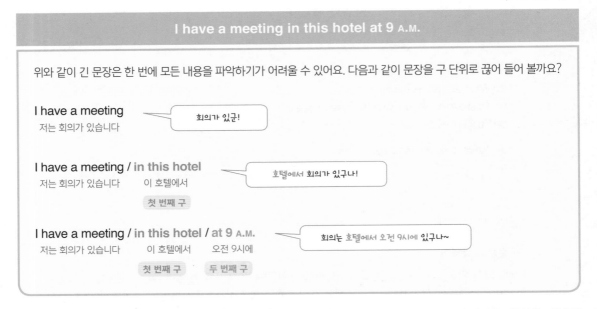

I have a meeting in this hotel at 9 A.M.

위와 같이 긴 문장은 한 번에 모든 내용을 파악하기가 어려울 수 있어요. 다음과 같이 문장을 구 단위로 끊어 들어 볼까요?

I have a meeting
저는 회의가 있습니다
> 회의가 있군!

I have a meeting / in this hotel
저는 회의가 있습니다   이 호텔에서
> 호텔에서 회의가 있구나!
첫 번째 구

I have a meeting / in this hotel / at 9 A.M.
저는 회의가 있습니다   이 호텔에서   오전 9시에
> 회의는 호텔에서 오전 9시에 있구나~
첫 번째 구   두 번째 구

이제 구가 포함된 긴 문장을 좀 더 쉽게 이해할 수 있겠죠? 이렇게 문장을 구 단위로 끊어 들으며 의미를 파악하는 연습을 반복하면, 긴 문장을 들을 때 자연스럽게 문장 전체의 의미를 이해할 수 있게 될 거예요.

🔊 W3_D1_Practice1

[01-04] 음성을 들으며 문장을 구 단위로 적절히 끊어 보세요. (음성은 세 번 들려줍니다.)

01 I have a flight at 5:30 P.M.
저는 오후 5시 30분에 항공편이 있어요.

02 Our clients are sitting in the lobby.
우리의 고객들이 로비에 앉아 있어요.

03 The engineer will come before noon.
기술자가 정오 전에 올 거예요.

04 I will see that movie at the Paradise Theater on Saturday.
저는 토요일에 Paradise 극장에서 그 영화를 볼 거예요.

[05-08] 음성을 듣고 구의 의미로 알맞은 것을 고른 후, 빈칸에 들어갈 구를 받아써 보세요. (음성은 세 번 들려줍니다.)

05 그 경기는 Ⓐ 2시에   Ⓑ 이틀 후에   시작합니다.
The game starts / _____.

06 그는 Ⓐ 강당에서   Ⓑ 회의실에서   발표를 했어요.
He gave a presentation / _____.

07 저는 일요일에 Ⓐ 공원에서   Ⓑ 체육관에서   그녀를 봤어요.
I saw her / _____ / _____.

08 저는 Ⓐ 5월에   Ⓑ 5일 전에   당신의 가게에서 컴퓨터를 샀어요.
I bought a computer / _____ / _____.

정답 ▪ 스크립트 ▪ 해석 ▪ 해설 p. 48

이런 단어가 나와요!

01 **flight** 몡 항공편   02 **client** 몡 고객   03 **engineer** 몡 기술자   **before** 젠 ~ 전에   **noon** 몡 정오   04 **movie** 몡 영화   **theater** 몡 극장
05 **start** 통 시작하다   06 **presentation** 몡 발표   07 **park** 몡 공원   08 **bought** 통 샀다(buy의 과거형)   **store** 몡 가게

Course 2 | 절 단위로 끊어 듣기

> I heard that he bought a car.
> 저는 그가 차를 샀다고 들었어요.

> I heard
> 저는 들었어요

+

> that he bought a car
> 그가 차를 샀다고

'that he bought a car(그가 차를 샀다는 것)'처럼 전체 문장 안에 있으면서 또 다른 하나의 문장처럼 보이는 단어들의 묶음을 '절'이라고 합니다. Part 3에는 이러한 절을 포함한 긴 문장이 종종 등장해요. 이번 Course에서는 긴 문장을 좀 더 쉽게 이해하기 위해 절 단위로 끊어 듣는 연습을 해보겠습니다.

W3_D1_02

She said that she moved into a new house. I think that she likes it.

한 번에 모든 내용을 파악하기 어렵다면, 다음과 같이 문장을 절 단위로 끊어 들어 보세요.

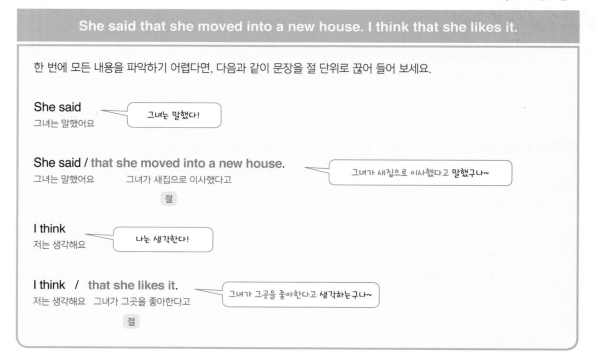

She said
그녀는 말했어요

> 그녀는 말했다!

She said / that she moved into a new house.
그녀는 말했어요   그녀가 새집으로 이사했다고

> 그녀가 새집으로 이사했다고 말했구나~

절

I think
저는 생각해요

> 나는 생각한다!

I think   /   that she likes it.
저는 생각해요   그녀가 그곳을 좋아한다고

> 그녀가 그곳을 좋아한다고 생각하는구나~

절

이제 절이 포함된 긴 문장을 좀 더 쉽게 이해할 수 있겠죠? 특히 Part 3에서는 hear(듣다), say(말하다), think(생각하다) 등의 동사 뒤에 that으로 연결되는 절이 주로 등장해요. 이러한 절은 주로 '~한다고', '~하는 것'이라고 해석되는데, 이때 that은 종종 생략되기도 합니다.

🔊 W3_D1_Practice2

[01-04] 음성을 들으며 문장을 절 단위로 적절히 끊어 보세요. (음성은 세 번 들려줍니다.)

01 I think that the interview was great.
저는 그 인터뷰가 좋았다고 생각해요.

02 I believe you can fix this printer.
저는 당신이 이 프린터를 고칠 수 있을 거라고 생각해요.

03 She didn't know that the seminar is tomorrow.
그녀는 세미나가 내일이라는 것을 알지 못했어요.

04 I heard the company logo will be changed.
저는 회사 로고가 바뀔 것이라고 들었어요.

[05-08] 음성을 듣고 절의 의미로 알맞은 것을 고른 후, 빈칸에 들어갈 절을 받아써 보세요. (음성은 세 번 들려줍니다.)

05 저는 Ⓐ 목요일 공연이 매진되었다고   Ⓑ 공연이 목요일이라고   들었어요.
I heard / _____.

06 그 직원은 Ⓐ 제가 쿠폰을 받을 수 있다고   Ⓑ 제가 쿠폰을 사용해야 한다고   말했어요.
The staff said / _____.

07 Ⓐ 컴퓨터를 빨리 수리하는 것은   Ⓑ 컴퓨터에 대해 배우는 것은   중요합니다.
It is important / _____.

08 당신은 Ⓐ 우리가 더 많은 직원들을 고용해야 한다고   Ⓑ 우리가 면접 일정을 변경해야 한다고   생각하시나요?
Do you think / _____?

정답 ▪ 스크립트 ▪ 해석 ▪ 해설 p. 48

이런 단어가 나와요!

01 **think** 图 생각하다 02 **believe** 图 생각하다 **fix** 图 고치다 03 **know** 图 알다 **tomorrow** 图 내일 04 **hear** 图 듣다 **company** 图 회사 **change** 图 바꾸다
05 **show** 图 공연 06 **staff** 图 직원 07 **important** 图 중요한 **learn** 图 배우다 08 **hire** 图 고용하다 **employee** 图 직원

🔊 W3_D1_Test

[01-08] 대화를 듣고 문제에 알맞은 답을 고른 후, 빈칸을 받아써 보세요. (음성은 세 번 들려줍니다.)

01 여자는 어디에 갈 것인가?

(A) 호텔　　　　　　　　　　　(B) 카페

M: You plan to meet with our clients today, right?
W: Yes. I'll go _____ with them.

02 남자는 왜 North Airways를 좋아하는가?

(A) 신규 항공사이기 때문에　　　　(B) 요금이 저렴하기 때문에

W: Kevin, could you recommend an airline for me?
M: Well, North Airways is good. I heard _____.

03 화요일에 무슨 행사가 열릴 것인가?

(A) 회의　　　　　　　　　　　(B) 만찬

M: Have you heard about Ms. Michaels? She's going to be a new manager.
W: Yes. It will be announced at the _____ on Tuesday.

04 여자는 무엇을 제안하는가?

(A) 사무실에 다시 방문하는 것　　　(B) 나중에 다시 전화하는 것

M: Hello. I'd like to speak with Dr. Brent. I have a question about my checkup.
W: He is busy now, so I think _____ in 10 minutes.

이런 단어가 나와요!

01 **plan** [동] 계획하다　**meet** [동] 만나다　**client** [명] 고객　02 **recommend** [동] 추천하다　**airline** [명] 항공사　**low** [형] 낮은　**price** [명] 가격
03 **announce** [동] 발표하다　**meeting** [명] 회의　04 **speak** [동] 이야기하다　**checkup** [명] 검진　**busy** [형] 바쁜　**call** [동] 전화하다　**again** [부] 다시

05 여자는 무엇에 대해 묻는가?

(A) 관광 비용

(B) 관광 날짜

W: Excuse me. _____ is a city tour?
M: We have a two-hour tour _____.
W: That's perfect.

06 남자는 무엇을 할 것인가?

(A) 메일을 보낸다.

(B) 일정표를 보낸다.

M: Ms. Green, here's _____.
W: Um . . . I think I need the one from August.
M: Oh, then I'll send it to you _____.

07 남자는 왜 워크숍에 갈 수 없는가?

(A) 발표 자료를 준비해야 하기 때문에

(B) 프로젝트를 마쳐야 하기 때문에

W: Paul, are you going to the workshop _____?
M: I can't. I have to _____ that day.
W: I see. Please let me know if you need any help.

08 남자가 여자에게 알려준 것은 무엇인가?

(A) Mr. Jones가 사무실에 없다.

(B) Mr. Jones가 회의 중이다.

W: Hi. I need to see Mr. Jones in human resources. Can you tell me where his desk is?
M: In room 103. However, he's _____ today.
W: Oh, thanks for the information.

정답 ▪ 스크립트 ▪ 해석 ▪ 해설 p. 49

이런 단어가 나와요!

05 **city tour** 시내 관광   06 **need** 圖 필요하다   **send** 圖 보내다   07 **finish** 圖 마치다   **let ~ know** ~에게 알리다
08 **human resources** 인사부   **information** 圖 정보

3주 2일 시간·순서 및 제안·요청 표현 익히기

Part 3

무료 MP3 바로 듣기▲

Course 1 | 시간·순서 표현

보고서 작성은
두 시간 정도 걸려요(take).

남자가 보고서 작성에 시간이 얼마나 걸리는지 이야기하자, 여자가 제출하기 전에 한 부를 복사해달라며 업무의 순서를 알려주고 있네요. 이처럼 Part 3에서는 시간이나 순서와 관련된 표현이 자주 등장해요. 이번 Course에서는 이렇게 시간·순서를 나타내는 표현을 함께 익혀보겠습니다.

알겠어요. 제출하기
전에(before) 한 부 복사해주세요.

 시간·순서 관련 표현 　　　🔊 W3_D2_01

take (시간) ~이 걸리다	• **take** two hours　두 시간이 걸리다 • **take** a week　일주일이 걸리다
before ~ 전에	• **before** you submit it　그것을 제출하기 전에 • **before** we begin　우리가 시작하기 전에
after ~ 후에	• **after** lunch　점심 후에 • **after** speaking with him　그와 이야기한 후에
around (시간) ~쯤	• **around** one o'clock　1시쯤 • **around** noon　정오쯤
within (시간) ~ 이내에	• **within** an hour　1시간 이내에 • **within** two days　2일 이내에
for / during (시간) ~ 동안	• **for** five years　5년 동안 • **during** the holidays　휴가 동안
once 일단 ~하면	• **once** you start　일단 당신이 시작하면 • **once** we find it　일단 우리가 그것을 찾으면
as soon as ~하자마자	• **as soon as** they arrive　그들이 도착하자마자 • **as soon as** you return to work　당신이 직장에 돌아오자마자

실력 UP! 연습 문제

🔊 W3_D2_Practice1

[01-07] 음성을 듣고, 빈칸에 들어갈 표현을 받아써 보세요. (음성은 세 번 들려줍니다.)

01 회의는 40분이 걸릴 것입니다.

The meeting will _____ 40 minutes.

02 Mr. Chen은 11시쯤 방문했습니다.

Mr. Chen visited _____ 11 o'clock.

03 일단 제가 계획을 검토하면 당신에게 전화할게요.

I'll call you _____ I review the plan.

04 우리는 두 시간 이내에 도착해야 해요.

We need to arrive _____ two hours.

05 여러분은 발표 후에 질문을 하실 수 있습니다.

You can ask questions _____ the presentation.

06 엘리베이터는 목요일 전에 수리될 것입니다.

The elevator will be repaired _____ Thursday.

07 당신의 일을 마치자마자 제게 알려주세요.

Please let me know _____ you finish your work.

정답 ■ 스크립트 ■ 해석 ■ 해설 p. 52

이런 단어가 나와요!

01 **meeting** 圐 회의 02 **visit** 圄 방문하다 03 **review** 圄 검토하다 04 **arrive** 圄 도착하다 05 **question** 圐 질문 **presentation** 圐 발표
06 **repair** 圄 수리하다 07 **let ~ know** ~에게 알리다 **finish** 圄 마치다

내일 회의를 합시다(Let's).

좋아요. 회의실을
찾아봐 주세요(Please).

남자가 내일 회의하는 것을 제안하자, 여자가 이를 수락하며 회의실을 예약해달라고 요청하고 있네요. 이처럼 Part 3에서는 상대방에게 어떤 일을 제안하거나 요청하는 표현이 자주 등장해요. 이번 Course에서는 이러한 제안·요청과 관련된 표현을 함께 익혀보겠습니다.

 제안 관련 표현   ◀)) W3_D2_02

Let's 〜합시다	• **Let's** have a meeting tomorrow. 내일 회의를 합시다.
You should 〜 당신은 〜해야 해요	• **You should** choose this model. 당신은 이 모델을 골라야 해요.
Why don't we 〜? 〜하는 게 어때요?	• **Why don't we** lower the price? 가격을 낮추는 게 어때요?
I suggest 〜 저는 〜을 제안해요	• **I suggest** you find another way. 저는 당신이 다른 방법을 찾는 것을 제안해요.

 요청 관련 표현

Please 〜 〜 해주세요	• **Please** find a meeting room. 회의실을 찾아봐 주세요.
Could / Would you 〜? 〜해주시겠어요?	• **Could / Would you** show me the map? 제게 지도를 보여주시겠어요?
Would you mind 〜? 〜해주시겠어요?	• **Would you mind** closing the window? 창문을 닫아주시겠어요?
I need you to 〜 〜해주세요	• **I need you to** fill out this form. 이 양식을 작성해주세요.

실력 UP! 연습 문제

🔊 W3_D2_Practice2

[01-07] 음성을 듣고, 빈칸에 들어갈 표현을 받아써 보세요. (음성은 세 번 들려줍니다.)

01 다음 기차를 탑시다.

_____ take the next train.

02 복사기를 주문해주시겠어요?

_____ order a copy machine?

03 탁자를 옮겨주시겠어요?

_____ moving the table?

04 당신은 여행 일정을 바꿔야 해요.

_____ change the tour schedule.

05 워크숍에 등록해주세요.

_____ register for the workshop.

06 이 독서 동아리에 가입하는 게 어때요?

_____ join this book club?

07 정오쯤 제 사무실로 와주세요.

_____ come to my office around noon.

정답 ▪ 스크립트 ▪ 해석 ▪ 해설 p. 52

이런 단어가 나와요!

01 train 몡 기차 **02 order** 통 주문하다 **copy machine** 복사기 **03 move** 통 옮기다 **04 change** 통 바꾸다 **schedule** 몡 일정 **05 register** 통 등록하다
06 join 통 가입하다 **club** 몡 동아리, 동호회 **07 office** 몡 사무실 **noon** 몡 정오, 낮 12시

🔊 W3_D2_Test

[01-08] 대화를 듣고 질문에 알맞은 답을 고른 후, 빈칸을 받아써 보세요. (음성은 세 번 들려줍니다.)

01 여자는 무엇에 대해 묻는가?

(A) 도서관 개장일　　　　　　　(B) 식당 개업일

W: When will the _____ open?
M: It's going to open _____ two weeks.

02 남자는 무엇을 하고 있는 중인가?

(A) 일정을 변경하고 있다.　　　　(B) 목록을 검토하고 있다.

W: Mark, are you busy? I need you to help design a poster.
M: Can you wait a minute? I'm _____. It will _____ about 10 minutes.

03 여자는 무엇을 제안하는가?

(A) 열쇠를 사용하는 것　　　　　(B) 열쇠를 고치는 것

M: The meeting room door is locked again.
W: Oh, _____ this key.

04 남자는 어디로 가려고 하는가?

(A) 공항　　　　　　　　　　　(B) 기차역

M: Hi. I need to take the hotel shuttle _____. When does it leave?
W: It leaves _____.

이런 단어가 나와요!

01 **library** 몡 도서관　**open** 동 문을 열다　02 **busy** 혱 바쁜　**design** 동 디자인하다　**wait** 동 기다리다
03 **meeting room** 회의실　**lock** 동 잠그다　**again** 뿐 또, 다시　**use** 동 사용하다　04 **shuttle** 몡 왕복 버스　**airport** 몡 공항　**leave** 동 출발하다

토익 리스닝 기초

PART 1

PART 2

PART 3

PART 4

해커스 토익 왕기초 Listening

05 남자는 3시에 무엇을 할 것 같은가?

(A) 면접을 본다.   (B) 교육을 받는다.

M: My name is Rodney Dunn, and I'm here for an _____.
W: Mr. Dunn . . . Your _____ will start _____ 3 P.M.
M: I see. Thank you.

06 남자는 무엇을 제안하는가?

(A) 기한을 연장하는 것   (B) 도움을 요청하는 것

M: Are you going to the marketing seminar, Linda?
W: Hmm . . . I don't think I can complete the sales report _____ then.
M: I _____ you _____.

07 남자는 여자에게 무엇을 하라고 요청하는가?

(A) 관리자와 약속을 잡는다.   (B) 가게에 다시 들른다.

W: Excuse me. I'd like to exchange this guitar for another model.
M: Oh, our store manager isn't here now. _____ two o'clock?
W: OK. I'll do that.

08 여자는 남자에게 무엇을 하라고 요청하는가?

(A) 회사에 대해 이야기한다.   (B) 소프트웨어에 대해 이야기한다.

W: Mr. Witten, how long have you worked for Ink Soft?
M: Well, I've been with the company _____. I've created many computer software programs.
W: _____ more about _____.

정답 ▪ 스크립트 ▪ 해석 ▪ 해설 p. 53

이런 단어가 나와요!

05 **interview** 명 면접   **start** 동 시작하다   06 **complete** 동 완료하다   **sales** 형 판매의   **ask for** 요청하다
07 **exchange** 동 교환하다   **store** 명 가게   **manager** 명 관리자   **come back** 돌아오다   08 **company** 명 회사   **create** 동 만들다

3주 3일 회사 생활 관련 표현 익히기

무료 MP3 바로 듣기▲

Course 1 | 사내 업무·행사 관련 표현

화요일에
회의(meeting)를 할 거예요.

두 사람이 회의 일정과 주제에 관해 대화를 나누고 있네요. **Part 3**에서는 이처럼 회의·보고서 작성과 같은 사내 업무 또는 교육·워크숍 등 사내 행사를 진행하는 상황과 관련된 대화가 자주 등장해요. 이번 Course에서는 사내 업무 및 행사와 관련된 표현을 함께 익혀보겠습니다.

무엇을 논의할(discuss) 건가요?

👑 회의와 관련된 표현

🔊 W3_D3_01

meeting
® 회의

have a **meeting**
회의를 하다

during the **meeting**
회의 동안

discuss
® 논의하다

discuss some ideas
방안들을 논의하다

discuss the details
세부 사항을 논의하다

conference
® 학회, 회의

at a **conference**
학회에서

a **conference** room
회의실

problem
® 문제

We have a **problem** .
우리에게 문제가 생겼어요.

solve a **problem**
문제를 해결하다

presentation
® 발표

give a **presentation**
발표를 하다

client
® 고객

meet with a **client**
고객과 만나다

The **clients** will visit soon.
고객들이 곧 방문할 거예요.

업무와 관련된 표현

report
명 보고서

write a **report**
보고서를 작성하다

finish a **report**
보고서를 끝내다

send
동 보내다

send an e-mail
이메일을 보내다

send a package
소포를 보내다

review
동 검토하다

review a document
서류를 검토하다

review a plan
계획을 검토하다

deadline
명 기한

a project **deadline**
프로젝트 기한

meet a **deadline**
기한을 맞추다

work hours
근무 시간

during **work hours**
근무 시간 동안

change his/her **work hours**
그/그녀의 근무 시간을 변경하다

business trip
출장

go on a **business trip**
출장을 가다

인사·채용과 관련된 표현

company
명 회사

a **company** worker
회사 근로자

find a **company**
회사를 찾다

employee
명 직원

a new **employee**
새로운 직원

a full-time **employee**
정규 직원

hire
동 고용하다

hire a new employee
새로운 직원을 고용하다

hire the workers
직원들을 고용하다

토익 리스닝 기초 · PART 1 · PART 2 · PART 3 · PART 4

해커스 토익 왕기초 Listening

résumé
(명) 이력서

send a **résumé**
이력서를 보내다

submit a **résumé**
이력서를 제출하다

position
(명) 직책, (일)자리

a manager **position**
관리자 직책

ask about a **position**
일자리에 대해 묻다

apply for
~에 지원하다

apply for a job
직장에 지원하다

apply for a position
직책에 지원하다

👑 교육·워크숍과 관련된 표현　　　　🔊 W3_D3_04

training
(명) 교육

a **training** session
교육 과정

a **training** schedule
교육 일정

fair
(명) 설명회, 박람회

a job **fair**
취업 설명회

a trade **fair**
무역 박람회

cover
(동) 다루다

I'll **cover** marketing methods.
저는 마케팅 방법들을 다룰 거예요.

prepare
(동) 준비하다

prepare a presentation
발표를 준비하다

prepare for some training
교육을 준비하다

be held
열리다

A seminar will **be held** at the Crown Hotel.
세미나는 Crown 호텔에서 열릴 거예요.

sign up
등록하다

sign up for a workshop
워크숍에 등록하다

sign up online
온라인으로 등록하다

🔊 W3_D3_Practice1

[01-08] 음성을 듣고, 빈칸에 들어갈 표현을 받아써 보세요. (음성은 세 번 들려줍니다.)

01 내일 당신에게 보고서를 보낼게요.

I'll send you the _____ tomorrow.

02 무역 박람회가 언제 시작할 것인가요?

When will the _____ begin?

03 프로젝트 계획을 검토해 주시겠어요?

Could you _____ the project plan?

04 저는 제빵사 자리에 관심이 있어요.

I'm interested in the baker _____.

05 당신은 지금 워크숍에 등록할 수 있습니다.

You can _____ for the workshop now.

06 저는 오전 11시부터 오후 1시까지 회의를 합니다.

I _____ from 11 A.M. to 1 P.M.

07 저는 다음 회의에서 발표를 할 것입니다.

I'll _____ at the next meeting.

08 우리는 마케팅팀의 직원을 고용해야 합니다.

We need to _____ for the marketing team.

정답 ▪ 스크립트 ▪ 해석 ▪ 해설 p. 56

이런 단어가 나와요!

01 **tomorrow** 閉 내일　02 **begin** 통 시작하다　03 **plan** 몡 계획　04 **interested** 혱 관심이 있는　**baker** 몡 제빵사　07 **next** 혱 다음의
08 **marketing team** 마케팅팀

Course 2 | 사업 계획·상품 판매 관련 표현

매출(sales)을 높이기 위해
무엇을 해야 할까요?

두 사람이 매출을 높이기 위해 고객 설문조사를 해보자고 이야기하고 있네요. Part 3에서는 이처럼 판매·마케팅 계획 또는 상품·서비스 제공을 논의하는 상황과 관련된 대화가 종종 등장해요. 이번 Course에서는 사업 계획 및 상품 판매와 관련된 표현을 함께 익혀보겠습니다.

고객 설문조사(survey)를
해볼게요.

👑 사업 계획과 관련된 표현

🔊 W3_D3_05

sales
명 매출, 영업

a **sales** report
매출 보고서

sales team
영업팀

---

survey
명 설문조사

a customer **survey**
고객 설문조사

an online **survey**
온라인 설문조사

---

idea
명 방안, 생각

I have an **idea**.
저에게 방안이 있어요.

That's a good **idea**.
좋은 생각이에요.

plan
명 계획 동 계획하다

change the **plan**
계획을 변경하다

plan the event
행사를 계획하다

decide
동 결정하다

decide the date
날짜를 결정하다

We will **decide** later.
우리는 나중에 결정할 거예요.

research
명 연구, 조사

do **research**
연구를 하다

research results
조사 결과

schedule
⟨명⟩ 일정 ⟨동⟩ 일정을 잡다

project **schedule**
프로젝트 일정

schedule the meeting
회의 일정을 잡다

expert
⟨명⟩ 전문가

find an **expert**
전문가를 찾다

need an **expert**
전문가를 필요로 하다

feedback
⟨명⟩ 의견

give some **feedback**
의견을 주다

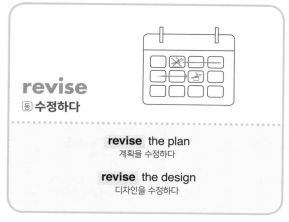

revise
⟨동⟩ 수정하다

revise the plan
계획을 수정하다

revise the design
디자인을 수정하다

contact
⟨동⟩ 연락하다 ⟨명⟩ 연락(처)

contact a client
고객에게 연락하다

a **contact** number
연락처

 상품 판매 및 서비스와 관련된 표현   🔊 W3_D3_06

product
⟨명⟩ 상품

a new **product**
신상품

product display
상품 진열

quality
⟨명⟩ (품)질

high **quality**
높은 품질

quality of the item
상품의 질

price
⟨명⟩ 가격

a low **price**
낮은 가격

lower the **price**
가격을 낮추다

토익 리스닝 기초

PART 1

PART 2

PART 3

PART 4

해커스 토익 왕기초 Listening

target

명 목표

set a **target**
목표를 정하다

target market
목표 시장

customer

명 고객

customer service
고객 서비스

e-mail the **customers**
고객들에게 이메일을 보내다

display ↗

명 진열

on **display**
진열된

need

명 요구 동 필요하다

customer **needs**
고객 요구

We **need** your information.
저희는 당신의 정보가 필요합니다.

order

명 주문(품) 동 주문하다

an online **order**
온라인 주문

order some food
음식을 주문하다

provide

동 제공하다

provide a discount
할인을 제공하다

provide a service
서비스를 제공하다

support
명 지원

customer **support**
고객 지원

technical **support**
기술 지원

advertisement

명 광고

an online **advertisement**
온라인 광고

create an **advertisement**
광고를 제작하다

give away

나누어주다

give away some samples
견본품을 나누어주다

give away coupons
할인권을 나누어주다

🔊 W3_D3_Practice2

[01-08] 음성을 듣고, 빈칸에 들어갈 표현을 받아써 보세요. (음성은 세 번 들려줍니다.)

01 우리는 새 제품들을 주문할 거예요.

We will _____ new products.

02 컴퓨터의 품질이 좋습니다.

The _____ of the computer is good.

03 제가 그에게 고객에게 연락해달라고 요청했어요.

I asked him to _____ a client.

04 그녀는 우리 프로젝트에 대해 의견을 주었습니다.

She gave some _____ on our project.

05 고객 서비스 센터로 전화해주시기 바랍니다.

Please call the _____ center.

06 당신은 연구팀으로부터 정보를 얻을 수 있습니다.

You can get the information from the_____ team.

07 당신은 목요일에 설문조사 결과를 받으실 수 있습니다.

You can receive the _____ on Thursday.

08 우리 회사는 쇼핑몰에서 할인권을 나누어줄 것입니다.

Our company will _____ coupons at shopping malls.

정답 ▪ 스크립트 ▪ 해석 ▪ 해설 p. 56

이런 단어가 나와요!

03 ask 图 요청하다　**05 call** 图 전화하다　**06 information** 图 정보　**07 receive** 图 받다　**result** 图 결과　**08 coupon** 图 할인권, 쿠폰

자신감 UP! 실전 대비하기

[01-08] 대화를 듣고 질문에 알맞은 답을 고른 후, 빈칸을 받아써 보세요. (음성은 세 번 들려줍니다.)

01 여자에 따르면, Mr. Allen은 무엇을 하고 있는가?

    (A) 사무실로 오고 있다.   (B) 회의를 하고 있다.

> M: Where is Mr. Allen? He's not in his office.
> W: He's _____ with his team members.

02 남자는 여자에게 무엇을 하라고 제안하는가?

    (A) 이력서를 보낸다.   (B) 회사에 전화한다.

> W: Hello, I'm Jane Howard. I'd like to _____ the marketing manager position.
> M: Sure. You should _____ to our company.

03 여자는 왜 남자와 만나고 싶어 하는가?

    (A) 상품을 확인하기 위해   (B) 계획을 수정하기 위해

> W: Chad, can we meet this afternoon? We need to _____ for our new product.
> M: OK. Let's meet at 3 P.M.

04 여자에 따르면, Rudd Exports는 무엇을 할 수 있는가?

    (A) 제품 가격을 낮춰준다.   (B) 견본품을 무료로 제공한다.

> M: Good afternoon, Ellen. Did you _____ Rudd Exports?
> W: Yes. They said that they can _____ of our order.

이런 단어가 나와요!

01 **office** 몡 사무실   03 **meet** 통 만나다   **revise** 통 수정하다   04 **lower** 통 낮추다

토익리스닝기초

PART 1

PART 2

PART 3

PART 4

해커스 토익 왕기초 Listening

05 남자는 다음에 무엇을 할 것 같은가?

(A) 매출 보고서를 보내준다.　　　　　　(B) 고객 의견을 보내준다.

M: According to our _____, people are really happy with our laptops.

W: That's wonderful! Could you show me _____?

M: Of course. I'll send it to you.

06 회의 시간이 왜 변경되었는가?

(A) 남자의 고객이 방문하기 때문에　　　　(B) 남자가 출장을 가기 때문에

W: Why was the _____ changed? It usually starts at five o'clock.

M: That's because I'm _____. I need to leave soon.

W: Oh, I see.

07 여자가 말하는 문제는 무엇인가?

(A) 보고서를 검토할 시간이 부족하다.　　　(B) 상품을 진열할 시간이 부족하다.

W: Ken, I have a _____. I don't have enough time to _____.

M: I will help you with that. When is the deadline?

W: It is 4 P.M.

08 화자들은 주로 무엇에 대해 이야기하고 있는가?

(A) 직원 교육　　　　　　　　　　　　(B) 발표 주제

M: Did you prepare the _____ for _____?

W: Yes. I also made worksheets about workplace safety.

M: Great. Please make copies for everyone. Thirty people _____.

정답 ▪ 스크립트 ▪ 해석 ▪ 해설 p. 57

이런 단어가 나와요!

05 according to ~에 따르면　**happy** 圈 만족스러운　**laptop** 圈 노트북 컴퓨터　**06** **usually** 閈 보통　**leave** 圄 출발하다　**soon** 閈 곧
07 **enough** 圈 충분한　**08** **activity** 圈 활동　**worksheet** 圈 평가지　**workplace** 圈 작업장　**safety** 圈 안전　**make copies** 복사하다

3주 4일 일상생활 관련 표현 익히기

무료 MP3 바로 듣기▲

| Course 1 | 쇼핑·편의 시설 이용 관련 표현 |

Crown 테이블을 사고(buy) 싶은데요.

죄송하지만, 그 상품(item)은 품절되었어요(sold out).

손님이 테이블을 구매하려 하는데 이미 품절된 상황이네요. Part 3에서는 이처럼 상점에서 물건을 구매하거나 은행·병원 등 편의 시설을 이용하는 상황과 관련된 대화가 자주 등장해요. 이번 Course에서는 쇼핑 및 편의 시설 이용과 관련된 표현을 함께 익혀보겠습니다.

👑 구매·배송과 관련된 표현

🔊 W3_D4_01

buy
동 사다

buy some food
음식을 사다

buy a new shirt
새 셔츠를 사다

item
명 상품

a free **item**
무료 상품

choose an **item**
상품을 고르다

sold out
품절된, 매진된

The shoes are **sold out**.
그 신발은 품절되었어요.

It will be **sold out** soon.
그건 곧 매진될 거예요.

credit card
신용카드

use a **credit card**
신용카드를 사용하다

pay
동 결제하다

pay for the item
상품값을 결제하다

pay with a credit card
신용카드로 결제하다

cash
명 현금

pay in **cash**
현금으로 결제하다

expensive
형 비싼

an **expensive** item
비싼 상품

too **expensive**
너무 비싼

receipt
명 영수증

show a **receipt**
영수증을 보여주다

have a **receipt**
영수증을 가지고 있다

refund
명 환불

get a **refund**
환불받다

give a **refund**
환불해주다

exchange
동 교환하다

exchange the product
상품을 교환하다

delivery
명 배송, 배달물

delivery time
배송 시간

have a **delivery**
배달물이 있다

arrive
동 도착하다

just **arrived**
방금 도착했다

It **arrived** this morning.
그건 오늘 아침에 도착했어요.

 은행·병원 등과 관련된 표현

◀)) W3_D4_02

bank
명 은행

at the **bank**
은행에서

a **bank** machine
(은행의) 현금 자동 인출기

account
명 계좌

a bank **account**
은행 계좌

open an **account**
계좌를 개설하다

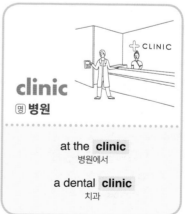

clinic
명 병원

at the **clinic**
병원에서

a dental **clinic**
치과

토익스피킹기초

PART 1

PART 2

PART 3

PART 4

해커스 토익 왕기초 Listening

doctor
명 의사

see a **doctor**
의사의 진찰을 받다

a **doctor**'s office
병원

checkup
명 검진

get a **checkup**
검진을 받다

fill out
작성하다

fill out a form
양식을 작성하다

fill out a document
서류를 작성하다

 수리점·정비소 등과 관련된 표현

repair
명 수리 동 수리하다

a **repair** shop
수리점

repair the camera
카메라를 수리하다

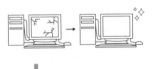

replace
동 교체하다

replace the monitor
화면을 교체하다

replace a part
부품을 교체하다

damaged
형 손상된

a **damaged** item
손상된 상품

get **damaged**
손상되다

check
동 확인하다

Let me **check**.
제가 확인해보겠습니다.

check the monitor
화면을 확인하다

fee
명 요금, 수수료

pay a repair **fee**
수리 요금을 결제하다

without a **fee**
수수료 없이

pick up
~을 찾아오다

pick up the car
차를 찾아오다

🔊 W3_D4_Practice1

[01-08] 음성을 듣고, 빈칸에 들어갈 표현을 받아써 보세요. (음성은 세 번 들려줍니다.)

01 제게 영수증을 보여주시겠어요?

Could you show me the _____?

02 그 책들은 지금 모두 품절되었습니다.

Those books are all _____ now.

03 저는 이 셔츠에 대한 환불을 원합니다.

I want a _____ for this shirt.

04 제 핸드폰이 수리되어야 해요.

My cell phone needs to be _____.

05 은행 계좌를 어떻게 개설할 수 있나요?

How can I open a _____?

06 저는 오전 11시에 상품을 찾아오고 싶습니다.

I'd like to _____ the product at 11 A.M.

07 저는 Riverside Clinic에서 검진을 받았어요.

I _____ at Riverside Clinic.

08 많은 고객들이 우리의 빠른 배송 서비스를 좋아합니다.

Many customers like our quick _____.

정답 ■ 스크립트 ■ 해석 ■ 해설 p. 61

이런 단어가 나와요!

01 show 图 보여주다 **02 book** 图 책 **04 cell phone** 휴대폰 **05 open** 图 개설하다, 열다 **06 product** 图 상품 **08 customer** 图 고객 **quick** 图 빠른

Course 2 | 여행·주거·교통수단 관련 표현

어디로 여행(travel)을 가시나요?

두 사람이 뉴욕으로 여행을 가는 것에 관해 이야기하고 있네요. Part 3에서는 이처럼 여행·여가 또는 주거 생활, 교통수단 이용 등의 상황과 관련된 대화가 종종 등장해요. 이번 Course에서는 여행·주거·교통수단과 관련된 표현을 함께 익혀보겠습니다.

뉴욕으로요. 항공편(flight)도 예약해두었어요.

👑 여행·여가와 관련된 표현

🔊 W3_D4_04

travel
동 여행하다 명 여행

travel around
여행을 다니다

a **travel** agency
여행사

---

flight
명 항공편

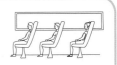

a **flight** to New York
뉴욕으로 가는 항공편

a direct **flight**
직행 항공편

---

seat
명 좌석, 자리

a window **seat**
창가 좌석

take a **seat**
자리에 앉다

airport
명 공항

arrive at the **airport**
공항에 도착하다

meet at the **airport**
공항에서 만나다

check in
체크인하다

check in at the hotel
호텔에 체크인하다

theater
명 영화관, 극장

go to the **theater**
영화관에 가다

in front of the **theater**
극장 앞에서

146 무료 토익 학습자료·취업정보 제공 Hackers.co.kr

museum
명 박물관

visit a **museum**
박물관을 방문하다

at the **museum**
박물관에서

exhibit
명 전시(회)

see the **exhibit**
전시회를 보다

a new **exhibit**
새로운 전시

membership
명 회원(권)

a **membership** card
회원 카드

a **membership** fee
회비

토익실전기초

PART 1

PART 2

PART 3

PART 4

해커스 토익 왕기초 Listening

book
동 예약하다

book a ticket
표를 예약하다

book a seat
좌석을 예약하다

reservation
명 예약

a restaurant **reservation**
식당 예약

make a **reservation**
예약을 하다

 주거와 관련된 표현

◀)) W3_D4_05

area
명 지역

a city **area**
도시 지역

near
전 근처에, 가까이(에)

near the station
역 근처에

near the bank
은행 가까이에

visit
동 방문하다 명 방문

visit a building
건물을 방문하다

schedule a **visit**
방문 일정을 잡다

move to
~로 이사하다

move to a new house
새 집으로 이사하다

move to a different city
다른 도시로 이사하다

rent
동 임대하다 명 집세

rent a house
집을 임대하다

pay **rent**
집세를 내다

look for
~을 찾다

look for an apartment
아파트를 찾다

 교통수단과 관련된 표현

train
명 기차

take the **train**
기차를 타다

a **train** ticket
기차표

fare
명 요금

a taxi **fare**
택시 요금

a bus **fare**
버스 요금

station
명 역, 정류장

a train **station**
기차역

at the **station**
정류장에서

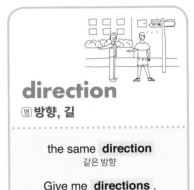

direction
명 방향, 길

the same **direction**
같은 방향

Give me **directions**.
길을 알려주세요.

transfer
동 환승하다

transfer to another bus
다른 버스로 환승하다

Where do I **transfer**?
어디에서 환승하나요?

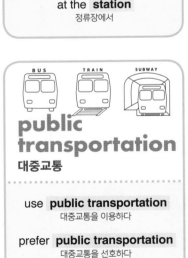

public transportation
대중교통

use **public transportation**
대중교통을 이용하다

prefer **public transportation**
대중교통을 선호하다

🔊 W3_D4_Practice2

[01-08] 음성을 듣고, 빈칸에 들어갈 표현을 받아써 보세요. (음성은 세 번 들려줍니다.)

01 저는 창가 좌석을 더 좋아해요.

I prefer a _____.

02 많은 사람들이 이 박물관을 방문합니다.

Many people visit this _____.

03 그 영화관은 기차역 옆에 있어요.

The theater is next to the _____.

04 저는 곧 저의 새 아파트로 이사할 거예요.

I'll _____ my new apartment soon.

05 저는 수요일에 더블린으로 가는 항공편을 예약하고 싶습니다.

I'd like to _____ to Dublin.

06 저는 제 사무실 근처의 집을 찾고 있어요.

I'm _____ a house near my office.

07 당신은 다음 주에 회원 카드를 받을 수 있습니다.

You can receive a _____ next week.

08 시청으로 가는 길을 알려주실 수 있나요?

Could you _____ to the city hall?

정답 ▪ 스크립트 ▪ 해석 ▪ 해설 p. 61

이런 단어가 나와요!

01 **prefer** 통 ~을 더 좋아하다, 선호하다   02 **visit** 통 방문하다   03 **next to** ~ 옆에   04 **apartment** 명 아파트   06 **office** 명 사무실   08 **city hall** 시청

🔊 W3_D4_Test

[01-08] 대화를 듣고 질문에 알맞은 답을 고른 후, 빈칸을 받아써 보세요. (음성은 세 번 들려줍니다.)

01 대화는 어디에서 일어나는 것 같은가?

(A) 은행에서   (B) 우체국에서

M: Good morning. Can I help you with anything?
W: Hi. I need to _____.

02 남자는 왜 전화하고 있는가?

(A) 일정을 변경하기 위해서   (B) 검진을 받기 위해서

W: This is Prime Clinic.
M: Hello. This is Daniel Ford. I'm calling to _____.

03 화자들은 어디에 있는 것 같은가?

(A) 극장에   (B) 박물관에

M: Let's see the _____.
W: Sure. I have a _____, so I can get a 10 percent discount.

04 남자는 무엇을 하고 싶어 하는가?

(A) 제품을 환불한다.   (B) 제품을 교환한다.

W: Thank you for calling Star Clothing. How can I help you?
M: I bought a shirt online, but I _____. I'd like to _____ it.

이런 단어가 나와요!

01 **open** 동 (계좌) ~를 개설하다   02 **call** 동 전화하다   03 **new** 형 새로운   **discount** 명 할인   04 **color** 명 색상

토익실전기초

PART 1

PART 2

PART 3

PART 4

해커스 토익 왕기초 Listening

05 화자들은 어디에 있는 것 같은가?

(A) 부동산에 (B) 은행에

W: Hi, I'm _____ downtown.

M: How much can you spend _____ each month?

W: No more than $800.

06 남자는 무엇을 했는가?

(A) 카메라를 점검했다. (B) 부품을 교체했다.

W: I left my camera here _____ this morning. Can I pick it up now?

M: Yes. We had to _____. The fee will be $30.

W: I see. I'll pay with my credit card.

07 여자는 남자에게 무엇을 하라고 제안하는가?

(A) 버스를 환승한다. (B) 기차를 탄다.

M: Excuse me. Can I get to city hall by _____?

W: You should _____ to Central Station. City hall is just across the street.

M: Thank you so much.

08 내일 무슨 일이 일어날 것인가?

(A) 상품이 도착할 것이다. (B) 배송이 시작될 것이다.

W: My name is Maria. I ordered a laptop last week, but I haven't _____ yet.

M: Let me see . . . The _____ is taking longer than usual. _____ tomorrow.

W: All right. I can wait.

정답 ▪ 스크립트 ▪ 해석 ▪ 해설 p. 62

이런 단어가 나와요!

05 **downtown** 图 시내에 **spend** 图 (돈을) 쓰다 06 **leave** 图 맡기다 **part** 图 부품

07 **get** 图 도착하다 **city hall** 시청 **Central Station** 중앙역 **across** 전 건너에, 맞은편에

08 **receive** 图 받다 **take** 图 (시간·돈 등이) 걸리다, 들다 **than usual** 평소보다 **wait** 图 기다리다

3주 5일 PART 3 유형별 공략

Course 1 | 전체 대화 관련 문제 유형

> 호텔에서의 식사는
> 어떠셨나요?

> 정말 좋았어요.

Q. 화자들은 무엇에 대해 이야기하고 있나요?
A. 호텔 식사

두 사람이 호텔에서의 식사에 대해 이야기하고 있네요. Part 3에서는 이처럼 대화의 전체적인 내용에 대해 묻는 문제가 등장해요. 이번 Course에서는 전체 대화와 관련된 문제 유형을 확인하고, 이러한 문제를 공략하는 방법을 익혀보겠습니다.

 문제 유형 확인하기　　　　　　　　　◀)) W3_D5_01

전체 대화와 관련된 문제 유형에서는 대화를 하고 있는 사람들(화자)이 무엇에 대해 이야기하고 있는지, 대화의 목적은 무엇인지, 어디에서 일하는지, 현재 있는 장소는 어디인지를 묻는 문제들이 주로 등장해요.

주제 문제	화자들은 주로 무엇에 대해 이야기하고 있는가? **What** are the **speakers** mainly **discussing**?
목적 문제	전화의 목적은 무엇인가? **What** is the **purpose** of the **call**?
화자 문제	남자/여자는 어디에서 일하는 것 같은가? **Where** does the **man/woman** most likely **work**?
장소 문제	화자들은 어디에 있는 것 같은가? **Where** most likely are the **speakers**?

정답이 보이는 단계별 공략 익히기

이제 전체 대화 관련 문제를 어떻게 풀어야 하는지 알아볼까요?

STEP 1 | 키워드 읽고 문제 파악하기

대화를 듣기 전, 문제의 키워드인 **의문사**와 **주요 단어**를 먼저 읽고 무엇을 묻는 문제인지 파악해요. 주로 문제의 **명사·동사**에 해당하는 주요 단어는 문제에서 가장 핵심적인 내용을 나타내므로 주의 깊게 확인해요.

(What) are the (speakers) mainly (discussing)?　화자들은 주로 무엇에 대해 이야기하고 있는가?

→ 의문사 What(무엇)과 주요 단어 speakers ~ discussing(화자들이 이야기하고 있는)을 통해 '화자들이 무엇에 대해 이야기하고 있는지'를 묻는 주제 문제임을 파악할 수 있어요.

STEP 2 | 대화 들으며 정답 선택하기

대화를 주의 깊게 듣고, **중심 내용**이 무엇인지 파악해요. 전체 대화 관련 문제의 단서는 주로 **대화의 초반**에 등장하므로 주의 깊게 들어야 해요. 파악한 중심 내용을 바탕으로 문제에 대한 답을 적절하게 표현한 보기를 정답으로 선택해요.

M: How was the meal at the hotel?
　호텔에서의 식사는 어떠셨나요?

W: It was excellent.
　정말 좋았어요.

Q. What are the speakers mainly discussing?
　화자들은 주로 무엇에 대해 이야기하고 있는가?

　(A) 호텔 식사　　　　　　(B) 숙박 비용

→ 대화의 중심 내용이 '호텔에서의 식사'이므로, 문제에서 묻는 내용에 적절하게 답한 (A)가 정답이에요.

 **공략 적용하기**

🔊 W3_D5_02

위에서 배운 공략을 적용해 다음 문제를 풀어 보세요.

What are the speakers mainly discussing?
(A) 수업　　　　　　(B) 책

 한 번 확인해 볼까요?

(What) are the (speakers) mainly (discussing)?
화자들은 주로 무엇에 대해 이야기하고 있는가?

(A) 수업　　　　　　(B) 책

W: I'd like to buy a fantasy novel.
　저는 판타지 소설을 사려고 해요.

M: I suggest *Forest Fire*.
　저는 *Forest Fire*를 추천해요.

(STEP 1) **키워드 읽고 문제 파악하기**

문제의 키워드인 What ~ speakers ~ discussing을 읽고, 화자들이 무엇에 대해 이야기하고 있는지를 묻는 주제 문제임을 파악해요.

(STEP 2) **대화 들으며 정답 선택하기**

여자의 말 I'd like to buy ~ novel을 듣고, 중심 내용이 소설을 사는 것임을 파악해요. 이를 바탕으로 문제에 대한 답을 적절하게 표현한 (B)를 정답으로 선택해요.

🔊 W3_D5_Practice1

[01-04] 다음 단계에 따라 질문에 알맞은 답을 골라 보세요.

STEP 1 | 주어진 질문에서 의문사와 주요 단어를 파악하여 동그라미로 표시한 후, 무엇을 묻는 질문인지 골라 보세요.

01 What are the speakers mainly discussing?

(A) 화자들이 무엇에 대해 이야기하고 있는지　　　(B) 화자들이 어디에 있는 것 같은지

02 Where do the speakers most likely work?

(A) 화자들은 어디로 가고 있는 것 같은지　　　(B) 화자들은 어디에서 일하는 것 같은지

STEP 2 | 대화를 듣고, 질문에 알맞게 답한 보기를 골라 보세요. (음성은 두 번 들려줍니다.)

03 What are the speakers mainly discussing?

(A) 고객 회의　　　　　(B) 온라인 평가

04 Where do the speakers most likely work?

(A) 인사부　　　　　(B) 마케팅부

다시 한번 듣고 받아쓰며 확인해 봐요!

W: Vincent, how was your _____?
M: Good. They really liked our new _____.
W: That's great news.

이런 단어가 나와요!

03-04 **meeting** 몡 회의　**client** 몡 고객　**advertisement** 몡 광고

[05-08] 대화를 듣고 질문에 알맞은 응답을 고른 후, 다시 들으며 빈칸을 받아써 보세요. (음성은 두 번 들려줍니다.)

05 Where are the speakers?

(A) At a supermarket
(B) At a museum

M: How can I help you?
W: Oh, I'm _____.
M: You can _____ in Aisle 10.

06 What is the purpose of the man's visit?

(A) To find an engineer
(B) To apply for a job

M: Hi. I'd like to _____ the engineer _____.
W: You have to go to the _____.
M: Thanks. I'll do that.

07 Where does the woman most likely work?

(A) At a hotel
(B) At a restaurant

08 What is the purpose of the phone call?

(A) To cancel a service
(B) To change an appointment

W: Thank you for calling. This is Donna speaking.
M: Hello. My name is Andrew Smith, and I _____ for
December 2. However, I need to _____.
W: All right, Mr. Smith. May I have your reservation number?

정답 ▪ 스크립트 ▪ 해석 ▪ 해설 p. 66

이런 단어가 나와요!

05 find 통 찾다 **aisle** 명 통로 **06 apply for** ~에 지원하다 **engineer** 명 기술자, 엔지니어 **position** 명 직책, (일)자리 **human resources** 인사부
07-08 book 통 예약하다 **stay** 통 머물다, 묵다 **reservation** 명 예약 **cancel** 통 취소하다 **appointment** 명 예약

지금 공항으로 갑시다.

알겠어요.

Q. 여자는 무엇을 제안하나요?
A. 공항으로 가는 것

여자가 지금 공항으로 가자고 했으므로, 공항으로 가는 것을 제안하고 있음을 알 수 있어요. Part 3에서는 이처럼 대화에 언급된 세부 사항에 대해 묻는 문제가 등장해요. 이번 Course에서는 세부 사항과 관련된 문제 유형을 확인하고, 이러한 문제를 공략하는 방법을 익혀보겠습니다.

 문제 유형 확인하기　　　　　　　　　　　　◀))) W3_D5_03

대화의 세부 사항과 관련된 문제 유형에서는 화자가 제안·요청하는 사항, 대화에 언급된 장소·시간, 이유, 문제점 등 다양한 문제들이 등장해요.

제안 문제	여자는 무엇을 제안하는가? **What** does the **woman suggest**?
요청 문제	남자는 여자에게 무엇을 하라고 요청하는가? **What** does the **man ask** the **woman to do**?
특정 세부 문제	여자는 어디로 가고 있는가? **Where** is the **woman going**?
이유 문제	남자는 왜 호텔에 방문했는가? **Why** did the **man visit** a **hotel**?
문제점 문제	남자의 문제는 무엇인가? **What** is the **man's problem**?
다음에 할 일 문제	여자는 다음에 무엇을 할 것인가? **What** will the **woman do next**?

🔼 **한 걸음 더 실력 UPGRADE!**

Part 3, 4에서는 문제와 함께 제시되는 시각 자료를 보고 정답을 찾는 문제도 등장해요. 이러한 시각 자료 문제는 주어진 시각 자료를 보고 대화의 내용을 대략 예상할 수 있어요. 또한 시각 자료에 있는 단어를 대화에서 그대로 언급하는 경우가 많으므로 그 주변을 주의 깊게 들으며 정답의 단서를 찾을 수 있어요.

Building A	Building B	Library
City Hall	Building C	Building D

Look at the graphic. Where **does the** woman have to go?
시각 자료를 보시오. 여자는 어디를 가야 하는가?

토익 실전 기초

PART 1

PART 2

PART 3

PART 4

해커스 토익 왕기초 Listening

 정답이 보이는 단계별 공략 익히기

이제 세부 사항 관련 문제를 어떻게 풀어야 하는지 함께 알아볼까요?

STEP 1 | 키워드 읽고 문제 파악하기

대화를 듣기 전, 문제의 키워드인 **의문사**와 **주요 단어**를 읽고 무엇을 묻는 문제인지 파악해요. 주로 문제의 **명사·동사**에 해당되는 주요 단어는 문제에서 가장 핵심적인 내용을 나타내므로 주의 깊게 확인해요.

What does the woman suggest?   여자는 무엇을 제안하는가?

→ 의문사 What(무엇을)과 주요 단어 woman suggest(여자가 제안하는)를 통해 '여자가 무엇을 제안하는지'를 묻는 제안 문제임을 파악할 수 있어요.

STEP 2 | 대화 들으며 정답 선택하기

대화를 들으며 **문제에서 묻는 내용에 답이 되는 부분**이 어디인지 파악해요. 이때 문제의 주요 단어 또는 이와 관련된 단어가 등장하는 주변부를 주의 깊게 듣고, 문제에 대한 답을 적절하게 표현한 보기를 정답으로 선택해요.

W: Let's go to the airport **now**.
지금 공항으로 갑시다.

We have to arrive there by 3:00 P.M.
우리는 그곳에 3시까지 도착해야 해요.

M: OK.
알겠어요.

Q. What does the woman suggest?
여자는 무엇을 제안하는가?

(A) 표를 예약하는 것   (B) 공항으로 가는 것

→ 여자가 '공항으로 갑시다'라고 했으므로, 문제에서 묻는 내용에 적절하게 답한 (B)가 정답이에요.

 공략 적용하기   🔊 W3_D5_04

위에서 배운 공략을 적용해 다음 문제를 풀어 보세요.

What does the man need to do?
(A) 상자를 주문한다.   (B) 초대장을 보낸다.

 한 번 확인해 볼까요?

What does the man need to do?
남자는 무엇을 해야 하는가?

(A) 상자를 주문한다.   (B) 초대장을 보낸다.

W: Are you ready to move into your new house?
새로운 집으로 이사 갈 준비가 되었나요?

M: I still have to order some boxes.
저는 아직 몇몇 상자들을 주문해야 해요.

STEP 1   키워드 읽고 문제 파악하기

문제의 키워드 What ~ man need to do를 읽고 남자가 무엇을 해야 하는지를 묻는 문제임을 파악해요.

STEP 2   대화 들으며 정답 선택하기

남자의 말 I still have to order some boxes에서 남자가 상자를 주문해야 함을 알 수 있으므로, 문제에서 묻는 내용에 적절하게 답한 (A)를 정답으로 선택해요.

실력 UP! 연습 문제

🔊 W3_D5_Practice2

[01-04] 다음 단계에 따라 질문에 알맞은 답을 골라 보세요.

STEP 1 │ 주어진 질문에서 의문사와 주요 단어를 파악하여 동그라미로 표시한 후, 무엇을 묻는 질문인지 골라 보세요.

01 What does the man want to do?

    (A) 남자가 무엇을 요청하는지   (B) 남자가 무엇을 하고 싶어 하는지

02 What will the man do next?

    (A) 남자가 다음에 무엇을 할 것인지   (B) 남자가 무엇을 제안하는지

STEP 2 │ 대화를 듣고, 질문에 알맞게 답한 보기를 골라 보세요. (음성은 두 번 들려줍니다.)

03 What does the man want to do?

    (A) 투어를 하는 것   (B) 특별 전시를 보는 것

04 What will the man do next?

    (A) 일정을 확인한다.   (B) 표를 구매한다.

다시 한번 듣고 받아쓰며 확인해 봐요!

M: Hi. I'm interested in _____. This is my first visit to this museum.

W: Our next one is at 3 P.M., and it costs $5. Is that OK?

M: Yes. I'll _____ now.

이런 단어가 나와요!

03-04 **interested** ⓗ 관심이 있는   **museum** ⓝ 박물관   **pay** ⓥ 결제하다

[05-08] 대화를 듣고 질문에 알맞은 응답을 고른 후, 다시 들으며 빈칸을 받아써 보세요. (음성은 두 번 들려줍니다.)

05 (What) does the (woman want to do)?

(A) Get some money back　　　(B) Exchange some clothes

M: Welcome to Blake's Fashions. How can I help you?

W: I bought this sweater at your store, but I'd like to _____.

M: May I ask what the _____ was?

06 (What) does the (man ask) the (woman to do)?

(A) Show some notes　　　(B) Send some information

M: What did you _____, Susan?

W: We talked about the internship program.

M: Really? Could you _____?

07 (What) is the (man's problem)?

(A) He did not copy some handouts.

(B) He has to get ready for a talk.

08 (What) will the (woman do next)?

(A) Go to her office

(B) Bring some equipment

W: Is everything ready for the training workshop?

M: Not yet. I'm not _____.

W: I can help you with that. I'll _____ now.

정답 ▪ 스크립트 ▪ 해석 ▪ 해설 p. 68

이런 단어가 나와요!

05 **bought** ⑧ 샀다(buy의 과거형)　**refund** ⑲ 환불　**problem** ⑲ 문제　06 **discuss** ⑧ 논의하다　**share** ⑧ 공유하다
07-08 **training** ⑲ 교육　**prepare** ⑧ 준비하다　**bring** ⑧ 가져오다　**handout** ⑲ 유인물

자신감 UP! 실전 대비하기

[01-12] 문제의 키워드를 읽고 무엇을 묻는 문제인지 파악한 뒤, 대화를 들으며 정답을 선택하세요.
(음성은 두 번 들려줍니다.)

[01-03]

> 질문의 키워드를 먼저 읽고 무엇을 묻는 질문인지 파악해요. 화자들은 무엇에 대해 이야기하고 있는지 묻고 있어요.

01 What are the speakers mainly discussing?

(A) A sales meeting
(B) A delivery service
(C) Some office equipment
(D) A new worker

> 여자는 무엇에 대해 묻나요?

02 What does the woman ask about?

(A) A computer program
(B) A project deadline
(C) A start date
(D) An interview time

> 여자는 다음에 무엇을 할 것인가요?

03 What will the woman do next?

(A) Call a manager
(B) Check a schedule
(C) Read a résumé
(D) Print a document

> 음성을 들으며 질문의 답이 되는 부분이 어디인지 파악해요.

[04-06]

> 화자들은 어디에 있나요?

04 Where are the speakers?

(A) At a theater
(B) At a train station
(C) At an airport
(D) At a library

> 여자는 왜 사과하나요?

05 Why does the woman apologize?

(A) Some tickets are unavailable.
(B) Some information is wrong.
(C) Some prices have increased.
(D) An event has finished.

> 남자는 다음에 무엇을 할 것 같은가요?

06 What will the man probably do next?

(A) Send a document
(B) Request a refund
(C) Show a coupon
(D) Buy a gift

이런 단어가 나와요!

01-03 **company** 명 회사 **hire** 통 고용하다 **employee** 명 직원 **print** 통 인쇄하다 **manual** 명 안내서 **sales** 명 영업 **delivery** 명 배송
　　　　equipment 명 기기 **deadline** 명 기한 **résumé** 명 이력서
04-06 **buy** 통 사다 **movie** 명 영화 **sold out** 매진된 **discount** 명 할인 **theater** 명 영화관 **train station** 기차역 **airport** 명 공항 **library** 명 도서관
　　　　apologize 통 사과하다 **information** 명 정보 **wrong** 통 잘못된 **price** 명 가격 **increase** 통 인상되다, 증가하다

토익실전기초

PART 1

PART 2

PART 3

PART 4

해커스 토익 왕기초 Listening

[07-09]

남자는 어디에서 일하는 것 같은가요?

07 Where does the man most likely work?
(A) At a clinic
(B) At a museum
(C) At a hotel
(D) At a restaurant

Grace는 지난달에 무엇을 했나요?

08 What did Grace do last month?
(A) Met with some clients
(B) Went on a trip
(C) Joined a company
(D) Signed up for a seminar

남자는 다음에 무엇을 할 것인가요?

09 What will the man do next?
(A) Update a menu
(B) Book a place
(C) Give some advice
(D) Write a report

[10-12]

Luxury Magazines	
Magazine Name	**Company**
Gold Leaf	Castle Corp.
Elite Monthly	Benet Inc.
Top Class	Austin Group
Sparkle Life	Egg Media

여자는 무엇을 제안하나요?

10 What does the woman suggest?
(A) Offering a discount
(B) Changing a plan
(C) Visiting a store
(D) Doing some research

시각 자료에서 무슨 잡지를 화자들이 선택할 것 같은가요?

11 Look at the graphic. Which magazine will the speakers most likely choose?
(A) *Gold Leaf*
(B) *Elite Monthly*
(C) *Top Class*
(D) *Sparkle Life*

남자는 여자에게 무엇을 하라고 요청하나요?

12 What does the man ask the woman to do?
(A) Contact a company
(B) Buy some equipment
(C) Review an order
(D) Lower a price

정답 ■ 스크립트 ■ 해석 ■ 해설 p. 70

이런 단어가 나와요!

07-09 **prepare** 图 준비하다 **reservation** 图 예약 **clinic** 图 병원 **restaurant** 图 식당 **join** 图 입사하다 **sign up** 등록하다 **advice** 图 조언

10-12 **decrease** 图 줄다, 감소하다 **advertisement** 图 광고 **contact** 图 연락하다 **offer** 图 제공하다 **visit** 图 방문하다 **order** 图 주문
　　　lower 图 낮추다

PART 4

Part 4 알아보기

◉ Part 4 소개

Part 4는 71번부터 100번까지 총 30문제로, 한 사람이 이야기하는 메시지나 연설, 안내 및 공지, 방송 등의 지문을 듣고 그와 관련된 세 개의 문제를 푸는 유형이에요. 문제지에는 각 문제의 질문과 네 개의 보기가 모두 제시되고, 음성으로는 대화와 이에 대한 3문제의 질문만 들려줍니다.

[문제지]

71. Where does the speaker work?

    (A) At a hotel
    (B) At a bakery
    (C) At a museum
    (D) At a restaurant

[음성]

Hello. **This is Erika calling from Ventura Hotel.** You've booked one of our suites for May 20. To request airport pick-up service, please contact us at 555-2973.

71. Where does the speaker work?

◉ Part 4 학습 전략

긴 문장 파악하기

Part 4의 담화에는 Part 3와 마찬가지로 길고 복잡한 문장들이 등장하므로, 적절한 곳에서 문장을 끊어 듣는 연습을 통해 긴 문장의 의미를 정확하게 파악하는 것이 중요해요. 또한 담화 속 문장이 다른 말로 바뀌어 쓰이는 경우가 많으므로, 서로 바꾸어 쓰일 수 있는 유사한 의미의 단어들을 익혀두는 것이 좋아요.

지문 유형별 빈출 표현 익히기

Part 4의 지문 유형에 따라 자주 사용되는 어휘와 표현을 익혀두면 담화의 내용을 보다 쉽고 정확하게 파악할 수 있어요.

유형별 문제 풀이 공략 익히기

Part 4에 등장하는 질문의 유형별로 문제를 푸는 법을 알아두면 실전 시험에서도 Part 4를 쉽게 공략할 수 있어요.

4주 1일 긴 문장 끊어 듣기

무료 MP3 바로 듣기▲

Course 1 | 구 단위로 끊어 듣기

I work at the bank.
저는 은행에서 일해요.

I work
저는 일해요

+

at the bank
은행에서

'I work at the bank'라는 문장은 주어와 동사인 'I work(저는 일해요)'와 장소를 나타내는 구인 'at the bank(은행에서)'로 끊어 들을 수 있어요. Part 4에서는 이처럼 구 단위로 끊어 들어야 하는 긴 문장들이 종종 등장해요. 이번 Course에서는 Part 4에 등장하는 긴 문장을 구 단위로 끊어 듣는 연습을 해보겠습니다.

🔊 W4_D1_01

We need more time to discuss our plan about the conference.

다음과 같이 문장을 구 단위로 끊어 들으면 보다 쉽게 의미를 파악할 수 있어요.

We need more time
우리는 시간이 더 필요해요

> 시간이 더 필요하군!

We need more time / **to discuss our plan**
우리는 시간이 더 필요해요 　　 계획을 논의하기 위해
　　　　　　　　　　　　　 첫 번째 구

> 계획을 논의하기 위해 시간이 더 필요하구나!

We need more time / **to discuss our plan** / **about the conference.**
우리는 시간이 더 필요해요 　　 계획을 논의하기 위해 　　 회의에 관해서
　　　　　　　　　　　　　 첫 번째 구 　　　　　　　 두 번째 구

> 회의에 관한 계획을 논의하기 위해 시간이 더 필요하구나~

Part 4에서 장소·시간 목적 등의 정보를 더해 주는 구가 등장하면 주로 'to + 동사'(~하기 위해) 형태나 at(~에서), in(~에), for(~을 위해), about(~에 대해), with(~와 함께)와 같은 전치사로 시작해요. 따라서, 이 부분에 집중하여 들으면 문장을 더 쉽게 끊어 들을 수 있어요.

🔊 W4_D1_Practice1

[01-08] 음성을 듣고 구의 의미로 알맞은 것을 고른 후, 빈칸에 들어갈 구를 받아써 보세요. (음성은 세 번 들려줍니다.)

01   Ⓐ 지난달의   Ⓑ 그 호텔에서의   학회는 성공적이었습니다.

The conference / _____ / was successful.

02   저는   Ⓐ 오전에   Ⓑ 저녁에   당신의 사무실을 방문할 거예요.

I'll visit your office / _____.

03   관리자는   Ⓐ 팀을 위해   Ⓑ 행사를 위해   더 많은 직원들을 고용했습니다.

The manager hired more workers / _____.

04   Ms. Smith는   Ⓐ 오후에   Ⓑ 내일   무역 박람회에 갈 것입니다.

Ms. Smith will go to the trade fair / _____.

05   Ⓐ 할인을 받기 위해서는   Ⓑ 무료 쿠폰을 받기 위해서는   회원으로 등록하셔야 합니다.

_____, / you should register for a membership.

06   Ⓐ 워크숍 후에   Ⓑ 세미나 전에   이메일을 확인해 주세요.

Please check the e-mail _____.

07   우리는   Ⓐ 회의 때문에   Ⓑ 인터뷰를 위해   컴퓨터가 필요해요.

We need the computer / _____.

08   저는   Ⓐ 초청 연사에 대해   Ⓑ 기획자에 대해   당신에게 묻기 위해 전화했어요.

I'm calling / to ask you / _____.

정답 ▪ 스크립트 ▪ 해석 ▪ 해설 p. 75

이런 단어가 나와요!

01 **conference** 몡 학회   **successful** 혱 성공적인   02 **visit** 통 방문하다   03 **hire** 통 고용하다   04 **trade fair** 무역 박람회
05 **free** 혱 무료의   **register** 통 등록하다   06 **check** 통 확인하다   07 **need** 통 필요하다   08 **call** 통 전화하다   **guest speaker** 초청 연사

Course 2 | 절 단위로 끊어 듣기

> I'm calling because the package arrived.
> 소포가 도착해서 전화드려요.

I'm calling
전화드려요

+

because the package arrived
소포가 도착해서

'I'm calling because the package arrived'라는 문장은 이유를 나타내는 절인 'because the package arrived(소포가 도착해서)'를 기준으로 끊어 들을 수 있어요. Part 4에서는 이처럼 절 단위로 끊어 들어야 하는 긴 문장들이 종종 등장해요. 이번 Course에서는 Part 4에 등장하는 긴 문장을 절 단위로 끊어 듣는 연습을 해 보겠습니다.

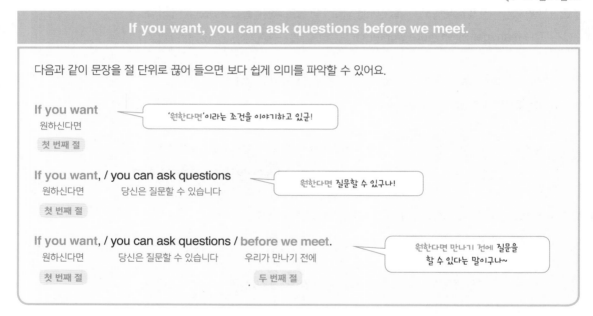

🔊 W4_D1_02

If you want, you can ask questions before we meet.

다음과 같이 문장을 절 단위로 끊어 들으면 보다 쉽게 의미를 파악할 수 있어요.

If you want
원하신다면
[첫 번째 절]

> '원하신다면'이라는 조건을 이야기하고 있군!

If you want, / you can ask questions
원하신다면   당신은 질문할 수 있습니다
[첫 번째 절]

> 원한다면 질문할 수 있구나!

If you want, / you can ask questions / before we meet.
원하신다면   당신은 질문할 수 있습니다   우리가 만나기 전에
[첫 번째 절]   [두 번째 절]

> 원한다면 만나기 전에 질문을 할 수 있다는 말이구나~

Part 4에서 장소·이유·조건·시간 등의 의미를 나타내는 절이 등장하면 주로 **because**(~ 때문에), **if**(~라면), **when**(~할 때), **before**(~ 전에), **after**(~ 후에) 등의 접속사로 시작해요. 따라서 이 부분에 집중하여 들으면 문장을 더 쉽게 끊어 들을 수 있어요.

🔊 W4_D1_Practice2

[01-08] 음성을 듣고 절의 의미로 알맞은 것을 고른 후, 빈칸에 들어갈 절을 받아써 보세요. (음성은 세 번 들려줍니다.)

01 Ⓐ 관심이 있으시다면   Ⓑ 결정을 내리셨으면   저에게 연락해주세요.

_____, / please contact me.

02 Ⓐ 당신이 도착할 때   Ⓑ 당신이 원하신다면   제가 당신을 태우러 갈게요.

I'll pick you up / _____.

03 Ⓐ 수리 작업이 있었기 때문에   Ⓑ 비가 왔기 때문에   경기는 취소되었습니다.

The game was canceled / _____.

04 Ⓐ 발표가 시작하기 전에   Ⓑ 방에 들어갈 때   불을 켜세요.

Turn on the lights / _____.

05 Ⓐ 줄을 서 계실 때   Ⓑ 비행기에 탑승하시기 전에   표를 확인해주시기 바랍니다.

Please check your ticket / _____.

06 Ⓐ 보고서를 마쳤다면   Ⓑ 보고서를 수정한 후에   그것을 보내셔야 합니다.

_____, / you should send it.

07 Ⓐ 고객을 만나기 위해   Ⓑ 학회가 끝난 후에   그는 Chicago로 향할 거예요.

_____, / he will head to Chicago.

08 우리는   Ⓐ 더 많은 공간이 필요하기 때문에   Ⓑ 계약 기간이 끝났기 때문에   새 장소로 옮길 거예요.

We'll move to a new location / _____.

정답 ■ 스크립트 ■ 해석 ■ 해설 p. 75

이런 단어가 나와요!

01 **interested** 혱 관심 있는   **contact** 통 연락하다   02 **pick ~ up** ~을 (차에) 태우러 가다   03 **cancel** 통 취소하다   **rain** 통 비가 오다
04 **turn on** 켜다   **light** 몡 (전깃)불, 전등   **enter** 통 들어가다   05 **board** 통 탑승하다   **plane** 몡 비행기   06 **finish** 통 마치다   **send** 통 보내다
07 **conference** 몡 학회, 회의   **head** 통 향하다   08 **move** 통 옮기다   **location** 몡 장소   **space** 몡 공간

자신감 UP! 실전 대비하기

[01-08] 지문을 듣고 문제에 알맞은 답을 고른 후, 빈칸을 받아써 보세요. (음성은 세 번 들려줍니다.)

01 어떤 가게가 광고되고 있는가?

(A) 안경점   (B) 식료품점

If you want high-quality _____, visit Coleman's. All customers can receive 20 percent off our _____ .

02 메시지는 주로 무엇에 관한 것인가?

(A) 전시회   (B) 세미나 일정

Hello, Ms. Dawson. It's David Witt from the Bedford Convention Center. I'm calling about _____ for your company's _____ .

03 무슨 제품이 도착하였는가?

(A) 에어컨   (B) 컴퓨터

I am happy to say that _____ have arrived. Technicians will _____ in our workspaces.

04 청자들은 다음에 무엇을 할 것 같은가?

(A) 평가지를 작성한다.   (B) 주제에 대해 논의한다.

Welcome to the customer service workshop. We're going to _____ _____ before we _____ .

이런 단어가 나와요!

01 **quality** 몡 품질 **visit** 동 방문하다 **receive** 동 받다 **off** 뷔 ~에서 할인하여 **regular price** 정가 02 **company** 몡 회사
03 **arrive** 동 도착하다 **technician** 몡 기술자 **set ~ up** 설치하다 **workspace** 몡 작업 공간 04 **customer** 몡 고객 **discuss** 동 논의하다 **fill in** 작성하다

토익스닝기초

PART 1

PART 2

PART 3

PART 4

해커스 토익 읽기초 Listening

05 다음 달에 무슨 행사가 열릴 것인가?

(A) 학회　　　　　　　　　　　　　(B) 기념 파티

Claire, it's Todd Haley. I need to prepare my speech _____ next
month. Can I visit your office _____?

06 Claudia는 왜 청자에게 연락해달라고 하는가?

(A) 제품을 추가로 주문하기 위해　　　　(B) 제품을 환불하기 위해

My name is Claudia Hall. I bought two Briar chairs yesterday. However, I think _____
_____. Please contact me to discuss _____.

07 Betsy Smith는 누구인가?

(A) 작가　　　　　　　　　　　　(B) 요리사

Today I'll be _____ Betsy Smith. She will talk about _____
_____. _____ a question, please call us at 555-2342.

08 공지는 무엇에 관한 것인가?

(A) 탑승구 변경　　　　　　　　　　(B) 항공편 지연

This is an announcement for passengers of Southern Air Flight 345. The 10:30 flight will
_____ because there is _____ with the engine.

정답 ▪ 스크립트 ▪ 해석 ▪ 해설 p. 76

이런 단어가 나와요!

05 prepare 동 준비하다　**speech** 명 연설　**conference** 명 학회　**advice** 명 조언
06 bought 동 샀다(buy의 과거형)　**tall** 형 높은　**contact** 동 연락하다　**refund** 명 환불　**07 writer** 명 작가　**explain** 동 설명하다　**novel** 명 소설
08 announcement 명 공지, 발표　**passenger** 명 승객　**depart** 동 출발하다　**later** 부 후에　**small** 형 작은　**issue** 명 문제

4주 2일 바꾸어 쓴 표현(패러프레이징) 익히기

무료 MP3 바로 듣기▲

Course 1 | 유사한 의미로 바꾸어 쓴 표현

저는 조사를 끝냈어요(finished).

Q. 화자는 무엇을 했나요?

→ 조사를 완료했어요.
(completed)

조사를 '끝냈다(finished)'는 남자의 말을 조사를 '완료했다(completed)'로 바꾸어 쓸 수도 있겠죠? Part 4에서는 이처럼 지문에 쓰인 표현과 형태는 다르지만 비슷한 의미를 갖고 있는 표현이 보기에 등장해요. 이번 Course에서는 유사한 의미를 갖고 있어 서로 바꾸어 쓸 수 있는 표현들을 함께 살펴보겠습니다.

🔊 W4_D2_01

finish 끝내다		**complete** 완료하다
finish → complete	a report	보고서를 끝내다/완료하다

firm 회사		**company** 회사
tour a	firm → company	회사를 견학하다

buy 사다		**purchase** 구매하다
buy → purchase	an item	상품을 사다/구매하다

fix 고치다		**repair** 수리하다
fix → repair	a car	차를 고치다/수리하다

idea 의견, 방안		**feedback** 의견
ideas → feedback	from customers	고객들로부터의 의견

director 관리자		**manager** 관리자
meet a	director → manager	관리자를 만나다

visit 방문하다		**stop by** 잠시 들르다
visit → stop by	an office	사무실에 방문하다/잠시 들르다

register 등록하다		**sign up** 등록하다
register → sign up	for a seminar	세미나에 등록하다

실력 UP! 연습 문제

[01-06] 음성을 듣고 빈칸을 받아써 본 후, 빈칸에 해당하는 표현과 바꾸어 쓸 수 있는 표현을 써 보세요.
(음성은 세 번 들려줍니다.)

01 We have to _____ the project before May.

→ _____

02 You can _____ this ticket for only $15.

→ _____

03 A technician _____ the computer this week.

→ _____

04 You will meet a new _____ tomorrow.

→ _____

05 We need some _____ from our employees.

→ _____

06 Please _____ my office after the meeting.

→ _____

정답 ▪ 스크립트 ▪ 해석 ▪ 해설 p. 79

이런 단어가 나와요!

03 **technician** 몡 기술자 05 **employee** 몡 직원 06 **meeting** 몡 회의

토익 리스닝 기초

PART 1

PART 2

PART 3

PART 4

해커스 토익 왕기초 Listening

Course 2 │ 넓은 의미로 바꾸어 쓴 표현

저는 내일 워크숍(workshop)에 갈 거예요.

Q. 화자는 내일 무엇을 할 것인가요?
→ 행사에 가는 것
   (event)

내일 '워크숍(workshop)'에 갈 것이라는 여자의 말을 여자가 내일 할 일은 '행사(event)'에 가는 것이라고 바꾸어 쓸 수도 있겠죠? Part 4에서는 이처럼 지문에 쓰인 표현을 넓은 의미로 바꾸어 쓴 표현이 보기에 등장할 수 있어요. 이번 Course에서는 넓은 의미의 단어와 바꾸어 쓸 수 있는 단어들을 함께 살펴보겠습니다.

W4_D2_02

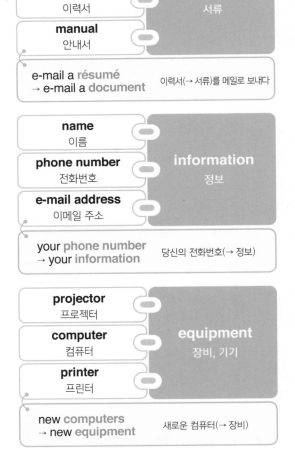

실력 UP! 연습 문제

🔊 W4_D2_Practice2

[01-06] 음성을 듣고 빈칸을 받아써 본 후, 빈칸에 해당하는 표현과 바꾸어 쓸 수 있는 표현을 써 보세요.

(음성은 세 번 들려줍니다.)

01 I met Ms. Brown at the _____ yesterday.

→ _____

02 Please send your _____ to Mr. Collins.

→ _____

03 I'd like you to move _____ to the meeting room.

→ _____

04 We need to buy _____.

→ _____.

05 We're going to take _____.

→ _____.

06 You should get the client's _____.

→ _____.

정답 ▪ 스크립트 ▪ 해석 ▪ 해설 p. 79

이런 단어가 나와요!

01 **meet** 통 만나다   02 **send** 통 보내다   03 **move** 통 옮기다   04 **need** 통 ~해야 하다   **buy** 통 사다   05 **take** 통 (교통수단 등을) 타다
06 **get** 통 받다   **client** 명 고객

🔊 W4_D2_Test

[01-08] 지문을 듣고 문제에 알맞은 답을 고른 후, 빈칸을 받아써 보세요. (음성은 세 번 들려줍니다.)

01 화자는 누구인가?

(A) A museum guide　　　　　　(B) A museum manager

Professor Wong, this is the _____ of the Sydney Science Museum. I want to thank you for your talk _____. We hope you can visit again.

02 화자에 따르면, 회사는 무엇을 받았는가?

(A) Customer feedback　　　　　(B) A checklist

I'd like to share the results of the _____. We received _____ _____ to improve our services. Let's talk about them now.

03 오후 3시에 무슨 일이 일어날 것인가?

(A) Some equipment will be set up.　(B) A meeting will start.

At 3 P.M. today, _____ on our floor. It will take about an hour, so please print your documents before then.

04 화자는 지난주에 무엇을 했는가?

(A) Ordered a table　　　　　　(B) Bought a stove

This is Janice Walker. I _____ through your Web site last week. However, it hasn't arrived yet. Please confirm _____ as soon as possible.

05 청자들은 내일 오전에 무엇을 할 것 같은가?

(A) Read a manual　　　　　　(B) Send a document

_____ article, we need to research some mobile applications. Please choose two applications and _____ tomorrow morning.

06 화자는 무슨 일이 일어날 것이라고 말하는가?

(A) Technicians will fix the scanner.　　(B) Technicians will arrive at the airport.

Attention all passengers. Flight 343 to London has had a _____. Technicians will be _____ at Gate 3. The new departure gate is Gate 5.

07 회사는 무엇을 판매하는가?

(A) Furniture　　　　　　(B) Video game

There is one last thing _____. We have an issue with _____ _____ from our Classic line. Many people are returning these products.

08 청자들은 웹사이트에서 무엇을 할 수 있는가?

(A) Check a schedule　　　　　　(B) Register for an event

Dayton Industries is holding a _____ at the Edwin Center on May 23. Company employees will answer about questions. You can _____ on the Web site.

정답 ■ 스크립트 ■ 해석 ■ 해설 p. 80

이런 단어가 나와요!

05 **article** 몡 기사　**research** 동 조사하다　**application** 몡 애플리케이션　**choose** 동 선정하다　**manual** 몡 안내서
06 **gate** 몡 탑승구　**technician** 몡 기술자　**repair** 동 수리하다　**scanner** 몡 수화물 검색기　**departure** 몡 출발
07 **discuss** 동 논의하다　**issue** 몡 문제　**return** 동 반품하다　**product** 몡 상품
08 **hold** 동 열다, 개최하다　**job fair** 취업 설명회　**company** 몡 회사　**sign up** 등록하다

4주 3일 메시지·연설 관련 표현 익히기

Course 1 | 메시지 관련 표현

당신의 케이크 주문을 확인(confirm)했습니다. 그런데 그 케이크가 품절(out of stock)이라서 전화드렸습니다.

상대방이 주문한 케이크가 품절이라서 전화했다는 용건을 음성 메시지로 남기고 있네요. Part 4에서는 이처럼 상대방에게 자신의 용건을 전달하는 음성 메시지가 자주 등장해요. 이번 Course에서는 음성 메시지에 자주 사용되는 표현을 함께 익혀 보겠습니다.

👑 주문·예약 확인과 관련된 표현　　　　🔊 W4_D3_01

confirm
동 확인하다

confirm an order
주문을 확인하다

confirm an address
주소를 확인하다

out of stock
품절인

The cake is **out of stock** .
그 케이크는 품절입니다.

return
동 반품하다

return a product
상품을 반품하다

LAST WEEK

place an order
주문하다

I **placed an order** last week.
저는 지난주에 주문했어요.

as soon as possible
가능한 한 빨리

Please send me an e-mail **as soon as possible** .
가능한 한 빨리 제게 이메일을 보내주세요.

This is ~ from -
저는 -의 ~입니다

This is Carl **from** the furniture company.
저는 가구 회사의 Carl입니다.

appointment
⑲ 약속, 예약

have an **appointment**
약속하다, 예약하다

schedule an **appointment**
예약 일정을 잡다

cancel
⑤ 취소하다

cancel a meeting
회의를 취소하다

change
⑤ 변경하다 ⑲ 변경

change a schedule
일정을 변경하다

change of a plan
계획의 변경

interview
⑲ 면접

a job **interview**
구직 면접

have an **interview**
면접을 보다

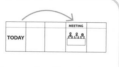

reschedule
⑤ 일정을 변경하다

reschedule a meeting
회의 일정을 변경하다

voice mail
음성 메시지

leave a **voice mail**
음성 메시지를 남기다

When you get this **voice mail**
이 음성 메시지를 받으실 때

leave a message
메시지를 남기다

Please **leave a message** .
메시지를 남겨 주시기 바랍니다.

give ~ a call
~에게 전화하다

Give me **a call** .
제게 전화해주세요.

해커스 토익 왕기초 Listening

토익리스닝기초

PART 1

PART 2

PART 3

PART 4

favor
명 부탁

I have a **favor** to ask.
부탁드릴 것이 있어요.

issue
명 문제

There is an **issue** .
문제가 있어요.

discuss an **issue**
문제를 논의하다

opening
명 자리, 공석

a job **opening**
일자리

have an **opening**
공석이 있다

take notes
기록하다, 필기하다

Tom will **take notes** for us.
Tom이 우리를 위해 기록해 줄 거예요.

Could you **take notes** for me?
저를 위해 필기를 해주시겠어요?

look over
살펴보다

look over a list
목록을 살펴보다

look over a report
보고서를 살펴보다

I'm calling to ~
~하기 위해 전화드립니다

I'm calling to ask you a favor.
당신에게 부탁을 드리기 위해 전화드립니다.

I'm calling to check the schedule.
일정을 확인하기 위해 전화드립니다.

Let me know
제게 알려주세요

Let me know if you have any questions.
질문이 있으시면 제게 알려주세요.

실력 UP! 연습 문제

🔊 W4_D3_Practice1

[01-08] 음성을 듣고, 빈칸에 들어갈 표현을 받아써 보세요. (음성은 세 번 들려줍니다.)

01 음성 메일을 남겨 주세요.

Please leave a _____.

02 우리의 회의 일정을 변경하기 위해 전화드립니다.

I'm calling to _____ our meeting.

03 우리는 예약을 취소해야 해요.

We need to cancel the _____.

04 이 모델은 지금 품절입니다.

This model is _____ right now.

05 웹사이트에서 주문하실 수 있습니다.

You can _____ on the Web site.

06 영업부에 일자리가 있어요.

We have a _____ in the sales department.

07 면접 전에 그녀의 이력서를 살펴보실 수 있습니다.

You can _____ her résumé before the interview.

08 가능한 한 빨리 제게 연락해주세요.

Please contact me _____.

정답 ▪ 스크립트 ▪ 해석 ▪ 해설 p. 84

이런 단어가 나와요!

01 leave 통 남기다 **voice** 명 음성 **02 call** 통 전화하다 **04 now** 분 지금 **05 order** 명 주문 **06 department** 명 부서 **07 résumé** 명 이력서
08 contact 통 연락하다: 명 연락

토익 리스닝 기초 | PART 1 | PART 2 | PART 3 | PART 4 | 해커스 토익 왕기초 Listening

Course 2 | 연설 관련 표현

다음 주제(topic)를 논의해 보겠습니다. 지난달의 영업 실적(performance)이 많이 증가했어요.

회의에서 연설자가 지난달의 판매 실적을 주제로 논의하려 하고 있네요. Part 4에서는 이처럼 회의, 워크숍 등의 모임이나 행사에서 연설하는 상황이 종종 등장해요. 이번 Course에서는 연설에 자주 사용되는 표현을 함께 익혀 보겠습니다.

회의와 관련된 표현

W4_D3_04

topic
명 주제

discuss the next **topic**
다음 주제를 논의하다

today's **topic**
오늘의 주제

performance
명 실적

sales **performance**
영업 실적

focus on
집중하다

focus on a design
디자인에 집중하다

focus on customer service
고객 서비스에 집중하다

market
명 시장

market research
시장 조사

market survey
시장 설문조사

trend
명 경향, 추세

new **trend**
새로운 경향

market **trend**
시장 추세

update
명 최신 정보

update on a project
프로젝트에 관한 최신 정보

annual
형 연간의, 연례의

annual goal
연간 목표

annual meeting
연례 회의

campaign
명 캠페인, (조직적) 활동

advertisement campaign
광고 캠페인

marketing campaign
마케팅 활동

agenda
명 안건, 의제

meeting agenda
회의 안건

set an agenda
의제를 선정하다

토익실전기초

PART 1

PART 2

PART 3

PART 4

해커스 토익 왕기초 Listening

👑 워크숍·세미나와 관련된 표현

🔊 W4_D3_05

screen
명 화면

Please look at the screen .
화면을 봐주시기 바랍니다.

speaker
명 발표자, 연사

today's main speaker
오늘의 주요 발표자

a guest speaker
초청 연사

register
동 등록하다

register for a workshop
워크숍에 등록하다

seminar
명 세미나, 토론회

hold a seminar
세미나를 열다

finish a seminar
토론회를 마치다

group training
단체 교육

join group training
단체 교육에 참가하다

prepare for group training
단체 교육을 준비하다

auditorium
명 강당

There is a workshop in the auditorium .
강당에서 워크숍이 있습니다.

stage
몡 무대

call a speaker onto the **stage**
발표자를 무대로 모시다

near the **stage**
무대 가까이에

decorate
동 장식하다

decorate a seminar room
세미나실을 장식하다

award
몡 상

an **award** ceremony
시상식

anniversary
몡 기념일

the 50th **anniversary**
50주년 기념일

celebrate
동 기념하다, 축하하다

celebrate the 20th anniversary
20주년을 기념하다

celebrate the event
행사를 축하하다

orientation
몡 예비 교육

an **orientation** session
예비 교육 과정

retirement
몡 은퇴

a **retirement** party
은퇴 기념 파티

celebrate her **retirement**
그녀의 은퇴를 기념하다

catering
몡 출장 요리

a **catering** service
출장 요리 서비스

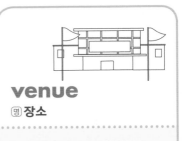

venue
몡 장소

conference **venue**
회의 장소

실력 UP! 연습 문제

W4_D3_Practice2

[01-08] 음성을 듣고, 빈칸에 들어갈 표현을 받아써 보세요. (음성은 세 번 들려줍니다.)

01 저희 프로젝트에 관한 최신 정보가 있습니다.

I have an _____ on our project.

02 저는 우리의 CEO를 무대로 초대하고자 합니다.

I'd like to invite our CEO onto the _____.

03 토론회에 등록하셨나요?

Did you _____ for the seminar?

04 오늘 우리의 초청 연사는 Mr. Evans입니다.

Our _____ today is Mr. Evans.

05 시장 설문조사 결과에 대해 이야기합시다.

Let's talk about the results of the _____ survey.

06 오늘, 저는 직원 혜택에 집중할 것입니다.

Today, I'm going to _____ employee benefits.

07 회사는 단체 교육을 준비하고 있습니다.

The company is preparing for _____.

08 모든 직원들이 시상식에 올 것입니다.

All employees are coming to the _____.

정답 ■ 스크립트 ■ 해석 ■ 해설 p. 84

이런 단어가 나와요!

01 **have** 통 있다, 가지다 **project** 몡 프로젝트 02 **invite** 통 초대하다 **CEO** 몡 CEO, 최고 경영자 05 **talk** 통 이야기하다 **survey** 몡 설문 조사
06 **employee** 몡 직원 **benefit** 몡 혜택 07 **company** 몡 회사 **prepare** 통 준비하다

4주 3일 Course 2 연설 관련 표현 **183**

🔊 W4_D3_Test

[01-08] 지문을 듣고 문제에 알맞은 답을 고른 후, 빈칸을 받아써 보세요. (음성은 세 번 들려줍니다.)

01 화자는 어디에서 일하는가?

(A) 병원에서　　　　　　　　　　(B) 대학에서

Hello, Mr. Haskins. There's an _____ with your _____.
The _____ can't see you on Monday.

02 화자는 무엇을 해달라고 요청하는가?

(A) 회의 내용을 기록하는 것　　　　(B) 회의에서 발표하는 것

Hey, Kevin. This is Lisa Hale. I'm out of town _____. Can you
_____ for me at our staff meeting?

03 화자는 다음에 무엇을 할 것 같은가?

(A) 서류를 수거한다.　　　　　　　(B) 질문을 받는다.

OK, this is the end of my presentation on our _____. Now, please
_____ if you have _____.

04 화자는 무엇에 관해 이야기하고 있는가?

(A) 파티 장소　　　　　　　　　　(B) 행사 일정

I _____ on Mr. Anderson's _____ party. We selected the
_____, so please check your e-mail.

이런 단어가 나와요!

01 **issue** 몡 문제　**hospital** 몡 병원　**doctor** 몡 의사　**see** 통 보다　**Monday** 몡 월요일
02 **out of** ~을 떠나서　**town** 몡 도시　**conference** 몡 학회, 회의　**staff** 몡 직원　03 **end** 몡 마지막, 끝　**presentation** 몡 발표　**sales** 몡 영업　**question** 몡 질문
04 **select** 통 선정하다　**check** 통 확인하다

토익리스닝기초

PART 1

PART 2

PART 3

PART 4

해커스 토익 왕기초 Listening

05 화자는 무엇을 요청하는가?

(A) 주문 수량   (B) 주소

Hello, James Cooper. This is John from the Wilson Lamp Store. You did not provide _____ when you _____. Please _____ to us as soon as possible.

06 메시지의 목적은 무엇인가?

(A) 행사 장소를 예약하기 위해   (B) 행사 프로그램을 논의하기 위해

Mr. Shaw, my name is Cindy Wells. I'd like to _____ for a company dinner. Please _____ at 555-3938 to talk about this.

07 화자는 주로 무엇에 관해 이야기하고 있는가?

(A) 광고 캠페인   (B) 신제품 개발

I'd like to discuss our next _____. In May, we will _____ _____ our new car model. I'm sure it will do well on the _____.

08 10시에 무슨 행사가 열리는가?

(A) 토론회   (B) 시상식

Welcome to the Seattle Design Conference. To begin with, Maddy Harris will talk about _____ in graphic design. Then, at 10 o'clock, there will be _____ _____ in Hall C.

정답 ■ 스크립트 ■ 해석 ■ 해설 p. 85

이런 단어가 나와요!

05 **lamp** 명 조명 **provide** 통 제공하다 **address** 명 주소 06 **reservation** 명 예약 **company** 명 회사 **dinner** 명 만찬, 저녁 식사 **call** 명 전화; 통 전화하다 07 **advertisement** 명 광고 **May** 명 5월 **sure** 형 확신하는 **well** 부 잘 08 **to begin with** 우선, 먼저 **talk** 통 강연하다

4주 4일 안내 및 공지·방송 관련 표현 익히기

무료 MP3 바로 듣기▲

Course 1 | 안내 및 공지 관련 표현

신입 직원(staff)분들께 알려드립니다. 내일 신분증(badge)을 받으실 겁니다.

신입 직원들에게 내일 신분증을 받을 것이라고 안내하고 있네요. Part 4에서는 이처럼 회사 내에서 안내 사항을 전달하거나, 공항·기내·여행지 등에서 공지를 전달하는 상황이 종종 등장해요. 이번 Course에서는 안내 및 공지에 자주 사용되는 표현을 함께 익혀보겠습니다.

👑 사내 안내 및 공지와 관련된 표현

🔊 W4_D4_01

staff
몡 직원

new **staff**
신입 직원

a **staff** meeting
직원회의

badge
몡 신분증

get an ID **badge**
신분증을 받다

show an ID **badge**
신분증을 보여주다

uniform
몡 유니폼

staff **uniform**
직원 유니폼

wear a **uniform**
유니폼을 입다

announce
동 알리다, 발표하다

announce a change
변경 사항을 알리다

announce an agenda
안건을 발표하다

Don't forget to ~
~ 하는 것을 잊지 마세요

Don't forget to sign up.
등록하는 것을 잊지 마세요.

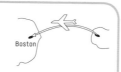

gate
명 탑승구

at **gate** B
탑승구 B에서

a **gate** change
탑승구 변경

depart
동 출발하다, 떠나다

The flight **departs** for Boston.
이 항공편은 보스턴으로 출발합니다.

We will **depart** now.
우리는 지금 떠날 것입니다.

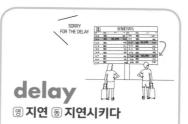

delay
명 지연 동 지연시키다

Sorry for the **delay**.
지연에 대해 사과드립니다.

The flight will be **delayed**.
항공편이 지연될 것입니다.

due to
~로 인해

due to bad weather
나쁜 날씨로 인해

due to a schedule change
일정 변경으로 인해

passenger
명 승객

an announcement
for **passengers**
승객들을 위한 공지

baggage
명 수하물, 짐

find some **baggage**
수하물을 찾다

carry the **baggage**
짐을 나르다

boarding pass
탑승권

show a **boarding pass**
탑승권을 보여주다

take out a **boarding pass**
탑승권을 꺼내다

attention
명 주목

Attention, please.
주목해주시기 바랍니다.

Welcome aboard
탑승을 환영합니다

Welcome aboard, passengers.
승객 여러분, 탑승을 환영합니다.

tour
명 견학, 관광

guide a **tour**
견학을 안내하다

tour information
관광 정보

tourist
명 관광객

tourist group
관광객 무리

tourist office
관광 안내소

guidebook
명 안내 책자

need a **guidebook**
안내 책자가 필요하다

read a **guidebook**
안내 책자를 읽다

gallery
명 미술관, 갤러리

visit a **gallery**
미술관에 방문하다

main **gallery**
메인 갤러리

picture
명 사진

Do not take **pictures** .
사진을 찍지 마세요.

gift shop
기념품점

stop by a **gift shop**
기념품점에 들르다

artwork
명 예술품

look at some **artwork**
예술품을 살펴보다

head to
~로 향하다

head to Hall A
A홀로 향하다

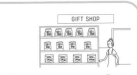

look around
둘러보다

look around a gift shop
기념품점을 둘러보다

look around an area
지역을 둘러보다

🔊 W4_D4_Practice1

[01-08] 음성을 듣고, 빈칸에 들어갈 표현을 받아써 보세요. (음성은 세 번 들려줍니다.)

01 신입 직원들은 내일 신분증을 받을 것입니다.

New staff will get their _____ tomorrow.

02 우리는 기념품 가게에 잠시 들를 것입니다.

We will stop by a _____.

03 오늘 제가 여러분의 견학 가이드가 될 것입니다.

I'll be your _____ today.

04 여러분의 탑승권을 반드시 확인하세요.

Be sure to check your _____.

05 여러분은 친구들과 사진을 찍으실 수 있습니다.

You can _____ with your friends.

06 노트북 컴퓨터를 가지고 오는 것을 잊지 마시기 바랍니다.

Please _____ to bring your laptop.

07 여러분께서는 예술품을 살펴볼 기회를 갖게 되실 겁니다.

You'll have a chance to look at some _____.

08 관리자가 유니폼 변경을 발표할 것입니다.

The manager will _____ the change of uniform.

정답 ▪ 스크립트 ▪ 해석 ▪ 해설 p. 88

이런 단어가 나와요!

01 **new** ᠍형 신입의, 새로 온 **staff** 명 직원 **get** 동 받다 **tomorrow** 부 내일 02 **stop by** ~에 들르다 03 **guide** 명 가이드; 동 안내하다
04 **Be sure to** 반드시 ~ 하다 06 **laptop** 명 노트북 컴퓨터 **today** 부 오늘 07 **chance** 명 기회 **look** 동 살펴보다 **manager** 명 관리자

Course 2 | 방송 관련 표현

> 안녕하세요, CQ 라디오 청취자(listener) 여러분. 오늘의 초대 손님인 Ms. Bell을 소개해(introduce) 드리겠습니다.

라디오 DJ가 프로그램을 진행하며 오늘의 초대 손님을 소개하고 있네요. Part 4에서는 이처럼 손님을 초대하는 라디오 프로그램이나 교통·날씨 등 정보를 알려주는 라디오 방송, 또는 신제품·할인 행사를 홍보하는 광고 방송 등이 종종 등장해요. 이번 Course에서는 방송에 자주 사용되는 표현을 함께 익혀보겠습니다.

👑 라디오 프로그램과 관련된 표현　　　　🔊 W4_D4_04

listener
몡 청취자

Good morning, **listeners** .
안녕하세요, 청취자 여러분.

message for the **listeners**
청취자를 위한 메시지

introduce
동 소개하다

introduce a guest
초대 손님을 소개하다

host
몡 진행자

host of the show
쇼 진행자

invite
동 초대하다

invite a guest
손님을 초대하다

speak with
~와 이야기하다

speak with an expert
전문가와 이야기하다

speak with today's guest
오늘의 초대 손님과 이야기하다

broadcast
몡 방송

today's **broadcast** program
오늘의 방송 프로그램

radio **broadcast**
라디오 방송

break
명 휴식

break time
휴식 시간

after a short **break**
짧은 휴식 이후에

sponsor
명 광고주

a message from a **sponsor**
광고주의 메시지

highlight
명 중요 부분

highlight of the show
쇼의 중요 부분

 교통 정보 · 날씨 예보와 관련된 표현

🔊 W4_D4_05

traffic
명 교통

traffic report
교통 정보

traffic jam
교통 체증

route
명 도로

take a different **route**
다른 도로를 이용하다

rush hour
(출퇴근 시) 혼잡한 시간대

Try to avoid **rush hour**.
혼잡한 시간대를 피하도록 하세요.

tune
동 주파수를 맞추다, 채널을 맞추다

tune the radio
라디오 주파수를 맞추다

Stay **tuned**.
채널을 고정해 주세요.

weather report
일기 예보

weekend **weather report**
주말 일기 예보

listen to the **weather report**
일기 예보를 듣다

rainstorm
명 폭풍우

There will be a **rainstorm** tomorrow.
내일 폭풍우가 있을 것입니다.

토익 리스닝 기초

PART 1

PART 2

PART 3

PART 4

해커스 토익 왕기초 Listening

event

명 행사

a special **event**
특별 행사

an **event** ticket
행사 티켓

coupon

명 할인권, 쿠폰

get a **coupon**
할인권을 받다

download a **coupon**
쿠폰을 내려받다

discount

명 할인 동 할인하다

discount price
할인 가격

The hats will be **discounted**.
모자들이 할인될 것입니다.

newsletter

명 소식지

free **newsletter**
무료 소식지

newsletter for members
회원 소식지

promotion

명 홍보(활동), 프로모션

a **promotion** event
홍보 행사

special **promotion**
특별 프로모션

low price

저렴한 가격

You can buy it at a **low price**.
이것을 저렴한 가격에 사실 수 있습니다.

opportunity

명 기회

perfect **opportunity**
완벽한 기회

last **opportunity**
마지막 기회

Don't miss

~을 놓치지 마세요

Don't miss this opportunity.
이 기회를 놓치지 마세요.

perfect for ~

~에게 꼭 알맞은

perfect for busy workers
바쁜 직장인들에게 꼭 알맞은

🔊 W4_D4_Practice2

[01-08] 음성을 듣고, 빈칸에 들어갈 표현을 받아써 보세요. (음성은 세 번 들려줍니다.)

01 오늘의 초대 손님, Mr. Han을 소개하겠습니다.

Let me _____ today's guest, Mr. Han.

02 혼잡한 시간대에는 3번 고속도로를 이용하세요.

Take Highway 3 during _____.

03 짧은 휴식 후에, 우리의 초대 손님과 이야기할 것입니다.

After _____, I'll speak with our guest.

04 EZ meal은 바쁜 직장인들에게 꼭 알맞습니다.

EZ meals are _____ busy workers.

05 Jamie White와의 인터뷰를 위해 채널을 고정해주세요.

_____ for our interview with Jamie White.

06 웹사이트에서 쿠폰을 내려받으실 수 있습니다.

You can download a _____ from the Web site.

07 이번 주에, 당신은 모든 상품들을 저렴한 가격에 얻으실 수 있습니다.

This week, you can get all items at a _____.

08 라디오 109를 들어주셔서 감사합니다. 다음은 아침 교통 정보입니다.

Thanks for listening to Radio 109. Next is the morning _____.

정답 ▪ 스크립트 ▪ 해석 ▪ 해설 p. 88

이런 단어가 나와요!

01 guest 뗑 (초대)손님 **02 highway** 뗑 고속도로 **03 after** 뛴 ~ 후에 **short** 뼹 짧은 **04 busy** 뼹 바쁜 **06 download** 뚱 내려받다, 다운로드하다
07 week 뗑 주, 일주일 **08 listen** 뚱 듣다 **next** 때 다음 것 **morning** 뗑 아침

🔊 W4_D4_Test

[01-08] 지문을 듣고 문제에 알맞은 답을 고른 후, 빈칸을 받아써 보세요. (음성은 세 번 들려줍니다.)

01 항공편은 왜 지연될 것인가?

(A) 일정이 변경되었다.　　　　　　　(B) 날씨가 좋지 않다.

_____ Flight 234. Due to a _____, there will be
a 20-minute delay before we _____.

02 공지의 주제는 무엇인가?

(A) 장비 설치　　　　　　　　(B) 직원 추가

I have something to _____. For our next _____, we
added three _____ to the marketing team.

03 화자는 주로 무엇에 대해 이야기하고 있는가?

(A) 관람 시간　　　　　　　　(B) 관람 장소

Hello, everyone. I'll be your guide today. _____, we will _____
_____ on the third floor. Then, you can stop by the _____.

04 청자들은 왜 웹사이트를 방문해야 하는가?

(A) 할인 정보를 얻기 위해　　　　　　(B) 상품 목록을 보기 위해

Don't miss the Eastwood Department Store's _____! During this week, you
can _____ on all products. Visit our Web site for _____.

이런 단어가 나와요!

01 aboard 튄 (비행기·배 등에) 탑승하여　**flight** 몡 항공편, 비행　**delay** 몡 지연　**before** 젠 ~ 전에　**02 add** 됭 추가하다
03 guide 몡 가이드　**artwork** 몡 예술품　**floor** 몡 층
04 department store 백화점　**during** 젠 ~ 동안　**product** 몡 상품　**visit** 됭 방문하다　**information** 몡 정보

토익실전기초

PART 1

PART 2

PART 3

PART 4

해커스 토익 왕기초 Listening

05 화자가 다음에 할 일은 무엇인가?

(A) 프로그램을 설명한다. (B) 초대 손님을 소개한다.

Welcome to *Boston Radio Hour*. On today's show, I'll _____,
Ron Hansen. He is going to _____ for city schools.

06 청자들은 탑승구에서 무엇을 해야 하는가?

(A) 항공권을 보여준다. (B) 수화물을 체크인한다.

Attention, all _____. Flight 445 will start _____ in five minutes.
Please _____ at the gate.

07 David Miller는 누구인가?

(A) 영화감독 (B) 광고주

You're listening to *Movies and More*. This afternoon, I'll be talking about tomorrow's film
_____. We'll be back after a message from _____,
David Miller.

08 화자는 무엇을 제안하는가?

(A) 다른 도로를 이용하는 것 (B) 대중교통을 이용하는 것

Good afternoon, Radio 193 _____. This is the morning _____.
The Bay Bridge will be closed for repairs from 2:00 P.M. to 6:00 P.M. You should _____
_____ during that time.

정답 ▪ 스크립트 ▪ 해석 ▪ 해설 p. 89

이런 단어가 나와요!

05 **explain** 통 설명하다 **plan** 명 계획 06 **board** 통 탑승에 들어가다 **show** 통 보여주다 07 **film** 명 영화
08 **close** 통 폐쇄하다 **repair** 명 수리; 통 수리하다

4주 5일 PART 4 유형별 공략

Course 1 | 전체 지문 관련 문제 유형

안녕하세요, 저는 Gray 가구점의 Anna입니다. 주문을 확인해드리기 위해 전화드립니다.

Q. 메시지는 주로 무엇에 관한 것인가요?
A. 주문 확인

화자가 주문을 확인하는 것에 관한 메시지를 남기고 있네요. Part 4에서는 위와 같이 주제나 목적 등 지문의 전반적인 상황을 파악해야 하는 문제가 등장해요. 이번 Course에서는 전체 지문과 관련된 문제 유형을 확인하고, 이러한 문제를 공략하는 방법을 익혀보겠습니다.

💬 문제 유형 확인하기

◀)) W4_D5_01

전체 지문과 관련된 문제 유형에서는 지문의 주제·목적이 무엇인지, 말하는 사람(화자)이나 듣는 사람(청자)이 누구인지, 담화가 어디에서 일어나는지를 묻는 문제들이 주로 등장해요.

주제 문제	메시지는 주로 무엇에 관한 것인가? **What** is the **message** mainly **about**?
목적 문제	공지의 목적은 무엇인가? **What** is the **purpose** of the **announcement**?
화자·청자 문제	화자/청자는 어디에서 일하는 것 같은가? **Where** does the **speaker/listener** probably **work**?
장소 문제	담화는 어디에서 일어나는가? **Where** does the **talk take place**?

정답이 보이는 단계별 공략 익히기

이제 전체 지문 관련 문제를 어떻게 풀어야 하는지 알아볼까요?

STEP 1 | 키워드 읽고 문제 파악하기

지문을 듣기 전, 문제의 키워드인 **의문사**와 **주요 단어**를 먼저 읽고 무엇을 묻는 문제인지 파악해요. 주로 문제의 **명사·동사**에 해당하는 주요 단어는 문제에서 가장 핵심적인 내용을 나타내므로 주의 깊게 확인해요.

What is the message mainly about? 메시지는 주로 무엇에 관한 것인가?

→ 의문사 What(무엇)과 주요 단어 message(메시지), about(~에 관한)을 통해 '메시지가 무엇에 관한 것인지'를 묻는 주제 문제임을 파악할 수 있어요.

STEP 2 | 지문 들으며 정답 선택하기

지문을 주의 깊게 듣고, **중심 내용**이 무엇인지 파악해요. 전체 지문 관련 문제의 단서는 주로 **지문의 초반** 또는 **문제와 관련된 표현이 등장하는 부분**에 등장하므로 주의 깊게 들어야 해요. 파악한 중심 내용을 바탕으로 문제에 대한 답을 적절하게 표현한 보기를 정답으로 선택해요.

Ms. Harris, this is Anna from Gray Furniture.
Ms. Harris, 저는 Gray 가구점의 Anna입니다.

I'm calling to confirm your order.
주문을 확인해드리기 위해 전화드립니다.

Q. What is the message mainly about?
메시지는 주로 무엇에 관한 것인가?

　(A) 주문 확인　　　　　(B) 가구 설치 문의

→ 지문의 중심 내용이 '주문을 확인하는 것'이므로, 문제에서 묻는 내용에 적절하게 답한 (A)가 정답이에요.

 공략 적용하기

🔊 W4_D5_02

위에서 배운 공략을 적용해 다음 문제를 풀어 보세요.

What is the purpose of the announcement?

(A) 할인을 알리기 위해　　　　　(B) 개장 시간을 알리기 위해

 한 번 확인해 볼까요?

What is the purpose of the announcement?
공지의 목적은 무엇인가?

(A) 할인을 알리기 위해　　(B) 개장 시간을 알리기 위해

Attention, shoppers.
쇼핑객 분들은 주목해 주십시오.

All brands of running shoes are on sale today.
모든 브랜드의 운동화를 오늘 할인하고 있습니다.

STEP 1 　키워드 읽고 문제 파악하기

문제의 키워드인 What ~ purpose ~ announcement를 읽고, 공지의 목적이 무엇인지를 묻는 목적 문제임을 파악해요.

STEP 2 　지문 들으며 정답 선택하기

화자의 말 running shoes are on sale을 듣고, 지문의 중심 내용이 운동화를 할인하고 있다는 것임을 파악해요. 이를 바탕으로 문제에 대한 답을 적절하게 표현한 (A)를 정답으로 선택해요.

실력 UP! 연습 문제

🔊 W4_D5_Practice1

[01-04] 다음 스텝에 따라 문제에 알맞은 답을 골라 보세요.

STEP 1 | 주어진 문제에서 의문사와 주요 단어를 파악하여 동그라미로 표시한 후, 무엇을 묻는 문제인지 골라 보세요.

01 What is the message mainly about?

    (A) 무엇에 관한 메시지인지　　　　　　(B) 메시지의 목적이 무엇인지

02 Where does the speaker probably work?

    (A) 화자가 어디로 가야 하는지　　　　　(B) 화자가 어디에서 일하는지

STEP 2 | 지문을 듣고, 문제에 알맞게 답한 보기를 골라 보세요. (음성은 두 번 들려줍니다.)

03 What is the message mainly about?

    (A) 연락 요청　　　　　　　　　　　(B) 상품 배송

04 Where does the speaker probably work?

    (A) 식당　　　　　　　　　　　　　(B) 주방용품점

다시 한번 듣고 받아쓰며 확인해 봐요!

Hello, ＿＿＿＿＿＿＿ Debbie Cole. My order arrived yesterday, but some items were missing. I need
them to make our ＿＿＿＿＿＿＿＿＿＿＿＿＿＿＿＿ today. Please ＿＿＿＿＿＿＿＿＿＿＿＿＿＿＿＿＿
as soon as possible.

이런 단어가 나와요!

01-04 **order** 몡 주문품, 됭 주문하다　**arrive** 됭 도착하다　**yesterday** 閉 어제　**item** 몡 상품　**missing** 혱 누락된, 빠진　**deliver** 됭 배송하다
    as soon as possible 가능한 한 빨리

토익리스닝기초

PART 1

PART 2

PART 3

PART 4

해커스 토익 읽기초 Listening

[05-08] 지문을 듣고 문제에 알맞은 응답을 고른 후, 빈칸을 받아써 보세요. (음성은 두 번 들려줍니다.)

05 What is the announcement mainly about?

(A) A trade fair   (B) A firm event

I have an _____ on the _____. It will take place from August 13 to 14, and all employees can _____.

06 Where does the speaker probably work?

(A) At a bakery   (B) At a photo studio

_____ Ms. Smith. This is Matt Palmer from Carleton's. I'd like to discuss the _____ for your party. Could you please _____?

07 What is the purpose of the message?

(A) To set up an appointment
(B) To request a discount

08 Where does the speaker probably work?

(A) At a paint shop
(B) At a hotel

Hello, my name is Lou Cobb. I would like to _____ with the owner of your company. _____ needs to be painted, and I'd like to know _____.

정답 ■ 스크립트 ■ 해석 ■ 해설 p. 92

이런 단어가 나와요!

05 **update** 몡 최신 정보 **annual** 혱 연례의 **bring** 통 데려오다 **event** 몡 행사 06 **discuss** 통 논의하다 **decoration** 몡 장식 **bakery** 몡 제과점
07-08 **schedule** 통 일정을 잡다 **appointment** 몡 예약 **owner** 몡 소유주 **paint** 통 페인트칠하다; 몡 페인트 **price** 몡 가격 **set up** 마련하다

Natalie가 우리의 프로젝트를 발표할 것입니다. 먼저 유인물을 봐주십시오.

Q. 남자는 청자들에게 무엇을 하라고 요청하나요?
A. 유인물을 보는 것

남자가 사람들에게 유인물을 먼저 봐달라고 요청하고 있네요. Part 4에서는 위와 같이 지문에 언급된 세부 사항에 대해 묻는 문제가 등장해요. 이번 Course에서는 지문의 세부 사항과 관련된 다양한 문제 유형을 확인하고, 이러한 문제를 공략하는 방법을 익혀보겠습니다.

 문제 유형 확인하기　　　　　　　　　🔊 W4_D5_03

지문의 세부 사항과 관련된 문제 유형에서는 화자가 요청 · 제안하는 사항, 지문에 언급된 인물 · 장소, 이유 등을 묻는 다양한 문제들이 출제돼요.

요청 문제	**What** does the **speaker ask** the listener **to do**? 화자는 청자에게 무엇을 하라고 요청하는가?
제안 문제	**What** does the **speaker suggest** the listener **do**? 화자는 청자에게 무엇을 하라고 제안하는가?
특정 세부 문제	**Who** is **Natalie**? Natalie는 누구인가?
이유 문제	**Why** was the event **rescheduled**? 행사 일정이 왜 변경되었는가?
다음에 할 일 문제	**What** will the **listeners do next**? 청자들은 다음에 무엇을 할 것인가?
언급 문제	**What** is **mentioned about** the **project**? 프로젝트에 대해 무엇이 언급되는가?

🔼 **한 걸음 더 실력 UPGRADE!**

Part 3, 4에서는 화자가 언급한 특정 문장에 담긴 화자의 의도가 무엇인지 묻는 문제도 등장해요. 이와 같은 의도 파악 문제는 질문에서 인용된 문장을 미리 확인하고, 해당 문장이 언급된 주변을 주의 깊게 들으며 정답의 단서를 찾을 수 있어요.

Why does the **speaker say** "it wasn't my idea"?
화자는 왜 "그건 제 생각이 아니었어요"라고 말하는가?

정답이 보이는 단계별 공략 익히기

이제 세부 사항 관련 문제를 어떻게 풀어야 하는지 알아볼까요?

STEP 1 | 키워드 읽고 문제 파악하기

지문을 듣기 전, 문제의 키워드인 **의문사**와 **주요 단어**를 읽고 무엇을 묻는 문제인지 파악해요. 주로 문제의 **명사·동사**에 해당되는 주요 단어를 주의 깊게 확인해 문제에서 가장 핵심적인 내용을 파악해요.

What does the **speaker ask** the listeners **to do**? 화자는 청자들에게 무엇을 하라고 요청하는가?

→ 의문사 What(무엇)과 주요 단어 speaker ask ~ to do(화자가 하라고 요청하는)를 통해 '화자가 청자들에게 무엇을 하라고 요청하는지'를 묻는 요청 문제임을 파악할 수 있어요.

STEP 2 | 지문 들으며 정답 선택하기

지문을 들으며 **문제에서 묻는 내용에 답이 되는 부분**이 어디인지 파악해요. 이때 문제의 주요 단어나 관련된 단어가 등장하는 주변부를 주의 깊게 듣고, 문제에 대한 답을 적절하게 표현한 보기를 정답으로 선택해요.

Natalie is going to present our project.
Natalie가 우리의 프로젝트를 발표할 것입니다.

Please look at the handout **first**.
먼저 유인물을 봐주십시오.

Q. What does the speaker ask the listeners do?
화자는 청자들에게 무엇을 하라고 요청하는가?

(A) 유인물을 보는 것　　　　(B) 잠시 휴식하는 것

→ 화자가 '유인물을 봐달라'라고 했으므로, 문제에 대한 답을 적절하게 표현한 (A)가 정답이에요.

공략 적용하기

◀)) W4_D5_04

위에서 배운 공략을 적용해 다음 문제를 풀어 보세요.

What does the speaker suggest the listeners do?
(A) 제품을 시험한다.　　　　(B) 의견을 공유한다.

 한 번 확인해 볼까요?

What does the **speaker suggest** the listeners **do**?
화자는 청자들에게 무엇을 하라고 제안하는가?
(A) 제품을 시험한다.　　(B) 의견을 공유한다.

STEP 1 키워드 읽고 문제 파악하기

문제의 키워드인 What ~ speaker suggest ~ do를 읽고 화자가 청자들에게 무엇을 하라고 제안하는지를 묻는 제안 문제임을 파악해요.

STEP 2 지문 들으며 정답 선택하기

Today, I'd like to focus on our new design.
오늘, 저는 우리의 새로운 디자인에 집중하고 싶습니다.

I suggest you share some ideas **with the group.**
여러분이 그룹과 함께 의견을 공유하시는 것을 제안합니다.

화자의 말 I suggest you share some ideas를 듣고, 화자가 청자들이 의견을 공유하는 것을 제안하고 있음을 파악해요. 이를 바탕으로 문제에 대한 답을 적절하게 표현한 (B)를 정답으로 선택해요.

실력 UP! 연습 문제

🔊 W4_D5_Practice2

[01-04] 다음 단계에 따라 질문에 알맞은 답을 골라 보세요.

STEP 1 | 주어진 질문에서 의문사와 주요 단어를 파악하여 동그라미로 표시한 후, 무엇을 묻는 질문인지 골라 보세요.

01 What is mentioned about the car?

(A) 자동차에 대해서 무엇이 언급되는지　　　　(B) 자동차에 어떤 문제가 생겼는지

02 What does the speaker ask the listener to do?

(A) 화자와 청자가 다음에 무엇을 할 것인지　　　(B) 화자가 청자에게 무엇을 하라고 요청하는지

STEP 2 | 지문을 듣고, 질문에 알맞게 답한 보기를 골라 보세요. (음성은 두 번 들려줍니다.)

03 What is mentioned about the car?

(A) 수리되었다.　　　　　　　　　　　(B) 운송될 것이다.

04 What does the speaker ask the listener to do?

(A) 업체에 전화한다.　　　　　　　　　(B) 업체를 방문한다.

다시 한번 듣고 받아쓰며 확인해 봐요!

Good morning, Ms. Parker, This is Sarah from Capital Auto. Your _____ now.
Please _____ our shop today to _____. Thank you.

이런 단어가 나와요!

01-04 **car** 몡 자동차　**fix** 통 수리하다　**pick up** ~을 찾다

[05-08] 지문을 듣고 질문에 알맞은 응답을 고른 후, 빈칸을 받아써 보세요. (음성은 두 번 들려줍니다.)

05 (What) does (Everyday Fitness provide)?

(A) Low rental fees

(B) Low prices

Do you want to save money on your gym _____? Then join Everyday Fitness! We offer the _____ in this town.

06 (Why) will the (speaker) travel to (Mexico City)?

(A) To look around a facility

(B) To build a factory

As some of you know, I'm flying to Mexico City _____. While I'm there, I'm going to _____. I'll share my experience with you all next week.

07 (What) did (Ms. Porter do yesterday)?

(A) Contacted a bank

(B) Lost a card

08 (What) will the (speaker) probably (do next)?

(A) E-mail a document

(B) Deliver a new card

Hello, Ms. Porter. This is Sally Bynes, the manager of Lotus Bank. You _____ yesterday to report a mistake on _____. I'm sorry to hear about this problem. I will _____ a new one _____ right now.

정답 ■ 스크립트 ■ 해석 ■ 해설 p. 94

이런 단어가 나와요!

05 **save** 동 절약하다, 아끼다 **gym** 명 체육관 **membership** 명 회원(권) **offer** 동 제공하다 **membership fee** 회비 **rental** 명 대여, 임대
06 **fly** 동 비행기를 타다, 비행하다 **while** 전 ~ 동안에 **experience** 명 경험 **facility** 명 시설 **build** 동 짓다
07-08 **report** 동 신고하다, 전하다 **mistake** 명 오류, 실수 **bill** 명 청구서 **lost** 동 분실했다(lose의 과거형)

자신감 UP! 실전 대비하기

🔊 W4_D5_Test

[01-12] 질문의 키워드를 읽고 핵심 포인트를 파악한 뒤, 지문을 들으며 정답을 선택하세요. (음성은 두 번 들려줍니다.)

[01-03]

> 질문의 키워드를 확인하고 무엇을 묻는 문제인지 파악해요. 담화가 무엇에 관한 것인지 묻고 있어요.

01 What is the talk mainly about?
- (A) Schedule changes
- (B) Parking spots
- (C) Staff clothing
- (D) Office hours

> Margaret Smith는 누구인가요?

02 Who is Margaret Smith?
- (A) A computer engineer
- (B) A department head
- (C) A fashion designer
- (D) A hotel owner

> 화자는 다음에 무엇을 할 것 같은가요?

03 What will the speaker probably do next?
- (A) Present some images
- (B) Test some items
- (C) Hand out a form
- (D) Print a document

> 이제 음성을 들으며 질문의 답이 되는 부분이 어디인지 파악해요.

[04-06]

> 화자는 어디에서 일하나요?

04 Where does the speaker work?
- (A) Customer service department
- (B) Sales department
- (C) Human resources department
- (D) Accounting department

> 화자는 왜 "벌써 오전 8시 반이네요"라고 말하나요?

05 Why does the speaker say "It's already 8:30 A.M."?
- (A) To start a talk
- (B) To revise a plan
- (C) To follow a rule
- (D) To explain a timeline

> 화자는 청자들에게 무엇을 하라고 요청하나요?

06 What does the speaker ask the listeners to do?
- (A) Return a call
- (B) Update a calendar
- (C) Get an ID badge
- (D) Look at a document

이런 단어가 나와요!

01-03 **staff** 명 직원 **image** 명 사진 **department** 명 부서 **parking spot** 주차 공간 **present** 통 발표하다 **hand out** 나누어 주다 **document** 명 문서
04-06 **human resources department** 인사부 **already** 분 벌써 **cover** 통 다루다 **policy** 명 정책 **booklet** 명 책자 **talk** 명 강연

[07-09]

> 화자는 왜 전화하고 있나요?

07 Why is the speaker calling?

(A) To explain a problem

(B) To thank an employee

(C) To ask a favor

(D) To discuss a project

> 화자는 어제 무엇을 했나요?

08 What did the speaker do yesterday?

(A) Talked with a director

(B) Signed a form

(C) Sent an e-mail

(D) Bought a product

> 화자는 다음에 무엇을 할 것 같은가요?

09 What will the speaker most likely do next?

(A) Visit a store

(B) Create a document

(C) Answer a question

(D) Check a Web site

[10-12]

Agenda	
8:00 A.M.	Welcome speech
8:30 A.M.	Security information
9:00 A.M.	Building tour
10:00 A.M.	Office rules
10:30 A.M.	Training video

> 시각 자료에서 다음 안건은 무엇인가요?

10 Look at the graphic. What is the next agenda item?

(A) Security information

(B) Building tour

(C) Office rules

(D) Training video

> 연구원들에 대해 무엇이 언급되었나요?

11 What is mentioned about the researchers?

(A) They will have a meeting.

(B) They will check a file.

(C) They work on the same floor.

(D) They wear uniforms.

> 화자에 따르면, 청자들은 방 안에 무엇을 두고 가야 하나요?

12 According to the speaker, what should the listeners leave in the room?

(A) Some bags

(B) Some clothing

(C) Some laptops

(D) Some books

정답 ■ 스크립트 ■ 해석 ■ 해설 p. 96

이런 단어가 나와요!

07-09 **conversation** 몡 대화   **thank** 동 감사를 전하다

10-12 **explain** 동 설명하다   **security** 몡 보안   **move on** (새로운 주제로) 넘어가다   **agenda** 몡 안건   **researcher** 몡 연구원   **leave** 동 두고 가다   **rule** 몡 규칙

토린이를 위한 토익 첫걸음

해커스 토익 왕기초 LC LISTENING

초판 9쇄 발행 2024년 9월 9일

초판 1쇄 발행 2019년 11월 4일

지은이	해커스 어학연구소
펴낸곳	㈜해커스 어학연구소
펴낸이	해커스 어학연구소 출판팀

주소	서울특별시 서초구 강남대로61길 23 ㈜해커스 어학연구소
고객센터	02-537-5000
교재 관련 문의	publishing@hackers.com
동영상강의	HackersIngang.com

ISBN	978-89-6542-329-4 (13740)
Serial Number	01-09-01

외국어인강 1위, 해커스인강
HackersIngang.com

해커스인강

· 들으면서 외우는 무료 단어암기장 및 단어암기 MP3
· 효과적인 리스닝 학습을 돕는 무료 교재 MP3
· 토익 스타강사가 쉽게 설명해주는 본 교재 인강

영어 전문 포털, 해커스토익
Hackers.co.kr

해커스토익

· 최신 출제경향이 반영된 무료 온라인 모의토익
· 매월 무료 적중예상특강 및 실시간 토익시험 정답확인&해설강의 등 다양한 무료 학습 콘텐츠

헤럴드 선정 2018 대학생 선호브랜드 대상 '대학생이 선정한 외국어인강' 부문 1위

5천 개가 넘는
해커스토익 무료 자료!

대한민국에서 공짜로 토익 공부하고 싶으면 | 해커스영어 Hackers.co.kr ▾ | 검색

강의도 무료

베스트셀러 1위 토익 강의 150강 무료 서비스,
누적 시청 1,900만 돌파!

문제도 무료

토익 RC/LC 풀기, 모의토익 등
실전토익 대비 문제 3,730제 무료!

최신 특강도 무료

2,400만뷰 스타강사의
압도적 적중예상특강 매달 업데이트!

공부법도 무료

**토익 고득점 달성팁, 비법노트,
점수대별 공부법 무료 확인**

*미션 달성 시

가장 빠른 정답까지!

615만이 선택한 해커스 토익 정답!
시험 직후 가장 빠른 정답 확인

더 많은 토익무료자료

보기 ▶

토린이를 위한 토익 첫걸음

해커스
토익 왕기초 LC
LISTENING

정답·스크립트·해석·해설
해설집

해커스 어학연구소

토린이를 위한 토익 첫걸음

해커스
토익 왕기초 LC
LISTENING

정답·스크립트·해석·해설
해설집

해커스 어학연구소

Course 1 비슷한 발음 구분하여 듣기 p. 23

실력 UP! 연습 문제

01 Ⓑ	**02** Ⓑ	**03** Ⓐ	**04** Ⓐ
05 Ⓑ	**06** Ⓑ	**07** vase	**08** late
09 hall	**10** full	**11** copy	

01   Please **open** the window.   창문을 열어주세요.

02   I **live** in Seoul.   저는 서울에 살아요.

03   A **boat** is on the river.   강 위에 배가 있어요.

04   It is too **cold** outside.   야외는 너무 추워요.

05   He is **reading** a book.   그는 책을 읽고 있어요.

06   The shop sells shoes at a **low** price.   그 가게는 신발을 낮은 가격에 팔아요.

07   A flower is in the **vase**.

08   I was **late** for a meeting.

09   There is a guest in the **hall**.

10   The room is almost **full**.

11   Could you **copy** the papers?

01 pick up **02** out of **03** that time **04** Could you

05 front desk **06** send them **07** want to, street address

08 meet you, discuss some

01 I'll **pick up** the key.

02 He is **out of** the office.

03 I was having dinner at **that time**.

04 **Could you** check the receipt?

05 You should call the **front desk**.

06 If you have the reports, **send them** to me.

07 I **want to** know your **street address**.

08 He will **meet you** to **discuss some** ideas.

Course 1 시제 익히기
p. 31

실력 UP! 연습 문제

01 Ⓐ   **02** Ⓐ   **03** Ⓐ   **04** Ⓑ   **05** Ⓐ   **06** Ⓑ

07 Ⓑ   **08** Ⓑ

01 He **is reading** an e-mail.

02 He **has closed** the window.

03 They **are moving** some boxes.

04 The truck **has stopped** at the corner.

05 She **is opening** the door.

06 Some books **are** on the desk.

07 They **have prepared** some food.

08 **There are** some people near the bench.

Course 2 태 익히기
p. 35

실력 UP! 연습 문제

01 Ⓑ   **02** Ⓑ   **03** Ⓐ   **04** Ⓑ   **05** Ⓐ   **06** Ⓐ

07 Ⓑ   **08** Ⓐ

01 The food **is being served**.

02 A cup **is filled** with coffee.

03 Some items **have been sold**.

04 Some cars **are lined** up along the road.

05 Folders **have been set** on the table.

06 Some flowers **are planted** in the garden.

07 The windows **are being cleaned**.

08 The engine **has been repaired**.

1주 3일 | 사람의 동작·상태를 나타내는 표현 익히기

Course 1 사람의 동작을 나타내는 표현   p. 41

실력 UP! 연습 문제

01 (A)   **02** (B)   **03** (A)   **04** (B)

01

(A) The woman is <u>riding</u> a bicycle.
(B) The woman is **taking off** a helmet.

(A) 여자가 자전거를 타고 있다.
(B) 여자가 헬멧을 벗고 있다.

> **해설**   (A) [O] 여자가 자전거를 타고 있는 동작을 정확히 묘사했으므로 정답입니다.
>   (B) [X] 여자가 헬멧을 벗고 있는 것이 아니라, 헬멧을 쓰고 있으므로 오답입니다.

02

(A) The woman is **tying** her shoes.
(B) The woman is <u>walking</u> outside.

(A) 여자가 신발끈을 묶고 있다.
(B) 여자가 야외에서 걷고 있다.

> **해설**   (A) [X] 여자가 신발끈을 묶고 있는 것이 아니라, 길을 걷고 있으므로 오답입니다.
>   (B) [O] 여자가 야외에서 걷고 있는 동작을 정확히 묘사했으므로 정답입니다.

03

(A) She is <u>reading</u> a book.
(B) She is **hanging** some lights.

(A) 그녀는 책을 읽고 있다.
(B) 그녀는 전등을 걸고 있다.

> **해설**   (A) [O] 여자가 책을 읽고 있는 동작을 정확히 묘사했으므로 정답입니다.
>   (B) [X] 여자가 전등을 걸고 있는 것이 아니라, 책을 읽고 있으므로 오답입니다.

04

(A) He is **cleaning** a cup.
(B) He is <u>preparing</u> some food.

(A) 그는 컵을 닦고 있다.
(B) 그는 음식을 준비하고 있다.

> **해설**   (A) [X] 남자가 컵을 닦고 있는 것이 아니라, 음식을 준비하고 있으므로 오답입니다.
>   (B) [O] 남자가 음식을 준비하고 있는 동작을 정확히 묘사했으므로 정답입니다.

실력 UP! 연습 문제

01 (A)   **02** (A)   **03** (B)   **04** (B)

01

(A) She is <u>holding</u> a glass.

(B) She is <u>pointing</u> at a cup.

(A) 그녀는 유리잔을 들고 있다.

(B) 그녀는 컵을 가리키고 있다.

> **해설** (A) [O] 여자가 유리잔을 들고 있는 상태를 정확히 묘사했으므로 정답입니다.
> (B) [X] 여자가 컵을 가리키고 있는 것이 아니라, 컵을 들고 있으므로 오답입니다.

02

(A) He is <u>wearing</u> glasses.

(B) He is <u>kneeling</u> down.

(A) 남자가 안경을 쓰고 있다.

(B) 남자가 무릎을 꿇고 있다.

> **해설** (A) [O] 남자가 안경을 쓰고 있는 상태를 정확히 묘사했으므로 정답입니다.
> (B) [X] 남자가 무릎을 꿇고 있는 것이 아니라, 책상에 앉아 있으므로 오답입니다.

03

(A) A woman is <u>reaching for</u> a hat.

(B) A woman is <u>looking</u> at a screen.

(A) 여자가 모자로 손을 뻗고 있다.

(B) 여자가 화면을 보고 있다.

> **해설** (A) [X] 여자가 모자로 손을 뻗고 있는 것이 아니라, 모자를 쓰고 있으므로 오답입니다.
> (B) [O] 여자가 화면을 보고 있는 상태를 정확히 묘사했으므로 정답입니다.

04

(A) A man is <u>putting on</u> a jacket.

(B) A man is <u>standing</u> near a machine.

(A) 남자가 재킷을 입고 있다.

(B) 남자가 기계 가까이에 서 있다.

> **해설** (A) [X] 남자가 재킷을 입고 있는 중이 아니라, 이미 재킷을 입은 상태이므로 오답입니다. 참고로, 재킷을 입은 상태를 묘사할 때는 wearing을 사용합니다.
> (B) [O] 남자가 기계 가까이에 서 있는 상태를 정확히 묘사했으므로 정답입니다.

실력 UP! 연습 문제

01 (B)   **02** (A)   **03** (A)   **04** (B)

01

(A) They are <u>leaving</u> an office.

(B) They are <u>gathered</u> at a desk.

(A) 그들은 사무실을 떠나고 있다.

(B) 그들은 책상에 모여 있다.

> 해설 (A) [X] 사람들이 사무실을 떠나고 있는 것이 아니라, 사무실 안에 있으므로 오답입니다.
> (B) [O] 사람들이 책상에 모여 있는 상태를 정확히 묘사했으므로 정답입니다.

02

(A) Some people are <u>facing</u> each other.

(B) Some people are <u>getting on</u> a bus.

(A) 몇몇 사람들이 서로 마주 보고 있다.

(B) 몇몇 사람들이 버스에 올라타고 있다.

> 해설 (A) [O] 두 사람이 서로 마주 보고 있는 상태를 정확히 묘사했으므로 정답입니다.
> (B) [X] 사람들이 버스에 올라타고 있는 중이 아니라, 이미 버스 안에 앉아 있으므로 오답입니다.

03

(A) The men are <u>working</u> together.

(B) The men are <u>talking</u> in a group.

(A) 남자들이 함께 일하고 있다.

(B) 남자들이 무리를 지어 이야기하고 있다.

> 해설 (A) [O] 남자들이 함께 일하고 있는 동작을 정확히 묘사했으므로 정답입니다.
> (B) [X] 남자들이 무리를 지어 이야기하고 있는 것이 아니라, 함께 일하고 있으므로 오답입니다.

04

(A) They are <u>entering</u> a building.

(B) They are <u>waiting</u> in line.

(A) 그들은 건물에 들어가고 있다.

(B) 그들은 줄을 서서 기다리고 있다.

> 해설 (A) [X] 사람들이 건물에 들어가고 있는 것이 아니라, 건물 안에서 줄을 서서 기다리고 있으므로 오답입니다.
> (B) [O] 사람들이 줄을 서서 기다리고 있는 상태를 정확히 묘사했으므로 정답입니다.

01 (B), (C)	**02** (A), (C)	**03** (B), (C)	**04** (A)	**05** (A)	**06** (B)

01

(A) A woman is <u>washing</u> her hands.
(B) A woman is <u>looking at</u> an engine.
(C) A woman is <u>bending</u> forward.

(A) 여자가 손을 씻고 있다.
(B) 여자가 엔진을 보고 있다.
(C) 여자가 앞으로 몸을 굽히고 있다.

해설 (A) [X] 여자가 손을 씻고 있는 것이 아니라, 엔진을 향해 손을 뻗고 있으므로 오답입니다.
(B) [O] 여자가 엔진을 보고 있는 상태를 정확히 묘사했으므로 정답입니다.
(C) [O] 여자가 앞으로 몸을 굽히고 있는 상태를 정확히 묘사했으므로 정답입니다.

02

(A) Some people are <u>seated</u> around a table.
(B) Some people are **hanging** up a television.
(C) One of the men is <u>talking</u> to the group.

(A) 몇몇 사람들이 탁자 주위에 앉아 있다.
(B) 몇몇 사람들이 텔레비전을 걸고 있다.
(C) 남자들 중 한 명이 무리에게 이야기하고 있다.

해설 (A) [O] 사람들이 탁자 주위에 앉아 있는 상태를 정확히 묘사했으므로 정답입니다.
(B) [X] 사람들이 텔레비전을 걸고 있는 것이 아니라, 텔레비전 앞에 모여 있으므로 오답입니다.
(C) [O] 남자들 중 한 명이 무리에게 이야기하고 있는 동작을 정확히 묘사했으므로 정답입니다.

03

(A) She is **taking off** a jacket.
(B) She is <u>putting</u> items into a suitcase.
(C) She is <u>sitting</u> on a bed.

(A) 그녀는 재킷을 벗고 있다.
(B) 그녀는 여행 가방 안에 물건들을 넣고 있다.
(C) 그녀는 침대 위에 앉아 있다.

해설 (A) [X] 여자가 재킷을 벗고 있는 것이 아니라, 재킷을 입고 있으므로 오답입니다.
(B) [O] 여자가 여행 가방 안에 물건들을 넣고 있는 동작을 정확히 묘사했으므로 정답입니다.
(C) [O] 여자가 침대 위에 앉아 있는 상태를 정확히 묘사했으므로 정답입니다.

04

(A) She is using a copy machine.
(B) She is reading a book.
(C) She is holding a newspaper.

(A) 그녀는 복사기를 사용하고 있다.
(B) 그녀는 책을 읽고 있다.
(C) 그녀는 신문을 들고 있다.

해설 (A) [O] 여자가 복사기를 사용하고 있는 동작을 정확히 묘사했으므로 정답입니다.
(B) [X] 여자가 책을 읽고 있는 것이 아니라, 복사기를 사용하고 있으므로 오답입니다.
(C) [X] 여자가 신문을 들고 있는 것이 아니라, 책을 복사기에 내려놓고 있으므로 오답입니다.

05

(A) They are shaking hands.
(B) They are working together.
(C) One of the men is leaving the room.

(A) 그들은 악수를 하고 있다.
(B) 그들은 함께 일하고 있다.
(C) 남자들 중 한 명이 방을 떠나고 있다.

해설 (A) [O] 두 사람이 악수를 하고 있는 동작을 정확히 묘사했으므로 정답입니다.
(B) [X] 두 사람이 함께 일하고 있는 것이 아니라, 서로 마주 보며 악수를 하고 있으므로 오답입니다.
(C) [X] 남자들 중 한 명이 방을 떠나고 있는 것이 아니라, 두 사람이 모두 방 안에 있으므로 오답입니다.

06

(A) A man is moving a desk.
(B) A man is standing in front of a window.
(C) A man is relaxing on a sofa.

(A) 남자가 책상을 옮기고 있다.
(B) 남자가 창문 앞에 서 있다.
(C) 남자가 소파에서 휴식을 취하고 있다.

해설 (A) [X] 남자가 책상을 옮기고 있는 것이 아니라, 책상 옆에 서 있으므로 오답입니다.
(B) [O] 남자가 창문 앞에 서 있는 상태를 정확히 묘사했으므로 정답입니다.
(C) [X] 남자가 소파에서 휴식을 취하고 있는 것이 아니라, 창문 앞에 서 있으므로 오답입니다.

Course 1 풍경을 나타내는 표현
p. 55

실력 UP! 연습 문제

01 (A)   **02** (B)   **03** (A)   **04** (B)

01

(A) Some trees have been <u>planted</u>.

(B) Some <u>bushes</u> have been cut.

(A) 몇몇 나무들이 심겨 있다.

(B) 몇몇 덤불이 잘려 있다.

해설 (A) [O] 나무들이 심겨 있는 모습을 정확히 묘사했으므로 정답입니다.
(B) [X] 사진에 덤불이 등장하지 않았으므로 오답입니다.

02

(A) A <u>vehicle</u> is parked outside.

(B) A <u>bicycle</u> is on a sidewalk.

(A) 차량이 야외에 주차되어 있다.

(B) 자전거가 보도 위에 있다.

해설 (A) [X] 사진에 차량이 등장하지 않았으므로 오답입니다.
(B) [O] 자전거가 보도 위에 있는 모습을 정확히 묘사했으므로 정답입니다.

03

(A) A sign has been <u>set up</u> on a road.

(B) There are some <u>bricks</u> on a walkway.

(A) 표지판이 도로 위에 세워져 있다.

(B) 보도 위에 벽돌들이 있다.

해설 (A) [O] 도로 위에 표지판이 있는 모습을 정확히 묘사했으므로 정답입니다.
(B) [X] 사진에 벽돌들이 등장하지 않았으므로 오답입니다.

04

(A) A ship is at the <u>dock</u>.

(B) A <u>bridge</u> is over a river.

(A) 배가 부두에 있다.

(B) 다리가 강 위에 있다.

해설 (A) [X] 배가 부두에 있는 것이 아니라, 물 위에 떠 있으므로 오답입니다.
(B) [O] 다리가 강 위에 있는 모습을 정확히 묘사했으므로 정답입니다.

실력 UP! 연습 문제

01 (B)　　　**02** (B)　　　**03** (A)　　　**04** (A)

01

(A) The doors are <u>closed</u>.

(B) Some plants have been <u>placed</u> on a cabinet.

(A) 문들이 닫혀 있다.

(B) 몇몇 식물들이 장식장 위에 놓여 있다.

> **해설** (A) [X] 문들이 닫혀 있는 것이 아니라, 열려 있으므로 오답입니다.
> (B) [O] 장식장 위에 놓여 있는 식물의 위치를 정확히 묘사했으므로 정답입니다.

02

(A) A cup has been <u>hung</u> up.

(B) There are some pens <u>beside</u> a computer.

(A) 컵이 걸려 있다.

(B) 컴퓨터 옆에 펜이 있다.

> **해설** (A) [X] 컵이 걸려 있는 것이 아니라, 책상 위에 놓여 있으므로 오답입니다.
> (B) [O] 컴퓨터 옆에 있는 펜의 위치를 정확히 묘사했으므로 정답입니다.

03

(A) Some wood has been <u>piled</u> up.

(B) Some machines are behind a <u>bridge</u>.

(A) 몇몇 목재들이 쌓여 있다.

(B) 몇몇 기계들이 다리 뒤에 있다.

> **해설** (A) [O] 목재들이 쌓여 있는 상태를 정확히 묘사했으므로 정답입니다.
> (B) [X] 사진에 다리가 등장하지 않았으므로 오답입니다.

04

(A) Some cars are <u>parked</u> along the street.

(B) Some <u>bricks</u> have been <u>stacked</u>.

(A) 몇몇 자동차들이 길을 따라 주차되어 있다.

(B) 몇몇 벽돌들이 쌓여 있다.

> **해설** (A) [O] 자동차들이 길을 따라 주차되어 있는 상태를 정확히 묘사했으므로 정답입니다.
> (B) [X] 사진에 벽돌들이 등장하지 않았으므로 오답입니다.

01 (B), (C) **02** (A) **03** (B), (C) **04** (A) **05** (A) **06** (B)

01

(A) Some **bicycles** are on the walkway.

(B) There is a path <u>along</u> the water.

(C) Some trees are <u>growing</u> near the river.

(A) 자전거들이 보도 위에 있다.

(B) 물을 따라 길이 나 있다.

(C) 몇몇 나무들이 강 가까이 자라고 있다.

해설 (A) [X] 사진에 자전거들이 등장하지 않았으므로 오답입니다.
(B) [O] 물을 따라 길이 나 있는 풍경을 정확히 묘사했으므로 정답입니다.
(C) [O] 나무들이 강 가까이 자라고 있는 모습을 정확히 묘사했으므로 정답입니다.

02

(A) Some clothing is <u>hanging</u> on the wall.

(B) Some **towels** have been **stacked** beside a mirror.

(C) A drawer has been **opened**.

(A) 옷이 벽에 걸려 있다.

(B) 몇몇 수건들이 거울 옆에 쌓여 있다.

(C) 서랍이 열려 있다.

해설 (A) [O] 옷이 벽에 걸려 있는 상태를 정확히 묘사했으므로 정답입니다.
(B) [X] 사진에 수건들이 등장하지 않았으므로 오답입니다.
(C) [X] 서랍이 열려 있는 것이 아니라, 닫혀 있으므로 오답입니다.

03

(A) There are some **plants** on a table.

(B) Some cushions have been <u>set</u> on a <u>sofa</u>.

(C) The shelves are <u>filled</u> with items.

(A) 테이블 위에 식물들이 있다.

(B) 몇몇 쿠션들이 소파 위에 놓여 있다.

(C) 선반들이 물건들로 채워져 있다.

해설 (A) [X] 사진에 식물들이 등장하지 않았으므로 오답입니다.
(B) [O] 쿠션들이 소파 위에 놓여 있는 상태를 정확히 묘사했으므로 정답입니다.
(C) [O] 선반들이 물건들로 채워져 있는 상태를 정확히 묘사했으므로 정답입니다.

04

(A) Some tables have been lined up.

(B) Some food is on display.

(C) A road is covered with leaves.

(A) 몇몇 탁자들이 줄 세워져 있다.

(B) 몇몇 음식이 전시되어 있다.

(C) 도로가 나뭇잎들로 덮여 있다.

해설 (A) [O] 탁자들이 줄 세워져 있는 상태를 정확히 묘사했으므로 정답입니다.
(B) [X] 사진에 음식이 등장하지 않았으므로 오답입니다.
(C) [X] 사진에 나뭇잎들이 등장하지 않았으므로 오답입니다.

05

(A) Some chairs have been positioned along the beach.

(B) A tree has been cut down.

(C) Some umbrellas have been piled up.

(A) 몇몇 의자들이 해변을 따라 배치되어 있다.

(B) 나무가 잘려 있다.

(C) 파라솔들이 쌓여 있다.

해설 (A) [O] 의자들이 해변을 따라 배치되어 있는 상태를 정확히 묘사했으므로 정답입니다.
(B) [X] 나무가 잘려 있는 것이 아니라, 해변 옆에서 자라고 있으므로 오답입니다.
(C) [X] 파라솔들이 쌓여 있는 것이 아니라, 의자 위에 세워져 있으므로 오답입니다.

06

(A) There is a vehicle on the road.

(B) A boat is floating on the water.

(C) A sign has been set up on the street.

(A) 도로 위에 차량이 있다.

(B) 배가 물 위에 떠 있다.

(C) 표지판이 길에 세워져 있다.

해설 (A) [X] 사진에 차량이 등장하지 않았으므로 오답입니다.
(B) [O] 배가 물 위에 떠 있는 상태를 정확히 묘사했으므로 정답입니다.
(C) [X] 사진에 표지판이 등장하지 않았으므로 오답입니다.

Course 1 사람 중심 사진
p. 64

실력 UP! 연습 문제

01 Ⓐ	02 Ⓑ	03 Ⓐ	04 Ⓑ	05 X	06 O
07 O	08 O	09 X	10 (A)	11 (A)	12 (B)

01
-
09

01 Ⓐ wearing helmets | Ⓐ 헬멧을 쓰고 있다
Ⓑ carrying helmets | Ⓑ 헬멧을 옮기고 있다

02 Ⓐ pointing at a screen | Ⓐ 화면을 가리키고 있다
Ⓑ looking at a screen | Ⓑ 화면을 보고 있다

03 Ⓐ using a computer | Ⓐ 컴퓨터를 사용하고 있다
Ⓑ moving a computer | Ⓑ 컴퓨터를 옮기고 있다

04 Ⓐ fixing a chair | Ⓐ 의자를 고치고 있다
Ⓑ sitting on a chair | Ⓑ 의자에 앉아 있다

해설

01 Ⓐ [O] 사람들이 헬멧을 쓰고 있는 상태를 정확히 묘사했으므로 정답입니다.
Ⓑ [X] 사람들이 헬멧을 나르고 있는 것이 아니라, 헬멧을 쓰고 있으므로 오답입니다.

02 Ⓐ [X] 사람들이 화면을 가리키고 있는 것이 아니라, 화면을 보고 있으므로 오답입니다.
Ⓑ [O] 사람들이 화면을 보고 있는 상태를 정확히 묘사했으므로 정답입니다.

03 Ⓐ [O] 남자들 중 한 명이 컴퓨터를 사용하고 있는 동작을 정확히 묘사했으므로 정답입니다.
Ⓑ [X] 남자들 중 한 명이 컴퓨터를 옮기고 있는 것이 아니라, 컴퓨터를 사용하고 있으므로 오답입니다.

04 Ⓐ [X] 남자들 중 한 명이 의자를 고치고 있는 것이 아니라, 의자에 앉아 있으므로 오답입니다.
Ⓑ [O] 남자들 중 한 명이 의자에 앉아 있는 상태를 정확히 묘사했으므로 정답입니다.

05 They are <u>cleaning</u> the window. | 그들은 창문을 닦고 있다.

06 They are <u>wearing</u> helmets. | 그들은 헬멧을 쓰고 있다.

07 One of the men is <u>sitting</u> on a chair. | 남자들 중 한 명이 의자에 앉아 있다.

08 One of the men is <u>using</u> a computer. | 남자들 중 한 명이 컴퓨터를 사용하고 있다.

09 They are <u>facing each other</u>. | 그들은 서로 마주 보고 있다.

05 사람들이 창문을 닦고 있는 것이 아니라, 창문 맞은편에 앉아 있으므로 적절하지 않은 문장입니다.

06 사람들이 헬멧을 쓰고 있는 상태를 정확히 묘사한 문장입니다.

07 남자들 중 한 명이 의자에 앉아 있는 상태를 정확히 묘사한 문장입니다.

08 남자들 중 한 명이 컴퓨터를 사용하고 있는 동작을 정확히 묘사한 문장입니다.

09 사람들이 서로 마주 보고 있는 것이 아니라, 화면을 보고 있으므로 적절하지 않은 문장입니다.

10

(A) A woman is <u>washing</u> a plate.
(B) A woman is <u>kneeling down</u>.

(A) 여자가 접시를 씻고 있다.
(B) 여자가 무릎을 꿇고 있다.

이런 문장도 정답이 될 수 있어요!

1. A woman is <u>cleaning</u> a dish.
2. A woman is <u>standing</u> at a sink.

1. 여자가 접시를 닦고 있다.
2. 여자가 싱크대에 서 있다.

해설 (A) [O] 여자가 접시를 씻고 있는 동작을 정확히 묘사했으므로 정답입니다.
(B) [X] 여자가 무릎을 꿇고 있는 것이 아니라, 싱크대에 서 있으므로 오답입니다.

11

(A) Some people are <u>working</u> at desks.
(B) Some people are <u>fixing</u> computers.

(A) 몇몇 사람들이 책상에서 일하고 있다.
(B) 몇몇 사람들이 컴퓨터를 고치고 있다.

이런 문장도 정답이 될 수 있어요!

1. One of the men is <u>holding</u> some papers.
2. One of the men is <u>wearing</u> glasses.

1. 남자들 중 한 명이 서류를 들고 있다.
2. 남자들 중 한 명이 안경을 쓰고 있다.

해설 (A) [O] 사람들이 책상에서 일하고 있는 동작을 정확히 묘사했으므로 정답입니다.
(B) [X] 사람들이 컴퓨터를 고치고 있는 것이 아니라, 컴퓨터를 보고 있으므로 오답입니다.

12

(A) He is <u>hanging</u> a shirt.
(B) He is <u>looking</u> at a screen.

(A) 그는 셔츠를 걸고 있다.
(B) 그는 화면을 보고 있다.

이런 문장도 정답이 될 수 있어요!

1. A man is <u>facing</u> a monitor.
2. A man is <u>standing</u> in front of some clothes.

1. 남자가 모니터를 마주 보고 있다.
2. 남자가 옷 앞에 서 있다.

해설 (A) [X] 남자가 셔츠를 걸고 있는 것이 아니라, 셔츠를 입고 있으므로 오답입니다.
(B) [O] 남자가 화면을 보고 있는 상태를 정확히 묘사했으므로 정답입니다.

토익 리스닝 기초

PART 1

PART 2

PART 3

PART 4

해커스 토익 왕기초 Listening

실력 UP! 연습 문제

01 Ⓑ	02 Ⓐ	03 Ⓐ	04 Ⓑ	05 ○	06 ○
07 X	08 X	09 ○	10 (A)	11 (A)	12 (B)

01 - 09

01	Ⓐ The umbrellas, under the table	Ⓐ 파라솔들, 탁자 아래에 있다
	Ⓑ The umbrellas, lined up	Ⓑ 파라솔들, 줄 세워져 있다
02	Ⓐ A door, closed	Ⓐ 문, 닫혀 있다
	Ⓑ A door, open	Ⓑ 문, 열려 있다
03	Ⓐ The chairs, empty	Ⓐ 의자들, 비어 있다
	Ⓑ The chairs, piled up	Ⓑ 의자들, 쌓여 있다
04	Ⓐ Some plants, beside a river	Ⓐ 식물들, 강 옆에 있다
	Ⓑ Some plants, growing in a pot	Ⓑ 식물들, 화분에서 자라고 있다

해설

01   Ⓐ [X] 파라솔들이 탁자 아래에 있는 것이 아니라, 탁자 위에 세워져 있으므로 오답입니다.
     Ⓑ [O] 파라솔들이 줄 세워져 있는 상태를 정확히 묘사했으므로 정답입니다.

02   Ⓐ [O] 문이 닫혀 있는 상태를 정확히 묘사했으므로 정답입니다.
     Ⓑ [X] 문이 열려 있는 것이 아니라, 닫혀 있으므로 오답입니다.

03   Ⓐ [O] 의자들이 비어 있는 상태를 정확히 묘사했으므로 정답입니다.
     Ⓑ [X] 의자들이 쌓여 있는 것이 아니라, 탁자 주위에 배치되어 있으므로 오답입니다.

04   Ⓐ [X] 식물들이 강 옆에 있는 것이 아니라, 화분 안에 있으므로 오답입니다.
     Ⓑ [O] 식물들이 화분에서 자라고 있는 상태를 정확히 묘사했으므로 정답입니다.

05	A door is <u>closed</u>.	문이 닫혀 있다.
06	The chairs are <u>empty</u>.	의자들이 비어 있다.
07	The umbrellas have been <u>stacked</u>.	파라솔들이 쌓여 있다.
08	A <u>bicycle</u> is <u>parked</u> on the street.	자전거가 길 위에 주차되어 있다.
09	Some <u>plants</u> are <u>growing in a pot</u>.	식물들이 화분에서 자라고 있다.

해설

05 문이 닫혀 있는 상태를 정확히 묘사한 문장입니다.

06 의자들이 비어 있는 상태를 정확히 묘사한 문장입니다.

07 파라솔들이 쌓여 있는 것이 아니라, 줄 세워져 있으므로 적절하지 않은 문장입니다.

08 사진에 자전거가 등장하지 않았으므로 적절하지 않은 문장입니다.

09 식물들이 화분에서 자라고 있는 상태를 정확히 묘사한 문장입니다.

10

(A) There is a <u>bridge</u> near some trees.

(B) A <u>vehicle</u> is <u>parked</u> on a sidewalk.

(A) 나무들 가까이에 다리가 있다.

(B) 차량이 보도에 주차되어 있다.

이런 문장도 정답이 될 수 있어요!

1. There is a <u>river under</u> the bridge.
2. Some trees have been <u>planted</u>.

1. 다리 아래에 강이 있다.
2. 몇몇 나무들이 심겨 있다.

해설 (A) [O] 다리가 나무들 가까이에 있는 위치를 정확히 묘사했으므로 정답입니다.

(B) [X] 사진에 차량이 등장하지 않았으므로 오답입니다.

11

(A) A vase is <u>filled with</u> flowers.

(B) Some <u>signs</u> have been <u>hung up</u>.

(A) 꽃병이 꽃들로 채워져 있다.

(B) 몇몇 표지판들이 걸려 있다.

이런 문장도 정답이 될 수 있어요!

1. There is a vase <u>on a table</u>.
2. Some plants are <u>growing</u> outside.

1. 탁자 위에 꽃병이 있다.
2. 몇몇 식물들이 야외에서 자라고 있다.

해설 (A) [O] 꽃병이 꽃들로 채워져 있는 상태를 정확히 묘사했으므로 정답입니다.

(B) [X] 사진에 표지판들이 등장하지 않았으므로 오답입니다.

12

(A) Some tables have been <u>stacked</u>.

(B) Some chairs have been <u>arranged</u> in a circle.

(A) 몇몇 탁자들이 쌓여 있다.

(B) 몇몇 의자들이 원형으로 배치되어 있다.

이런 문장도 정답이 될 수 있어요!

1. The chairs are <u>empty</u>.
2. Some drinks have been <u>poured</u>.

1. 의자들이 비어 있다.
2. 음료가 따라져 있다.

해설 (A) [X] 탁자들이 쌓여 있는 것이 아니라, 의자 근처에 놓여 있으므로 오답입니다.

(B) [O] 의자들이 원형으로 배치되어 있는 상태를 정확히 묘사했으므로 정답입니다.

01 (A)   **02** (C)   **03** (B)   **04** (D)   **05** (D)   **06** (C)

01

(A) They are walking down the stairs.
(B) They are leaning against a wall.
(C) The man is pointing at a window.
(D) The woman is tying her shoes.

(A) 그들은 계단을 걸어 내려가고 있다.
(B) 그들은 벽에 기대고 있다.
(C) 남자가 창문을 가리키고 있다.
(D) 여자가 신발 끈을 묶고 있다.

해설 (A) [O] 사람들이 계단을 걸어 내려가고 있는 동작을 정확히 묘사했으므로 정답입니다.
(B) [X] 사람들이 벽에 기대고 있는 것이 아니라, 계단을 걸어 내려가고 있으므로 오답입니다.
(C) [X] 남자가 창문을 가리키고 있는 것이 아니라, 계단을 걸어 내려가고 있으므로 오답입니다.
(D) [X] 여자가 신발 끈을 묶고 있는 것이 아니라, 계단을 걸어 내려가고 있으므로 오답입니다.

02

(A) Some people are waiting in line.
(B) Some people are boarding the airplane.
(C) Some boats are floating on the water.
(D) Some trees are lined up on a road.

(A) 몇몇 사람들이 줄을 서서 기다리고 있다.
(B) 몇몇 사람들이 비행기에 탑승하고 있다.
(C) 몇몇 배들이 물 위에 떠 있다.
(D) 몇몇 나무들이 도로 위에 줄 세워져 있다.

해설 (A) [X] 사람들이 줄을 서서 기다리고 있는 것이 아니라, 야외에 모여 있으므로 오답입니다.
(B) [X] 사진에 비행기가 등장하지 않았으므로 오답입니다.
(C) [O] 배들이 물 위에 떠 있는 상태를 정확히 묘사했으므로 정답입니다.
(D) [X] 나무들이 도로 위에 줄 세워져 있는 것이 아니라, 지붕 너머에 있으므로 오답입니다.

03

(A) She is looking at a bag.
(B) She is pulling a suitcase.
(C) She is putting on a hat.
(D) She is leaving a building.

(A) 그녀는 가방을 보고 있다.
(B) 그녀는 여행 가방을 끌고 있다.
(C) 그녀는 모자를 쓰고 있다.
(D) 그녀는 건물을 떠나고 있다.

해설 (A) [X] 여자가 가방을 보고 있는 것이 아니라, 가방을 메고 있으므로 오답입니다.
(B) [O] 여자가 여행 가방을 끌고 있는 상태를 정확히 묘사했으므로 정답입니다.
(C) [X] 여자가 모자를 쓰고 있는 중이 아니라, 이미 모자를 쓴 상태이므로 오답입니다. 참고로, 모자를 쓴 상태를 묘사할 때는 wearing을 사용합니다.
(D) [X] 여자가 건물을 떠나고 있는 것이 아니라, 거리를 걷고 있으므로 오답입니다.

04

(A) Some food is on a table.
(B) There are some forks on a plate.
(C) There are some glasses on a counter.
(D) Some dishes have been stacked.

(A) 탁자 위에 음식이 있다.
(B) 접시 위에 포크들이 있다.
(C) 조리대 위에 유리잔들이 있다.
(D) 접시들이 쌓여 있다.

(A) [X] 사진에 음식이 등장하지 않았으므로 오답입니다.
　　　(B) [X] 포크들이 접시 위에 있는 것이 아니라, 통 안에 쌓여 있으므로 오답입니다.
　　　(C) [X] 사진에 유리잔들이 등장하지 않았으므로 오답입니다.
　　　(D) [O] 접시들이 쌓여 있는 상태를 정확히 묘사했으므로 정답입니다.

05

(A) Some people are watching a performance.	(A) 몇몇 사람들이 공연을 보고 있다.
(B) Some people are installing a machine.	(B) 몇몇 사람들이 기계를 설치하고 있다.
(C) Some people are moving some chairs.	(C) 몇몇 사람들이 의자를 옮기고 있다.
(D) Some people are gathered in groups.	(D) 몇몇 사람들이 무리를 지어 모여 있다.

(A) [X] 사람들이 공연을 보고 있는 것이 아니라, 건물 안에 모여 앉아 있으므로 오답입니다.
　　　(B) [X] 사람들이 기계를 설치하고 있는 것이 아니라, 모여 앉아 있으므로 오답입니다.
　　　(C) [X] 사람들이 의자를 옮기고 있는 것이 아니라, 의자에 앉아 있으므로 오답입니다.
　　　(D) [O] 사람들이 무리를 지어 모여 있는 상태를 정확히 묘사했으므로 정답입니다.

06

(A) Some people are sitting on a bench.	(A) 몇몇 사람들이 벤치에 앉아 있다.
(B) Some bricks are piled up on a walkway.	(B) 몇몇 벽돌들이 보도에 쌓여 있다.
(C) Some trees are growing beside a building.	(C) 몇몇 나무들이 건물 옆에서 자라고 있다.
(D) Some ships are under a bridge.	(D) 몇몇 배들이 다리 아래에 있다.

(A) [X] 사진에 사람들이 등장하지 않았으므로 오답입니다.
　　　(B) [X] 벽돌들이 보도에 쌓여 있는 것이 아니라, 보도에 덮여 있으므로 오답입니다.
　　　(C) [O] 나무들이 건물 옆에서 자라고 있는 상태를 정확히 묘사했으므로 정답입니다.
　　　(D) [X] 사진에 다리가 등장하지 않았으므로 오답입니다.

토익리스닝기초

PART 1

PART 2

PART 3

PART 4

해커스 토익 읽기기초 Listening

Part 2

Course 1 발음이 유사한 단어 ①			p. 75

실력 UP! 연습 문제

01 Ⓑ	**02** Ⓑ	**03** Ⓐ	**04** Ⓑ
05 Ⓐ	**06** Ⓐ	**07** call	**08** launch
09 except	**10** collect	**11** filled	

01 Turn <u>right</u> at Elm Street.   Elm 가에서 오른쪽으로 도세요.

02 Do you need a <u>copy</u> of the report?   보고서 복사본이 필요하신가요?

03 Is this the <u>correct</u> amount?   이것이 정확한 양인가요?

04 She <u>won't</u> get there before 2 o'clock.   그녀는 2시 전에 그곳에 도착하지 않을 거예요.

05 Take one <u>pill</u> three times a day.   알약 하나씩 하루에 세 번 드세요.

06 We don't <u>accept</u> credit cards.   저희는 신용카드를 받지 않습니다.

07 I am waiting for an important <u>call</u>.

08 The product <u>launch</u> was successful.

09 The store is open every day <u>except</u> Monday.

10 We should <u>collect</u> the survey results.

11 Many people <u>filled</u> the room.

실력 UP! 연습 문제

01 Ⓑ	**02** Ⓐ	**03** Ⓐ	**04** Ⓑ
05 Ⓑ	**06** Ⓐ	**07** Here	**08** hear
09 weight	**10** week	**11** movie	

01   Jake is taking a **break**.   Jake는 휴식을 취하고 있어요.

02   Can you **wait** a minute?   잠깐만 기다려 주시겠어요?

03   Do you have the copies **too**?   복사본도 가지고 계신가요?

04   The flight leaves at **eight** o'clock.   그 항공편은 8시에 출발해요.

05   Is the bus **fare** posted online?   버스 요금이 온라인에 게시되어 있나요?

06   Please **move it** to my office.   이것을 제 사무실로 옮겨 주세요.

07   **Here** is your passport.

08   What did you **hear** about the project?

09   The box is over the **weight** limit.

10   The class begins next **week**.

11   Do you want to watch a **movie** tonight?

자신감 UP! 실전 대비하기
p. 78

01 (A)	**02** (A)	**03** (B)	**04** (A)	**05** (B)	**06** (B)
07 (A)	**08** (A)	**09** (B)	**10** (A)		

01

Who will **correct** the errors in the report?	누가 보고서의 오류를 바로잡을 건가요?
(A) Steve, I think.	(A) Steve가 할 것 같아요.
(B) I collect coins.	(B) 저는 동전들을 모아요.

해설   의문사 Who를 사용하여 누가 보고서의 오류를 바로잡을 것인지를 묻는 질문입니다.
(A) [O] 누가 보고서의 오류를 바로잡을 것인지를 묻는 질문에 Steve라고 적절히 응답했으므로 정답입니다.
(B) [X] 질문의 correct(바로잡다)와 발음이 유사한 collect(모으다)를 사용하여 혼동을 주는 오답입니다.

02

Can you <u>fill</u> in the form?	양식을 채워 주실 수 있나요?
(A) Sure, I will.	(A) 그럼요, 그럴게요.
(B) Take the blue pill.	(B) 파란 알약을 드세요.

해설　조동사 Can을 사용하여 양식을 채워 줄 수 있는지를 묻는 질문입니다.
　　　(A) [O] 양식을 채워 줄 수 있는지를 묻는 질문에 Sure로 응답한 뒤, I will(그럴게요)이라고 적절히 부연 설명했으므로
　　　　　 정답입니다.
　　　(B) [X] 질문의 fill(채우다)과 발음이 유사한 pill(알약)을 사용하여 혼동을 주는 오답입니다.

03

Do we need a <u>copy</u> of the receipt?	우리는 영수증 복사본이 필요한가요?
(A) Get me a coffee, please.	(A) 제게 커피를 가져다주세요.
(B) No, we don't need it.	(B) 아니요, 그것은 필요하지 않아요.

해설　조동사 Do를 사용하여 영수증 복사본이 필요한지를 묻는 질문입니다.
　　　(A) [X] 질문의 copy(복사본)와 발음이 유사한 coffee(커피)를 사용하여 혼동을 주는 오답입니다.
　　　(B) [O] 영수증 복사본이 필요한지를 묻는 질문에 No로 응답한 뒤, we don't need it(그것은 필요하지 않아요)이라고 적
　　　　　 절히 부연 설명했으므로 정답입니다.

04

Is it <u>cold</u> outside?	밖은 추운가요?
(A) Yes, you should wear a jacket.	(A) 네, 당신은 재킷을 입어야 해요.
(B) I received his call.	(B) 제가 그의 전화를 받았어요.

해설　be동사 Is를 사용하여 밖이 추운지를 묻는 질문입니다.
　　　(A) [O] 밖이 추운지를 묻는 질문에 Yes로 응답한 뒤, you should wear a jacket(당신은 재킷을 입어야 해요)이라고 적
　　　　　 절히 부연 설명했으므로 정답입니다.
　　　(B) [X] 질문의 cold(추운)와 발음이 유사한 call(전화)을 사용하여 혼동을 주는 오답입니다.

05

Do you <u>want</u> me to book the flights?	제가 항공편을 예약하길 원하시나요?
(A) It won't be delayed.	(A) 이것은 지연되지 않을 거예요.
(B) No, I already did it.	(B) 아니요, 제가 벌써 했어요.

해설　조동사 Do를 사용하여 자신이 항공편을 예약하길 원하는지를 묻는 질문입니다.
　　　(A) [X] 질문의 want(원하다)와 발음이 유사한 won't(~ 않을 것이다)를 사용하여 혼동을 주는 오답입니다.
　　　(B) [O] 자신이 항공편을 예약하길 원하는지를 묻는 질문에 No로 응답한 뒤, I already did it(제가 벌써 했어요)이라고
　　　　　 적절히 부연 설명했으므로 정답입니다.

06

When did you <u>accept</u> their proposal?	언제 그들의 제안서를 받아들이셨나요?
(A) Except for Ms. Lee.	(A) Ms. Lee를 제외하고요.
(B) On Friday.	(B) 금요일에요.

해설　의문사 When을 사용하여 언제 그들의 제안서를 받아들였는지를 묻는 질문입니다.
　　　(A) [X] 질문의 accept(받아들이다)와 발음이 유사한 Except(~을 제외하고)를 사용하여 혼동을 주는 오답입니다.
　　　(B) [O] 언제 제안서를 받아들였는지를 묻는 질문에 On Friday(금요일에요)라고 적절히 응답했으므로 정답입니다.

07

Are there eight members on your team?

(A) No. Seven, actually.

(B) We ate lunch together.

당신의 팀에 8명의 구성원이 있나요?

(A) 아니요. 사실, 7명이에요.

(B) 우리는 함께 점심을 먹었어요.

해설 be동사 Are를 사용하여 팀에 8명의 구성원이 있는지를 묻는 질문입니다.

(A) [O] 팀에 8명의 구성원이 있는지를 묻는 질문에 No로 응답한 뒤, Seven, actually(사실, 7명이에요)라고 적절히 부연 설명했으므로 정답입니다.

(B) [X] 질문의 eight(8)과 발음이 유사한 ate(먹었어요)을 사용하여 혼동을 주는 오답입니다.

Will you go on vacation next week?

(A) No, I changed my plans.

(B) The table is very weak.

다음 주에 휴가를 가실 건가요?

(A) 아니요, 계획을 바꿨어요.

(B) 그 탁자는 매우 약해요.

해설 조동사 Will을 사용하여 다음 주에 휴가를 갈 것인지를 묻는 질문입니다.

(A) [O] 다음 주에 휴가를 갈 것인지를 묻는 질문에 No로 응답한 뒤, I changed my plans(계획을 바꿨어요)라고 적절히 부연 설명했으므로 정답입니다.

(B) [X] 질문의 week(주)와 발음이 유사한 weak(약한)를 사용하여 혼동을 주는 오답입니다.

09

Can you move it to my room?

(A) I watched that movie too.

(B) Yes, I'll do it now.

그것을 제 방으로 옮겨주시겠어요?

(A) 저도 그 영화를 봤어요.

(B) 네, 지금 그걸 할게요.

해설 조동사 Can을 사용하여 그것을 방으로 옮겨줄 수 있는지를 묻는 질문입니다.

(A) [X] 질문의 move it(그것을 옮기다)과 발음이 유사한 movie(영화)를 사용하여 혼동을 주는 오답입니다.

(B) [O] 그것을 방으로 옮겨줄 수 있는지를 묻는 질문에 Yes로 응답한 뒤, I'll do it now(지금 그걸 할게요)라고 적절히 부연 설명했으므로 정답입니다.

How long have you worked here?

(A) For 10 years.

(B) It's good to hear that.

여기에서 얼마나 일하셨나요?

(A) 10년 동안이요.

(B) 그것을 들으니 좋군요.

해설 의문사 How를 사용하여 여기에서 얼마나 일했는지를 묻고 있습니다.

(A) [O] 얼마나 일했는지를 묻는 질문에 For 10 years(10년 동안)라고 적절히 응답했으므로 정답입니다.

(B) [X] 질문의 here(여기에서)와 발음이 유사한 hear(듣다)를 사용하여 혼동을 주는 오답입니다.

Course 1 형태가 비슷한 단어   p. 81

실력 UP! 연습 문제

01 (B)   **02** (A)   **03** (B)   **04** (A)

05 (A)   **06** (B)   **07** review   **08** cross

09 placed   **10** plant   **11** expect

01   Workers will **replace** the carpet.   작업자들이 카펫을 교체할 거예요.

02   Do you drive a **car** to work?   차를 운전해서 출근하시나요?

03   I have to **inspect** your computer.   저는 당신의 컴퓨터를 점검해야 해요.

04   Our **plan** was changed.   우리의 계획이 변경되었어요.

05   Who designed this **logo**?   누가 이 로고를 디자인했나요?

06   Where should the staff **go** for training?   직원들은 교육을 위해 어디로 가야 하나요?

07   Can you **review** this report?

08   We need to **cross** the street.

09   She **placed** the desk in the corner.

10   Did you water the **plant** today?

11   How many people do you **expect** to come?

Course 2 여러 가지 의미로 쓰이는 단어   p. 83

실력 UP! 연습 문제

01 (B)   **02** (A)   **03** (A)   **04** (B)   **05** (A)   **06** (B)

07 (A)   **08** (B)   **09** (B)   **10** (B)   **11** (A)   **12** (B)

01   **Present** your ticket to the bus driver.   버스 기사에게 당신의 승차권을 보여주세요.

02   How did you learn about this **place**?   당신은 어떻게 이 장소에 대해 알게 되었나요?

03 It's my <u>turn</u> to drive.   제가 운전할 차례예요.

04 The shop will be <u>closed</u> at 7 o'clock.   가게는 7시에 닫힐 거예요.

05 This <u>set</u> of plates is very nice.   이 접시 세트는 매우 멋지네요.

06 It is the <u>last</u> bottle of water.   이것이 마지막 물 한 병이에요.

07 Could you <u>press</u> the button?   버튼을 눌러 주시겠어요?

08 She is trying to find the <u>right</u> place.   그녀는 알맞은 장소를 찾기 위해 노력하고 있어요.

09 We will <u>ship</u> the package tomorrow.   저희는 내일 그 소포를 운송할 거예요.

10 Let's <u>change</u> the schedule.   일정을 변경합시다.

11 I can't find a bus <u>stop</u>.   버스 정류장을 찾을 수가 없어요.

12 We should <u>book</u> our flight soon.   우리는 곧 항공편을 예약해야 해요.

자신감 UP! 실전 대비하기   p. 84

01 (A)   **02** (B)   **03** (B)   **04** (A)   **05** (A)   **06** (B)

07 (A)   **08** (B)   **09** (A)   **10** (A)

01

Did you <u>log on</u> to the computer?	당신은 컴퓨터에 로그인하셨나요?
(A) No, I didn't yet.	(A) 아니요, 아직 안 했어요.
(B) A new logo.	(B) 새 로고에요.

해설   조동사 Did를 사용하여 컴퓨터에 로그인했는지를 묻는 질문입니다.
(A) [O] 컴퓨터에 로그인했는지를 묻는 질문에 No로 응답한 뒤, I didn't yet(아직 안 했어요)이라고 적절히 부연 설명했으므로 정답입니다.
(B) [X] 질문의 log on(로그인하다)과 형태가 비슷한 logo(로고)를 사용하여 혼동을 주는 오답입니다.

02

There's a <u>fine</u> restaurant down the street.	길 아래쪽에 괜찮은 식당이 있어요.
(A) I got a parking fine.	(A) 저는 주차 위반 벌금을 부과받았어요.
(B) Oh. Let's eat there.	(B) 아. 거기서 먹읍시다.

해설   길 아래쪽에 괜찮은 식당이 있다는 사실을 전달하는 평서문입니다.
(A) [X] 질문의 fine(괜찮은)을 '벌금'이라는 다른 의미로 사용하여 혼동을 주는 오답입니다.
(B) [O] 길 아래쪽에 괜찮은 식당이 있다는 평서문에 Let's eat there(거기서 먹읍시다)라고 적절히 응답했으므로 정답입니다.

03

How was the <u>view</u> of the city?	도시의 풍경이 어땠나요?
(A) Please review it again.	(A) 이것을 다시 검토해 주세요.
(B) It was really beautiful.	(B) 정말 아름다웠어요.

> **해설** 의문사 How를 사용하여 도시의 풍경이 어땠는지를 묻는 질문입니다.
> (A) [X] 질문의 view(풍경)와 형태가 비슷한 review(검토하다)를 사용하여 혼동을 주는 오답입니다.
> (B) [O] 도시의 풍경이 어땠는지를 묻는 질문에 It was really beautiful(정말 아름다웠어요)이라고 적절히 응답했으므로 정답입니다.

04

Is the paint store <u>close</u> to the office?	페인트 가게는 사무실과 가까운가요?
(A) Yes. You can get there in 5 minutes.	(A) 네. 5분 안에 그곳에 도착할 수 있어요.
(B) The restaurant is closed.	(B) 그 식당은 닫혔어요.

> **해설** be동사 Is를 사용하여 페인트 가게가 사무실과 가까운지를 묻는 질문입니다.
> (A) [O] 페인트 가게가 사무실과 가까운지를 묻는 질문에 Yes로 응답한 뒤, You can get there in 5 minutes(5분 안에 그곳에 도착할 수 있어요)라고 적절히 부연 설명했으므로 정답입니다.
> (B) [X] 질문의 close(가까운)를 '닫다'라는 다른 의미로 사용하여 혼동을 주는 오답입니다.

05

Should we <u>change</u> the color of that wall?	그 벽의 색깔을 바꿔야 할까요?
(A) Yes. Red will be better.	(A) 네. 빨간색이 더 나을 거예요.
(B) Here is your change.	(B) 여기 잔돈입니다.

> **해설** 조동사 Should를 사용하여 벽의 색깔을 바꿔야 할지를 묻는 질문입니다.
> (A) [O] 벽의 색깔을 바꿔야 할지를 묻는 질문에 Yes로 응답한 뒤, Red will be better(빨간색이 더 나을 거예요)라고 적절히 부연 설명했으므로 정답입니다.
> (B) [X] 질문의 change(바꾸다)를 '잔돈'이라는 다른 의미로 사용하여 혼동을 주는 오답입니다.

06

What was reported in the <u>press</u>?	무엇이 언론에 보도되었나요?
(A) Press this button.	(A) 이 버튼을 누르세요.
(B) I'm not sure.	(B) 잘 모르겠어요.

> **해설** 의문사 What을 사용하여 무엇이 언론에 보도되었는지를 묻고 있습니다.
> (A) [X] 질문의 press(언론)를 '누르다'라는 다른 의미로 사용하여 혼동을 주는 오답입니다.
> (B) [O] 무엇이 언론에 보도되었는지를 묻는 질문에 I'm not sure(잘 모르겠어요)라고 적절히 응답했으므로 정답입니다.

07

Do you like to <u>go</u> to the theater?	영화관에 가는 것을 좋아하시나요?
(A) Yes, I like watching movies.	(A) 네, 저는 영화 보는 것을 좋아해요.
(B) An hour ago.	(B) 한 시간 전에요.

> **해설** 조동사 Do를 사용하여 영화관에 가는 것을 좋아하는지를 묻는 질문입니다.
> (A) [O] 영화관에 가는 것을 좋아하는지를 묻는 질문에 Yes로 응답한 뒤, I like watching movies(저는 영화 보는 것을 좋아해요)라고 적절히 부연 설명했으므로 정답입니다.
> (B) [X] 질문의 go(가다)와 형태가 비슷한 ago(~ 전에)를 사용하여 혼동을 주는 오답입니다.

Is this the **right** way to the post office?

(A) The person on the right side.

(B) No, I don't think so.

여기가 우체국으로 가는 옳은 길인가요?

(A) 오른쪽 사람이요.

(B) 아니요, 그런 것 같지 않아요.

해설 be동사 Is를 사용하여 여기가 우체국으로 가는 옳은 길인지를 묻는 질문입니다.

(A) [X] 질문의 right(옳은)을 '오른쪽의'라는 다른 의미로 사용하여 혼동을 주는 오답입니다.

(B) [O] 여기가 우체국으로 가는 옳은 길인지를 묻는 질문에 No로 응답한 뒤, I don't think so(그런 것 같지 않아요)라고 적절히 부연 설명했으므로 정답입니다.

09

Are you **prepared** for your presentation?

(A) Yes, I'm ready.

(B) It was repaired yesterday.

발표를 위해 준비가 되셨나요?

(A) 네, 준비됐어요.

(B) 이것은 어제 수리되었어요.

해설 be동사 Are를 사용하여 발표를 위해 준비가 되었는지를 묻는 질문입니다.

(A) [O] 발표를 위해 준비가 되었는지를 묻는 질문에 Yes로 응답한 뒤, I'm ready(준비됐어요)라고 적절히 부연 설명했으므로 정답입니다.

(B) [X] 질문의 prepared(준비가 된)와 형태가 비슷한 repaired(수리된)를 사용하여 혼동을 주는 오답입니다.

10

Can you **book** a ticket for me?

(A) Sure. I'd be happy to.

(B) I enjoyed that book.

저를 위해 표를 예약해 주실 수 있나요?

(A) 그럼요. 기꺼이요.

(B) 저는 그 책을 즐겁게 봤어요.

해설 조동사 Can을 사용하여 자신을 위해 표를 예약해 줄 수 있는지를 묻는 질문입니다.

(A) [O] 표를 예약해 줄 수 있는지를 묻는 질문에 Sure로 응답한 뒤, I'd be happy to(기꺼이요)라고 적절히 부연 설명했으므로 정답입니다.

(B) [X] 질문의 book(예약하다)을 '책'이라는 다른 의미로 사용하여 혼동을 주는 오답입니다

Course 1 의문사 Who, When, Where에 답하는 표현
p. 89

실력 UP! 연습 문제

01 (A)	02 (A)	03 (B)	04 (A)	05 (B)	06 (B)

01

Who will set up the printer?

(A) Gloria will.

(B) Around the corner.

누가 프린터를 설치할 건가요?

(A) Gloria가 할 거예요.

(B) 모퉁이 근처예요.

해설 의문사 Who를 사용하여 누가 프린터를 설치할 것인지를 묻는 질문입니다.

(A) [O] 누구인지를 묻는 질문에 Gloria will(Gloria가 할 거예요)이라며 사람의 이름으로 적절히 응답했으므로 정답입니다.

(B) [X] 누구인지를 묻는 질문에 Around the corner(모퉁이 근처예요)라는 장소로 응답했으므로 오답입니다.

02

Where does the workshop take place?

(A) In the meeting room.

(B) In 10 minutes.

워크숍이 어디에서 열리나요?

(A) 회의실에서요.

(B) 10분 후에요.

해설 의문사 Where를 사용하여 워크숍이 어디에서 열리는지를 묻는 질문입니다.

(A) [O] 장소를 묻는 질문에 In the meeting room(회의실에서요)이라는 장소로 적절히 응답했으므로 정답입니다.

(B) [X] 장소를 묻는 질문에 In 10 minutes(10분 후에요)라는 시간으로 응답했으므로 오답입니다.

03

When will Mr. Long arrive?

(A) In the lobby.

(B) At 6 o'clock.

Mr. Long이 언제 도착할까요?

(A) 로비예요.

(B) 6시예요.

해설 의문사 When을 사용하여 Mr. Long이 언제 도착할지를 묻는 질문입니다.

(A) [X] 시점을 묻는 질문에 In the lobby(로비예요)라는 장소로 응답했으므로 오답입니다.

(B) [O] 시점을 묻는 질문에 At 6 o'clock(6시예요)이라는 시간으로 적절히 응답했으므로 정답입니다.

04

Where is the waiting room?

(A) On the second floor.

(B) The accounting team.

대기실은 어디에 있나요?

(A) 2층에요.

(B) 회계팀이요.

해설 의문사 Where를 사용하여 대기실이 어디에 있는지를 묻는 질문입니다.

(A) [O] 장소를 묻는 질문에 On the second floor(2층에요)라는 장소로 적절히 응답했으므로 정답입니다.

(B) [X] 장소를 묻는 질문에 The accounting team(회계팀이요)이라는 부서명으로 응답했으므로 오답입니다.

05

Who is going to review the report?	누가 보고서를 검토할 건가요?
(A) Next week.	(A) 다음 주에요.
(B) Ms. Smith's supervisor.	(B) Ms. Smith의 관리자가요.

해설 의문사 Who를 사용하여 누가 보고서를 검토할 것인지를 묻는 질문입니다.
(A) [X] 누구인지를 묻는 질문에 Next week(다음 주에요)라는 시점으로 응답했으므로 오답입니다.
(B) [O] 누구인지를 묻는 질문에 Ms. Smith's supervisor(Ms. Smith의 관리자가요)라는 직책명으로 적절히 응답했으므로 정답입니다.

06

Where is your office?	당신의 사무실은 어디인가요?
(A) On Monday.	(A) 월요일이에요.
(B) Next to the elevators.	(B) 엘리베이터 옆이요.

해설 의문사 Where를 사용하여 청자의 사무실이 어디인지를 묻는 질문입니다.
(A) [X] 장소를 묻는 질문에 On Monday(월요일이에요)라는 시점으로 응답했으므로 오답입니다.
(B) [O] 장소를 묻는 질문에 Next to the elevators(엘리베이터 옆이요)라는 장소로 적절히 응답했으므로 정답입니다.

Course 2 의문사 Why, How, What에 답하는 표현   p. 93

실력 UP! 연습 문제

01 (A)   **02** (B)   **03** (A)   **04** (B)   **05** (A)   **06** (B)

01

Why were you late for work?	왜 늦게 출근하셨나요?
(A) Because of a traffic jam.	(A) 교통 체증 때문에요.
(B) Ten dollars.	(B) 10달러요.

해설 의문사 Why를 사용하여 왜 늦게 출근했는지를 묻는 질문입니다.
(A) [O] 이유를 묻는 질문에 Because of a traffic jam(교통 체증 때문에요)이라는 이유로 적절히 응답했으므로 정답입니다.
(B) [X] 이유를 묻는 질문에 Ten dollars(10달러요)라는 가격으로 응답했으므로 오답입니다.

02

What's the weather for this weekend?	이번 주말의 날씨는 어떤가요?
(A) To visit my family.	(A) 가족을 방문하기 위해서요.
(B) It's going to be rainy.	(B) 비가 올 예정이에요.

해설 의문사 What을 사용하여 이번 주말의 날씨가 어떤지를 묻는 질문입니다.
(A) [X] 날씨를 묻는 질문에 To visit my family(가족을 방문하기 위해서요)라는 목적으로 응답했으므로 오답입니다.
(B) [O] 날씨를 묻는 질문에 It's going to be rainy(비가 올 예정이에요)라는 날씨로 적절히 응답했으므로 정답입니다.

03

How often do you exercise?

(A) Twice a week.

(B) To check my schedule.

얼마나 자주 운동하시나요?

(A) 일주일에 두 번이요.

(B) 제 일정을 확인하기 위해서요.

해설 의문사 How를 사용하여 얼마나 자주 운동하는지를 묻는 질문입니다.
(A) [O] 빈도를 묻는 질문에 Twice a week(일주일에 두 번이요)라는 빈도로 적절히 응답했으므로 정답입니다.
(B) [X] 빈도를 묻는 질문에 To check my schedule(제 일정을 확인하기 위해서요)이라는 목적으로 응답했으므로 오답입니다.

04

What color of bag do you like?

(A) It's going well.

(B) I like red.

어떤 색의 가방이 마음에 드시나요?

(A) 잘 되어 가고 있어요.

(B) 빨간색이 좋아요.

해설 의문사 What을 사용하여 어떤 색의 가방이 마음이 드는지를 묻는 질문입니다.
(A) [X] 색깔을 묻는 질문에 It's going well(잘 되어 가고 있어요)이라는 상태로 응답했으므로 오답입니다.
(B) [O] 색깔을 묻는 질문에 I like red(빨간색이 좋아요)라는 색깔로 적절히 응답했으므로 정답입니다.

05

Why did you change the report?

(A) Because it was too long.

(B) By bus.

왜 보고서를 변경하셨나요?

(A) 왜냐하면 그것이 너무 길어서요.

(B) 버스로요.

해설 의문사 Why를 사용하여 왜 보고서를 변경했는지를 묻는 질문입니다.
(A) [O] 이유를 묻는 질문에 Because it was too long(왜냐하면 그것이 너무 길어서요)이라는 이유로 적절히 응답했으므로 정답입니다.
(B) [X] 이유를 묻는 질문에 By bus(버스로요)라는 수단으로 응답했으므로 오답입니다.

06

How long are you going on a trip?

(A) In an hour.

(B) For a month.

얼마나 여행을 가시나요?

(A) 1시간 후에요.

(B) 한 달 동안이요.

해설 의문사 How를 사용하여 얼마나 여행을 가는지를 묻는 질문입니다.
(A) [X] 기간을 묻는 질문에 In an hour(1시간 후에요)라는 시점으로 응답했으므로 오답입니다.
(B) [O] 기간을 묻는 질문에 For a month(한 달 동안이요)라는 기간으로 적절히 응답했으므로 정답입니다.

실력 UP! 연습 문제

01 (A)   **02** (B)   **03** (B)   **04** (A)   **05** (B)

01

Could you show me the receipt?	영수증을 보여주실 수 있나요?
(A) Sure.	(A) 물론이죠.
(B) I think it is professional.	(B) 그것은 전문적인 것 같아요.

해설 영수증을 보여줄 수 있는지를 묻는 질문입니다.
(A) [O] 영수증을 보여줄 수 있는지를 묻는 질문에 Sure(물론이죠)라는 긍정 표현으로 적절히 응답했으므로 정답입니다.
(B) [X] 영수증을 보여줄 수 있는지를 묻는 질문에 I think it is professional(그것은 전문적인 것 같아요)이라는 의견으로 응답했으므로 오답입니다.

02

Are you coming to the seminar tomorrow?	내일 세미나에 오시나요?
(A) I'll do it now.	(A) 지금 할게요.
(B) No, I can't.	(B) 아니요, 그럴 수 없어요.

해설 내일 세미나에 오는지를 묻는 질문입니다.
(A) [X] 질문과는 관련 없는 내용으로 응답했으므로 오답입니다.
(B) [O] 세미나에 오는지를 묻는 질문에 No, I can't(아니요, 그럴 수 없어요)라는 부정 표현으로 적절히 응답했으므로 정답입니다.

03

Can I take a break for a moment?	잠깐 휴식을 취해도 될까요?
(A) No, but thanks.	(A) 아니요, 하지만 감사해요.
(B) Certainly.	(B) 그럼요.

해설 잠깐 휴식을 취해도 될지를 묻는 질문입니다.
(A) [X] 질문과는 관련 없는 내용으로 응답했으므로 오답입니다.
(B) [O] 휴식을 취해도 될지를 묻는 질문에 Certainly(그럼요)라는 긍정 표현으로 적절히 응답했으므로 정답입니다.

04

Is Ms. Jones on vacation this week?	Ms. Jones는 이번 주에 휴가인가요?
(A) I don't think so.	(A) 저는 그렇게 생각하지 않아요.
(B) Her secretary.	(B) 그녀의 비서요.

해설 Ms. Jones가 이번 주에 휴가인지를 묻는 질문입니다.
(A) [O] Ms. Jones가 휴가인지를 묻는 질문에 I don't think so(저는 그렇게 생각하지 않아요)라는 부정 표현으로 적절히 응답했으므로 정답입니다.
(B) [X] Ms. Jones가 이번 주에 휴가인지를 묻는 질문에 Her secretary(그녀의 비서요)라는 직책명으로 응답했으므로 오답입니다.

05

Is this product on sale now?

(A) I **prefer green**.

(B) Probably.

이 제품은 지금 할인 중인가요?

(A) 초록색을 더 선호해요.

(B) 아마도요.

해설 이 제품이 지금 할인 중인지를 묻는 질문입니다.

(A) [X] 제품이 할인 중인지를 묻는 질문에 I prefer green(초록색을 선호해요)이라는 색깔로 응답했으므로 오답입니다.

(B) [O] 제품이 할인 중인지를 묻는 질문에 Probably(아마도요)라는 긍정 표현으로 적절히 응답했으므로 정답입니다.

자신감 UP! 실전 대비하기   p. 96

01 (A)	**02** (B)	**03** (A)	**04** (B)	**05** (A)	**06** (A)
07 (B)	**08** (A)	**09** (B)	**10** (B)		

01

Where will the meeting be held?

(A) In the conference room.

(B) In May.

회의는 어디에서 열릴까요?

(A) 회의실에서요.

(B) 5월에요.

해설 의문사 Where를 사용하여 회의가 어디에서 열릴지를 묻는 질문입니다.

(A) [O] 장소를 묻는 질문에 In the conference room(회의실에서요)이라는 장소로 적절히 응답했으므로 정답입니다.

(B) [X] 장소를 묻는 질문에 In May(5월에요)라는 시점으로 응답했으므로 오답입니다.

02

How is your work going?

(A) It's easy to use.

(B) It's great.

일은 어떻게 되어 가시나요?

(A) 이것은 사용하기 쉬워요.

(B) 아주 좋아요.

해설 의문사 How를 사용하여 일은 어떻게 되어 가는지를 묻는 질문입니다.

(A) [X] 질문과는 관련 없는 내용으로 응답했으므로 오답입니다.

(B) [O] 상태를 묻는 질문에 It's great(아주 좋아요)이라는 상태로 적절히 응답했으므로 정답입니다.

03

Who is the new intern?

(A) His name is David.

(B) This afternoon.

새로운 인턴은 누구인가요?

(A) 그의 이름은 David예요.

(B) 오늘 오후에요.

해설 의문사 Who를 사용하여 새로운 인턴이 누구인지를 묻는 질문입니다.

(A) [O] 누구인지를 묻는 질문에 His name is David(그의 이름은 David예요)라는 사람 이름으로 적절히 응답했으므로 정답입니다.

(B) [X] 누구인지를 묻는 질문에 This afternoon(오늘 오후에요)이라는 시간으로 응답했으므로 오답입니다.

04

What do you think of Ms. Williams?

(A) Every morning.

(B) She seems very professional.

Ms. Williams에 대해 어떻게 생각하시나요?

(A) 매일 아침이요.

(B) 그녀는 매우 전문적인 것 같아요.

해설 의문사 What을 사용하여 Ms. Williams에 대해 어떻게 생각하는지를 묻는 질문입니다.
(A) [X] 의견을 묻는 질문에 Every morning(매일 아침이요)이라는 빈도로 응답했으므로 오답입니다.
(B) [O] 의견을 묻는 질문에 She seems very professional(그녀는 매우 전문적인 것 같아요)이라는 의견으로 적절히 응답했으므로 정답입니다.

05

How do you go to work?

(A) By car.

(B) At 9 o'clock.

어떻게 출근하시나요?

(A) 자동차로요.

(B) 9시에요.

해설 의문사 How를 사용하여 어떻게 출근하는지를 묻는 질문입니다.
(A) [O] 방법을 묻는 질문에 By car(자동차로요)라는 방법으로 적절히 응답했으므로 정답입니다.
(B) [X] 방법을 묻는 질문에 At 9 o'clock(9시에요)이라는 시점으로 응답했으므로 오답입니다.

06

When did you reschedule the seminar?

(A) On Thursday.

(B) That sounds good.

세미나 일정을 언제 변경했나요?

(A) 목요일이요.

(B) 좋을 것 같네요.

해설 의문사 When을 사용하여 세미나 일정을 언제 변경했는지를 묻는 질문입니다.
(A) [O] 시점을 묻는 질문에 On Thursday(목요일이요)라는 요일로 적절히 응답했으므로 정답입니다.
(B) [X] 시점을 묻는 질문에 That sounds good(좋을 것 같네요)이라는 긍정 표현으로 응답했으므로 오답입니다.

07

How was the movie?

(A) At a theater.

(B) It was interesting.

영화는 어땠나요?

(A) 영화관에서요.

(B) 흥미로웠어요.

해설 의문사 How를 사용하여 영화가 어땠는지를 묻는 질문입니다.
(A) [X] 의견을 묻는 질문에 At a theater(영화관에서요)라는 장소로 응답했으므로 오답입니다.
(B) [O] 의견을 묻는 질문에 It was interesting(흥미로웠어요)이라는 의견으로 적절히 응답했으므로 정답입니다.

08

Where is Mr. Porter's office?

(A) Upstairs.

(B) To meet a client.

Mr. Porter의 사무실은 어디인가요?

(A) 위층이요.

(B) 고객을 만나기 위해서요.

해설 의문사 Where을 사용하여 Mr. Porter의 사무실이 어디인지를 묻는 질문입니다.
(A) [O] 위치를 묻는 질문에 Upstairs(위층이요)라는 위치로 적절히 응답했으므로 정답입니다.
(B) [X] 위치를 묻는 질문에 To meet a client(고객을 만나기 위해서요)라는 목적으로 응답했으므로 오답입니다.

09

Why are you going to Texas on Saturday?

(A) We're going there.

(B) Because there is a workshop.

왜 토요일에 텍사스에 가시나요?

(A) 우리가 그곳에 갈 거예요.

(B) 왜냐하면 워크숍이 있어서요.

해설 의문사 Why를 사용하여 왜 토요일에 텍사스에 가는지를 묻는 질문입니다.

(A) [X] 이유를 묻는 질문에 We're going there(우리가 그곳에 갈 거예요)라는 인칭대명사로 응답했으므로 오답입니다.

(B) [O] 이유를 묻는 질문에 Because there is a workshop(왜냐하면 워크숍이 있어서요)이라는 이유로 적절히 응답했으므로 정답입니다.

10

What is the **price** of the plane ticket?

(A) In an hour.

(B) About 200 dollars.

비행기 표의 가격은 얼마인가요?

(A) 한 시간 후에요.

(B) 약 200달러요.

해설 의문사 What을 사용하여 비행기 표의 가격이 얼마인지를 묻는 질문입니다.

(A) [X] 가격을 묻는 질문에 In an hour(한 시간 후에요)라는 시점으로 응답했으므로 오답입니다.

(B) [O] 가격을 묻는 질문에 About 200 dollars(약 200달러요)라는 가격으로 적절히 응답했으므로 정답입니다.

Course 1 모르겠다고 답하는 표현

p. 99

실력 UP! 연습 문제

01 (A)   **02** (A)   **03** (B)   **04** (B)   **05** (A)

01

When is the next conference?	다음 회의는 언제인가요?
(A) I don't know.	(A) 모르겠어요.
(B) Around fifty euros.	(B) 50유로 정도요.

해설 의문사 When을 사용하여 다음 회의가 언제인지를 묻는 질문입니다.
(A) [O] 다음 회의가 언제인지를 묻는 질문에 I don't know(모르겠어요)라며 간접적으로 응답했으므로 정답입니다.
(B) [X] 시간을 묻는 질문에 Around fifty euros(50유로 정도요)라는 가격으로 응답했으므로 오답입니다.

02

Where is the manager's office?	관리자의 사무실은 어디인가요?
(A) I have no idea.	(A) 전혀 모르겠어요.
(B) I'm doing it.	(B) 제가 하고 있어요.

해설 의문사 Where을 사용하여 관리자의 사무실이 어디인지를 묻는 질문입니다.
(A) [O] 관리자의 사무실이 어디인지를 묻는 질문에 I have no idea(전혀 모르겠어요)라며 간접적으로 응답했으므로 정답입니다.
(B) [X] 장소를 묻는 질문에 I'm doing it(제가 하고 있어요)이라는 인칭대명사로 응답했으므로 오답입니다.

03

Can we order new computers?	새 컴퓨터를 주문할 수 있나요?
(A) To visit my family.	(A) 가족을 방문하기 위해서요.
(B) I'll have to check.	(B) 확인해봐야 할 거예요.

해설 조동사 Can을 사용하여 새 컴퓨터를 주문할 수 있는지를 묻는 질문입니다.
(A) [X] 새 컴퓨터를 주문할 수 있는지를 묻는 질문에 To visit my family(가족을 방문하기 위해서요)라는 목적으로 응답했으므로 오답입니다.
(B) [O] 새 컴퓨터를 주문할 수 있는지를 묻는 질문에 I'll have to check(확인해봐야 할 거예요)라며 간접적으로 응답했으므로 정답입니다.

04

What time does the workshop finish?	워크숍은 몇 시에 끝나나요?
(A) It's going to be cloudy.	(A) 날씨가 흐릴 거예요.
(B) Check with the director.	(B) 관리자에게 확인해보세요.

해설 의문사 What을 사용하여 워크숍이 몇 시에 끝나는지를 묻는 질문입니다.
(A) [X] 시간을 묻는 질문에 It's going to be cloudy(날씨가 흐릴 거예요)라는 날씨로 응답했으므로 오답입니다.
(B) [O] 워크숍이 몇 시에 끝나는지를 묻는 질문에 Check with the director(관리자에게 확인해보세요)라며 간접적으로 응답했으므로 정답입니다.

05

How long does it take to go to the airport?	공항에 가는 데 얼마나 걸리나요?
(A) <u>Let me check.</u>	(A) 확인해볼게요.
(B) I think **she is very professional**.	(B) 그녀는 매우 전문적인 것 같아요.

해설   의문사 How를 사용하여 공항에 가는 데 얼마나 걸리는지를 묻는 질문입니다.
     (A) [O] 공항에 가는 데 얼마나 걸리는지를 묻는 질문에 Let me check(확인해볼게요)라며 간접적으로 응답했으므로 정답입니다.
     (B) [X] 기간을 묻는 질문에 I think she is very professional(그녀는 매우 전문적인 것 같아요)이라는 의견으로 응답했으므로 오답입니다.

Course 2   어떻게 결정될지 모른다고 답하는 표현   p. 101

실력 UP! 연습 문제

01 (B)   **02** (A)   **03** (B)   **04** (A)   **05** (B)

01

When will the company move?	회사는 언제 이사할 것인가요?
(A) I'm **afraid not**.	(A) 유감이지만 안 돼요.
(B) <u>We haven't decided</u> yet.	(B) 우리는 아직 결정하지 않았어요.

해설   의문사 When을 사용하여 회사가 언제 이사할 것인지를 묻는 질문입니다.
     (A) [X] 시점을 묻는 질문에 I'm afraid not(유감이지만 안 돼요)이라는 부정 표현으로 응답했으므로 오답입니다.
     (B) [O] 회사가 언제 이사할 것인지를 묻는 질문에 We haven't decided yet(우리는 아직 결정하지 않았어요)이라며 간접적으로 응답했으므로 정답입니다.

02

Are you coming to the conference?	학회에 오실 건가요?
(A) <u>It depends on</u> my schedule.	(A) 제 일정에 달려 있어요.
(B) **Turn right**.	(B) 오른쪽으로 도세요.

해설   be동사 Are를 사용하여 학회에 올 것인지를 묻는 질문입니다.
     (A) [O] 학회에 올 것인지를 묻는 질문에 It depends on my schedule(제 일정에 달려 있어요)이라며 간접적으로 응답했으므로 정답입니다.
     (B) [X] 학회에 올 것인지를 묻는 질문에 Turn right(오른쪽으로 도세요)라는 방향으로 응답했으므로 오답입니다.

03

Where are you going on a trip?	어디로 여행을 가실 건가요?
(A) To **call you**.	(A) 당신에게 전화하기 위해서요.
(B) I'm <u>still thinking about that</u>.	(B) 저는 여전히 그것에 대해 생각 중이에요.

해설   의문사 Where를 사용하여 어디로 여행을 갈 것인지를 묻는 질문입니다.
     (A) [X] 장소를 묻는 질문에 To call you(당신에게 전화하기 위해서요)라는 목적으로 응답했으므로 오답입니다
     (B) [O] 어디로 여행을 갈 것인지를 묻는 질문에 I'm still thinking about that(저는 여전히 그것에 대해 생각 중이에요)이라며 간접적으로 응답했으므로 정답입니다.

04

Why was the work schedule changed?	왜 업무 일정이 바뀌었나요?
(A) It's <u>not my decision</u>.	(A) 그건 제 결정 사항이 아니에요.
(B) <u>Probably</u>.	(B) 아마도요.

> **해설** 의문사 Why를 사용하여 왜 업무 일정이 바뀌었는지를 묻는 질문입니다.
> (A) [O] 왜 업무 일정이 바뀌었는지를 묻는 질문에 It's not my decision(그건 제 결정 사항이 아니에요)이라며 간접적으로 응답했으므로 정답입니다.
> (B) [X] 이유를 묻는 질문에 Probably(아마도요)라는 긍정 표현으로 응답했으므로 오답입니다.

05

Did you fix the computer?	컴퓨터를 고치셨나요?
(A) I <u>like red</u>.	(A) 빨간색이 좋아요.
(B) I'm <u>not in charge of that</u>.	(B) 저는 그것을 담당하지 않아요.

> **해설** 조동사 Did를 사용하여 컴퓨터를 고쳤는지를 묻는 질문입니다.
> (A) [X] 컴퓨터를 고쳤는지를 묻는 질문에 I like red(빨간색이 좋아요)라는 색깔로 응답했으므로 오답입니다.
> (B) [O] 컴퓨터를 고쳤는지를 묻는 질문에 I'm not in charge of that(저는 그것을 담당하지 않아요)이라며 간접적으로 응답했으므로 정답입니다.

자신감 UP! 실전 대비하기

p. 102

01 (A)	**02** (A)	**03** (B)	**04** (B)	**05** (A)	**06** (B)
07 (A)	**08** (A)	**09** (B)	**10** (A)		

01

<u>Will</u> the seminar be canceled?	세미나가 취소될까요?
(A) We'll decide in the next meeting.	(A) 우리는 다음 회의에서 결정할 거예요.
(B) In room 15.	(B) 15번 방에요.

> **해설** 조동사 Will을 사용하여 세미나가 취소될지를 묻는 질문입니다.
> (A) [O] 세미나가 취소될지를 묻는 질문에 We'll decide in the next meeting(우리는 다음 회의에서 결정할 거예요)이라며 간접적으로 응답했으므로 정답입니다.
> (B) [X] 세미나가 취소될지를 묻는 질문에 In room 15(15번 방에요)라는 장소로 응답했으므로 오답입니다.

02

<u>Where</u> is Paul from?	Paul은 어디 출신인가요?
(A) I have no idea.	(A) 전혀 모르겠어요.
(B) We'll decide in the next meeting.	(B) 우리는 다음 회의에서 결정할 거예요.

> **해설** 의문사 Where을 사용하여 Paul이 어디 출신인지를 묻는 질문입니다.
> (A) [O] Paul이 어디 출신인지를 묻는 질문에 I have no idea(전혀 모르겠어요)라며 간접적으로 응답했으므로 정답입니다.
> (B) [X] 질문과는 관련 없는 내용으로 응답했으므로 오답입니다.

03

When is the technology convention?

(A) Because of the rain.

(B) I'm not sure.

기술 회의는 언제인가요?

(A) 비 때문에요.

(B) 잘 모르겠어요.

해설 의문사 When을 사용하여 기술 회의가 언제인지를 묻는 질문입니다.

(A) [X] 시점을 묻는 질문에 Because of the rain(비 때문에요)이라는 이유로 응답했으므로 오답입니다.

(B) [O] 기술 회의가 언제인지를 묻는 질문에 I'm not sure(잘 모르겠어요)라며 간접적으로 응답했으므로 정답입니다.

04

Did you submit the research report?

(A) To review the numbers.

(B) I'm not in charge of it.

연구 보고서를 제출하셨나요?

(A) 번호를 검토하기 위해서요.

(B) 저는 그것을 담당하지 않아요.

해설 조동사 Did를 사용하여 연구 보고서를 제출했는지를 묻는 질문입니다.

(A) [X] 연구 보고서를 제출했는지를 묻는 질문에 To review the numbers(번호를 검토하기 위해서요)라는 이유로
응답했으므로 오답입니다.

(B) [O] 연구 보고서를 제출했는지를 묻는 질문에 I'm not in charge of it(저는 그것을 담당하지 않아요)이라며 간접적으
로 응답했으므로 정답입니다.

05

Where should I place these boxes?

(A) I'll have to check.

(B) This afternoon.

이 상자들을 어디에 놓아야 하나요?

(A) 확인해봐야 할 거예요.

(B) 오늘 오후에요.

해설 의문사 Where을 사용하여 상자들을 어디에 놓아야 하는지를 묻는 질문입니다.

(A) [O] 상자들을 어디에 놓아야 하는지를 묻는 질문에 I'll have to check(확인해봐야 할 거예요)라며 간접적으로 응답
했으므로 정답입니다.

(B) [X] 장소를 묻는 질문에 This afternoon(오늘 오후에요)이라는 시점으로 응답했으므로 오답입니다.

06

Will the company open an office in Spain?

(A) The accounting team.

(B) It depends on the cost.

회사가 스페인에 사무실을 열까요?

(A) 회계팀이요.

(B) 비용에 달려 있어요.

해설 조동사 Will을 사용하여 회사가 스페인에 사무실을 열지를 묻는 질문입니다.

(A) [X] 회사가 스페인에 사무실을 열지를 묻는 질문에 The accounting team(회계팀이요)이라는 부서명으로 응답했으
므로 오답입니다.

(B) [O] 회사가 스페인에 사무실을 열지를 묻는 질문에 It depends on the cost(비용에 달려 있어요)라며 간접적으로
응답했으므로 정답입니다.

07

What time will you paint the room?

(A) We're still deciding.

(B) Of course.

몇 시에 방을 페인트칠하실 건가요?

(A) 우리는 여전히 결정하는 중이에요.

(B) 물론이죠.

토익실전기초

PART 1

PART 2

PART 3

PART 4

해커스 토익 왕기초 Listening

해설 의문사 What을 사용하여 몇 시에 방을 페인트칠할 것인지를 묻는 질문입니다.
(A) [O] 몇 시에 방을 페인트칠할 것인지를 묻는 질문에 We're still deciding(우리는 여전히 결정하는 중이에요)이라며 간접적으로 응답했으므로 정답입니다.
(B) [X] 의문사 What을 사용하여 시간을 묻는 질문에는 Of course(물론이죠)라는 긍정 표현으로 답할 수 없으므로 오답입니다.

08

Who is the new manager?

(A) We haven't decided yet.
(B) It depends on the weather.

누가 새로운 관리자인가요?

(A) 우리는 아직 결정하지 않았어요.
(B) 날씨에 달려 있어요.

해설 의문사 Who를 사용하여 누가 새로운 관리자인지를 묻는 질문입니다.
(A) [O] 누가 새로운 관리자인지를 묻는 질문에 We haven't decided yet(우리는 아직 결정하지 않았어요)이라며 간접적으로 응답했으므로 정답입니다.
(B) [X] 질문과는 관련 없는 내용으로 응답했으므로 오답입니다.

09

When is the campaign going to begin?

(A) No, but thanks.
(B) You should ask the director.

캠페인이 언제 시작하나요?

(A) 아니요, 하지만 감사해요.
(B) 관리자에게 물어보셔야 해요.

해설 의문사 When을 사용하여 캠페인이 언제 시작하는지를 묻는 질문입니다.
(A) [X] 의문사 When을 사용하여 언제인지를 묻는 질문에는 No로 답할 수 없으므로 오답입니다.
(B) [O] 캠페인이 언제 시작하는지를 묻는 질문에 You should ask the director(관리자에게 물어보셔야 해요)라며 간접적으로 응답했으므로 정답입니다.

10

How can I get to the warehouse?

(A) Ask Matthew.
(B) At 9 A.M.

창고에 어떻게 갈 수 있나요?

(A) Matthew에게 물어보세요.
(B) 오전 9시에요.

해설 의문사 How를 사용하여 창고에 어떻게 갈 수 있는지를 묻는 질문입니다.
(A) [O] 창고에 어떻게 갈 수 있는지를 묻는 질문에 Ask Matthew(Matthew에게 물어보세요)라며 간접적으로 응답했으므로 정답입니다.
(B) [X] 방법을 묻는 질문에 At 9 A.M. (오전 9시에요)이라는 시점으로 응답했으므로 오답입니다.

Course 1 의문사가 있는 의문문 p. 106

실력 UP! 연습 문제

01 (A)   **02** (B)   **03** (A)   **04** (B)   **05** (B)   **06** (A)

07 (B)   **08** (B)

---

01   **When** can I take a break?

02   **How** was the trip to Chicago?

03

When can I take a break?	언제 휴식을 취할 수 있나요?
(A) In five minutes.	(A) 5분 후에요.
(B) Yes, I agree.	(B) 네, 동의해요.

해설 의문사 When을 사용하여 언제 휴식을 취할 수 있는지를 묻는 질문입니다.
(A) [O] 시점을 묻는 질문에 In five minutes(5분 후에요)라는 시간으로 적절히 응답했으므로 정답입니다.
(B) [X] 의문사 When을 사용하여 언제 휴식을 취할 수 있는지를 묻는 질문에는 Yes로 답할 수 없으므로 오답입니다.

04

How was the trip to Chicago?	시카고 여행은 어땠나요?
(A) A tour guide.	(A) 여행 가이드요.
(B) It was good.	(B) 좋았어요.

해설 의문사 How를 사용하여 시카고 여행이 어땠는지를 묻는 질문입니다.
(A) [X] 질문의 trip(여행)과 내용이 연관된 tour guide(여행 가이드)를 사용하여 혼동을 주는 오답입니다.
(B) [O] 상태를 묻는 질문에 It was good(좋았어요)이라는 상태로 적절히 응답했으므로 정답입니다.

05

Why did you arrive late today?	오늘 왜 늦게 도착했나요?
(A) Don't be late.	(A) 늦지 마세요.
(B) I missed the bus.	(B) 버스를 놓쳤어요.

해설 의문사 Why를 사용하여 오늘 왜 늦게 도착했는지를 묻는 질문입니다.
(A) [X] 질문의 late(늦게)를 '늦은'이라는 의미로 반복 사용하여 혼동을 주는 오답입니다.
(B) [O] 이유를 묻는 질문에 I missed the bus(버스를 놓쳤어요)라는 이유로 적절히 응답했으므로 정답입니다.

06

What do you think of the new restaurant?	새로운 식당에 대해서 어떻게 생각하시나요?
(A) Their food is great.	(A) 거기 음식은 훌륭해요.
(B) I ordered pasta.	(B) 저는 파스타를 주문했어요.

해설 의문사 What을 사용하여 새로운 식당에 대해서 어떻게 생각하는지를 묻는 질문입니다.
(A) [O] 의견을 묻는 질문에 Their food is great(거기 음식은 훌륭해요)라는 의견으로 적절히 응답했으므로 정답입니다.
(B) [X] 질문의 restaurant(식당)과 내용이 연관된 pasta(파스타)를 사용하여 혼동을 주는 오답입니다.

07

Who is waiting at the front desk?	누가 안내 데스크에서 기다리고 있나요?
(A) **I'll wait** for you.	(A) 당신을 기다릴게요.
(B) A <u>delivery person</u>.	(B) 배달원이요.

해설 의문사 Who를 사용하여 누가 안내 데스크에서 기다리고 있는지를 묻는 질문입니다.
(A) [X] 질문의 waiting(기다리고 있는)을 wait(기다리다)로 반복 사용하여 혼동을 주는 오답입니다.
(B) [O] 누구인지를 묻는 질문에 A delivery person(배달원이요)이라는 직책명으로 응답했으므로 정답입니다.

08

Where did you put the pizza?	피자를 어디에 놓으셨나요?
(A) **For a quick** lunch.	(A) 빠른 점심을 위해서요.
(B) <u>Next to the counter</u>.	(B) 조리대 옆에요.

해설 의문사 Where를 사용하여 피자를 어디에 놓았는지를 묻는 질문입니다.
(A) [X] 질문의 pizza(피자)와 내용이 연관된 lunch(점심)를 사용하여 혼동을 주는 오답입니다.
(B) [O] 위치를 묻는 질문에 Next to the counter(조리대 옆에요)라는 위치로 적절히 응답했으므로 정답입니다.

Course 2 의문사가 없는 의문문
p. 110

실력 UP! 연습 문제

01 (A)   **02** (A)   **03** (B)   **04** (A)   **05** (A)   **06** (B)
07 (B)   **08** (B)

01 <u>Are</u> you <u>going to</u> the seminar today?

02 <u>Did</u> you <u>clean</u> the meeting room?

03

Are you going to the seminar today?	오늘 세미나에 가실 건가요?
(A) No, **he was busy**.	(A) 아니요, 그는 바빴어요.
(B) Yes, I'll go.	(B) 네, 갈 거예요.

해설 be동사 Are를 사용하여 오늘 세미나에 갈 것인지를 묻는 질문입니다.
(A) [X] 오늘 세미나에 갈 것인지를 묻는 질문에 No로 응답하였지만 질문과는 관련 없는 내용으로 부연 설명했으므로 오답입니다.
(B) [O] 오늘 세미나에 갈 것인지를 묻는 질문에 Yes로 응답한 뒤, I'll go(갈 거예요)라고 적절히 부연 설명했으므로 정답입니다.

04

Did you clean the meeting room?

(A) Yes, I <u>did that yesterday</u>.

(B) I <u>will meet him</u> tomorrow.

회의실을 청소하셨나요?

(A) 네, 어제 했어요.

(B) 저는 내일 그를 만날 거예요.

해설　조동사 Did를 사용하여 회의실을 청소했는지를 묻는 질문입니다.

(A) [O] 회의실을 청소했는지를 묻는 질문에 Yes라고 응답한 뒤, I did that yesterday(어제 했어요)라고 적절히 부연 설명했으므로 정답입니다.

(B) [X] 질문의 meeting(회의)과 형태가 비슷한 meet(만나다)를 사용하여 혼동을 주는 오답입니다.

05

Are you ready for your interview?

(A) Yes, I'm <u>prepared</u>.

(B) We <u>already have</u> it.

당신은 면접 준비가 되셨나요?

(A) 네, 준비됐어요.

(B) 우리는 이미 그것을 가지고 있어요.

해설　be동사 Are를 사용하여 면접 준비가 되었는지를 묻는 질문입니다.

(A) [O] 면접 준비가 되었는지를 묻는 질문에 Yes로 응답한 뒤, I'm prepared(준비됐어요)라고 적절히 부연 설명했으므로 정답입니다.

(B) [X] 질문의 ready(준비가 된)와 형태가 비슷한 already(이미)를 사용하여 혼동을 주는 오답입니다.

06

Have you seen the manager?

(A) No. I <u>can't manage it</u>.

(B) No. <u>Not today</u>.

관리자를 보셨나요?

(A) 아니요. 제가 관리할 수 없어요.

(B) 아니요. 오늘은 못 봤어요.

해설　조동사 Have를 사용하여 관리자를 봤는지를 묻는 질문입니다.

(A) [X] 질문의 manager(관리자)와 형태가 비슷한 manage(관리하다)를 사용하여 혼동을 주는 오답입니다.

(B) [O] 관리자를 봤는지를 묻는 질문에 No로 응답한 뒤, Not today(오늘은 못 봤어요)라고 적절히 부연 설명했으므로 정답입니다.

07

Don't you want to join my team?

(A) A <u>team meeting</u>.

(B) <u>Of course</u> I do.

제 팀에 가입하고 싶지 않으신가요?

(A) 팀 회의요.

(B) 물론 그렇죠.

해설　조동사 Don't를 사용하여 팀에 가입하고 싶지 않은지를 묻는 질문입니다.

(A) [X] 질문의 team(팀)을 반복 사용하여 혼동을 주는 오답입니다.

(B) [O] 팀에 가입하고 싶지 않은지를 묻는 질문에 Of course I do(물론 그렇죠)라는 긍정 표현으로 적절히 응답했으므로 정답입니다.

08

Would you like to take the bus or the train?

(A) Let's get <u>two tickets</u>.

(B) I <u>prefer the train</u>.

버스를 타고 싶으신가요, 아니면 기차를 타고 싶으신가요?

(A) 표 두 장을 구합시다.

(B) 저는 기차가 더 좋아요.

해설　조동사 Would를 사용하여 버스를 타고 싶은지 아니면 기차를 타고 싶은지를 묻는 질문입니다.

(A) [X] 질문의 bus(버스) 및 train(기차)과 내용이 연관된 tickets(표)를 사용하여 혼동을 주는 오답입니다.

(B) [O] 버스를 타고 싶은지 아니면 기차를 타고 싶은지를 묻는 질문에 train(기차)을 선택하여 응답했으므로 정답입니다.

p. 114

실력 UP! 연습 문제

01 (A)　　　**02** (B)　　　**03** (A)　　　**04** (B)　　　**05** (A)　　　**06** (B)

07 (A)　　　**08** (B)

01　You need to <u>sign</u> this <u>form</u>.

02　Let's <u>buy</u> our <u>train tickets</u>.

03

You need to sign this form.	당신은 이 양식에 서명하셔야 합니다.
(A) OK, <u>I'll do it now</u>.	(A) 네, 지금 할게요.
(B) Yes, <u>that's my desk</u>.	(B) 네, 그것은 제 책상이에요.

해설　양식에 서명을 해야 한다는 의견을 제시하는 평서문입니다.
　　　(A) [O] 양식에 서명해야 한다는 말에 OK, I'll do it now(네, 지금 할게요)라며 동의하는 내용으로 적절히 응답했으므로 정답입니다.
　　　(B) [X] 질문과는 관련 없는 내용으로 응답했으므로 오답입니다.

04

Let's buy our train tickets.	우리의 기차표를 구매합시다.
(A) The station <u>is very large</u>.	(A) 역이 매우 크네요.
(B) I <u>already have passes</u>.	(B) 저는 이미 탑승권이 있어요.

해설　기차표를 구매하자고 제안하는 평서문입니다.
　　　(A) [X] 질문의 train(기차)과 내용이 연관된 station(역)을 사용하여 혼동을 주는 오답입니다.
　　　(B) [O] 기차표를 구매하자는 말에 I already have passes(저는 이미 탑승권이 있어요)라며 반대하는 내용으로 적절히 응답했으므로 정답입니다.

05

Let's have lunch together.	함께 점심을 먹읍시다.
(A) That <u>sounds good</u>.	(A) 좋아요.
(B) We <u>haven't decided</u> yet.	(B) 우리는 아직 결정하지 않았어요.

해설　함께 점심을 먹자고 제안하는 평서문입니다.
　　　(A) [O] That sounds good(좋아요)이라며 동의하는 내용으로 적절히 응답했으므로 정답입니다.
　　　(B) [X] 질문과는 관련 없는 내용으로 응답했으므로 오답입니다.

06

I can't open this window.	이 창문을 열 수 없어요.
(A) The store <u>was open</u>.	(A) 그 가게는 열려 있었어요.
(B) Here, <u>I'll help you</u>.	(B) 여기요, 제가 도와드릴게요.

창문을 열 수 없다는 문제점을 언급하는 평서문입니다.
(A) [X] 질문의 open(열다)을 '열려 있는'의 의미로 반복 사용하여 혼동을 주는 오답입니다.
(B) [O] 창문을 열 수 없다는 말에 I'll help you(제가 도와드릴게요)라며 해결책을 제시하는 내용으로 적절히 응답했으므로 정답입니다.

07

It costs $50 to take a taxi to the airport.

(A) That's very <u>expensive</u>.

(B) I took <u>the bus too</u>.

공항까지 택시를 타는 데 50달러가 들어요.

(A) 매우 비싸네요.
(B) 저도 버스를 탔어요.

공항까지 택시를 타는 데 50달러가 든다는 사실을 전달하는 평서문입니다.
(A) [O] 공항까지 택시를 타는 데 50달러가 든다는 말에 That's very expensive(매우 비싸네요)라며 동의하는 내용으로 적절히 응답했으므로 정답입니다.
(B) [X] 질문의 taxi(택시)와 내용이 연관된 bus(버스)를 사용하여 혼동을 주는 오답입니다.

08

Please send me a copy of the report.

(A) I <u>ordered</u> a copy machine.

(B) Sure. <u>I'll do that</u> right now.

제게 보고서 복사본을 보내주세요.

(A) 제가 복사기를 주문했어요.
(B) 물론이죠. 지금 바로 할게요.

보고서 사본을 보내 달라고 요청하는 평서문입니다.
(A) [X] 질문의 copy(복사본)와 내용이 연관된 copy machine(복사기)을 사용하여 혼동을 주는 오답입니다.
(B) [O] 보고서 복사본을 보내 달라는 말에 Sure(물론이죠)로 동의한 뒤, I'll do that right now(지금 바로 할게요)라고 적절히 부연 설명하여 응답했으므로 정답입니다.

자신감 UP! 실전 대비하기

p. 116

01 (A)	**02** (C)	**03** (B)	**04** (B)	**05** (C)	**06** (C)
07 (A)	**08** (B)	**09** (B)	**10** (C)	**11** (A)	**12** (B)

01

When is the meeting with Ms. Doris?

(A) At 9 A.M.

(B) Yes, it's a new meeting room.

(C) She wrote the article.

Ms. Doris와의 회의가 언제인가요?

(A) 오전 9시요.
(B) 네, 여기는 새 회의실이에요.
(C) 그녀가 그 기사를 썼어요.

의문사 When을 사용하여 Ms. Doris와의 회의가 언제인지를 묻는 질문입니다.
(A) [O] 시점을 묻는 질문에 At 9 A.M.(오전 9시요)이라는 시간으로 적절히 응답했으므로 정답입니다.
(B) [X] 의문사 When을 사용하여 언제인지를 묻는 질문에는 Yes로 답할 수 없으므로 오답입니다.
(C) [X] 질문과는 관련 없는 내용으로 응답했으므로 오답입니다.

02

Is this your bag?

(A) Some brown bags.

(B) You'll need them.

(C) No, it isn't.

이것은 당신의 가방인가요?

(A) 몇몇 갈색 가방이요.

(B) 당신은 그것들이 필요할 거예요.

(C) 아니요, 제 것이 아니에요.

해설 be동사 Is를 사용하여 상대방의 가방인지를 묻는 질문입니다.
(A) [X] 질문의 bag(가방)을 반복 사용하여 혼동을 주는 오답입니다.
(B) [X] 질문과는 관련 없는 내용으로 응답했으므로 오답입니다.
(C) [O] 본인의 가방인지를 묻는 질문에 No로 응답한 뒤, it isn't(제 것이 아니에요)라고 적절히 부연 설명했으므로
정답입니다.

03

Where should we hang this painting?

(A) Yes, I agree.

(B) On that wall.

(C) It's an art gallery.

어디에 이 그림을 걸어야 할까요?

(A) 네, 저는 동의해요.

(B) 저 벽에요.

(C) 그곳은 미술관이에요.

해설 의문사 Where을 사용하여 어디에 그림을 걸어야 할지를 묻는 질문입니다.
(A) [X] 의문사 Where을 사용하여 어디인지를 묻는 질문에는 Yes로 답할 수 없으므로 오답입니다.
(B) [O] 위치를 묻는 질문에 On that wall(저 벽에요)이라는 위치로 적절히 응답했으므로 정답입니다.
(C) [X] 질문의 painting(그림)과 내용이 연관된 art gallery(미술관)를 사용하여 혼동을 주는 오답입니다.

04

Why did Mark change the design?

(A) All the changes.

(B) I'm not sure.

(C) One of the designers.

왜 Mark는 디자인을 바꿨나요?

(A) 모든 변화들이요.

(B) 잘 모르겠어요.

(C) 디자이너들 중 한 명이요.

해설 의문사 Why를 사용하여 왜 Mark가 디자인을 바꿨는지를 묻는 질문입니다.
(A) [X] 질문의 change(바꾸다)를 동일하게 사용하였으나 '변화'라는 다른 의미로 사용하여 혼동을 주는 오답입니다.
(B) [O] 왜 Mark가 디자인을 바꿨는지를 묻는 질문에 I'm not sure(잘 모르겠어요)라며 간접적으로 응답했으므로
정답입니다.
(C) [X] 질문의 design(디자인)과 형태가 비슷한 designers(디자이너들)를 사용하여 혼동을 주는 오답입니다.

05

The retirement party went very well.

(A) At a hotel.

(B) Let's go now.

(C) I'm so glad to hear that.

은퇴 파티는 매우 잘 진행됐어요.

(A) 호텔에서요.

(B) 지금 갑시다.

(C) 그 소식을 들으니 기쁘네요.

해설 은퇴 파티가 매우 잘 진행되었다는 의견을 제시하는 평서문입니다.
(A) [X] 질문과는 관련 없는 내용으로 응답했으므로 오답입니다.
(B) [X] 질문과는 관련 없는 내용으로 응답했으므로 오답입니다.
(C) [O] 은퇴 파티가 매우 잘 진행되었다는 말에 I'm so glad to hear that(그 소식을 들으니 기쁘네요)이라며 동의하는
내용으로 적절히 응답했으므로 정답입니다.

06

Did you watch the presentation?

(A) You need to give a speech.

(B) The marketing team.

(C) Yes, it was very impressive.

당신은 발표를 보셨나요?

(A) 당신이 연설을 해야 해요.

(B) 마케팅팀이요.

(C) 네, 매우 감명 깊었어요.

해설 조동사 Did를 사용하여 상대방이 발표를 봤는지를 묻는 질문입니다.

(A) [X] 질문의 presentation(발표)과 내용이 연관된 speech(연설)를 사용하여 혼동을 주는 오답입니다.

(B) [X] 질문과는 관련 없는 내용으로 응답했으므로 오답입니다.

(C) [O] 발표를 봤는지를 묻는 질문에 Yes로 응답한 뒤, it was very impressive(매우 감명 깊었어요)라고 적절히 부연 설명하여 응답했으므로 정답입니다.

07

How do you like your new job?

(A) It's very interesting.

(B) I like this model.

(C) A job interview.

당신의 새로운 직장은 마음에 드세요?

(A) 매우 흥미로워요.

(B) 저는 이 모델이 마음에 들어요.

(C) 면접이요.

해설 의문사 How를 사용하여 새로운 직장이 마음에 드는지를 묻는 질문입니다.

(A) [O] 의견을 묻는 질문에 It's very interesting(매우 흥미로워요)이라는 의견으로 적절히 응답했으므로 정답입니다.

(B) [X] 질문의 like(마음에 들다)를 반복 사용하여 혼동을 주는 오답입니다.

(C) [X] 질문의 job(직장)과 내용이 연관된 job interview(면접)를 사용하여 혼동을 주는 오답입니다.

08

Is Mary going to leave soon?

(A) To see her.

(B) Yes, this week.

(C) OK. I'll go there.

Mary는 곧 떠날 예정인가요?

(A) 그녀를 보기 위해서요.

(B) 네, 이번 주에요.

(C) 알겠어요. 제가 그곳으로 갈게요.

해설 be동사 Is를 사용하여 Mary가 곧 떠날 예정인지를 묻는 질문입니다.

(A) [X] 질문과는 관련 없는 내용으로 응답했으므로 오답입니다.

(B) [O] Mary가 곧 떠날 예정인지를 묻는 질문에 Yes로 응답한 뒤, this week(이번 주에요)라고 적절히 부연 설명했으므로 정답입니다.

(C) [X] 질문의 going to(~할 예정이다)와 형태가 비슷한 go(가다)를 사용하여 혼동을 주는 오답입니다.

09

Who will lead the project?

(A) Everything is going well.

(B) Stacey is in charge of it.

(C) You can read the letter.

누가 프로젝트를 이끌까요?

(A) 모든 것이 잘 되어 가고 있어요.

(B) Stacey가 그것을 담당해요.

(C) 당신은 편지를 읽을 수 있어요.

해설 의문사 Who를 사용하여 누가 프로젝트를 이끌지를 묻는 질문입니다.

(A) [X] 누구인지를 묻는 질문에 Everything is going well(모든 것이 잘 되어 가고 있어요)이라는 상태로 응답했으므로 오답입니다.

(B) [O] 누구인지를 묻는 질문에 Stacey라는 사람 이름으로 적절히 응답했으므로 정답입니다.

(C) [X] 질문의 lead(이끌다)와 발음이 유사한 read(읽다)를 사용하여 혼동을 주는 오답입니다.

10

Is the post office closed?

(A) A large package.

(B) It's close to here.

(C) Probably.

우체국은 닫았나요?

(A) 큰 소포요.

(B) 그건 여기에서 가까워요.

(C) 아마도요.

해설 be동사 Is를 사용하여 우체국이 닫았는지를 묻는 질문입니다.

(A) [X] 질문의 post office(우체국)와 내용이 연관된 package(소포)를 사용하여 혼동을 주는 오답입니다.

(B) [X] 질문의 close(닫다)를 동일하게 사용하였으나 '가까운'이라는 다른 의미로 사용하여 혼동을 주는 오답입니다.

(C) [O] 우체국이 닫았는지를 묻는 질문에 Probably(아마도요)라는 긍정 표현으로 적절히 응답했으므로 정답입니다.

11

These shelves need to be filled.

(A) I can do that now.

(B) At a grocery store.

(C) The box is empty.

이 선반들은 채워져야 해요.

(A) 제가 지금 할 수 있어요.

(B) 식료품점에서요.

(C) 그 상자는 비었어요.

해설 선반들이 채워져야 한다는 문제점을 언급하는 평서문입니다.

(A) [O] 선반들이 채워져야 한다는 말에 I can do that now(제가 지금 할 수 있어요)라며 해결책을 제시하는 내용으로
적절히 응답했으므로 정답입니다.

(B) [X] 질문과는 관련 없는 내용으로 응답했으므로 오답입니다.

(C) [X] 질문의 be filled(채워지다)와 내용이 연관된 empty(비어 있는)를 사용하여 혼동을 주는 오답입니다.

12

Who ordered an office chair?

(A) A window seat, please.

(B) Peter, I believe.

(C) The order arrived yesterday.

누가 사무용 의자를 주문했나요?

(A) 창가 자리로 주세요.

(B) Peter라고 생각해요.

(C) 주문품은 어제 도착했어요.

해설 의문사 Who를 사용하여 누가 사무용 의자를 주문했는지를 묻는 질문입니다.

(A) [X] 질문의 chair(의자)와 내용이 연관된 seat(자리)를 사용하여 혼동을 주는 오답입니다.

(B) [O] 누구인지를 묻는 질문에 Peter라는 사람 이름으로 적절히 응답했으므로 정답입니다.

(C) [X] 질문의 ordered(주문했다)와 형태가 비슷한 order(주문품)를 사용하여 혼동을 주는 오답입니다.

토익 리스닝기초

PART 1

PART 2

PART 3

PART 4

해커스 토익 읽기초 Listening

Part 3

Course 1 구 단위로 끊어 듣기   p. 121

실력 UP! 연습 문제

05 Ⓐ   **06** Ⓑ   **07** Ⓐ   **08** Ⓐ

01   I have a flight / at 5:30 P.M.

02   Our clients are sitting / in the lobby.

03   The engineer will come / before noon.

04   I will see that movie / at the Paradise Theater / on Saturday.

05   The game starts / <u>at two</u> P.M.

06   He gave a presentation / <u>in the meeting room</u>.

07   I saw her <u>at the park</u> / <u>on Sunday</u>.

08   I bought a computer <u>from your store</u> / <u>in May</u>.

Course 2 절 단위로 끊어 듣기   p. 123

실력 UP! 연습 문제

05 Ⓑ   **06** Ⓐ   **07** Ⓑ   **08** Ⓐ

01   I think / that the interview was great.

02   I believe / you can fix this printer.

03   She didn't know / that the seminar is tomorrow.

04 I heard / the company logo will be changed.

05 I heard / **the show is on Thursday**.

06 The staff said / **that I can get a coupon**.

07 It is important / **that you learn about computers**.

08 Do you think / **we should hire more employees**?

자신감 UP! 실전 대비하기   p. 124

01 (B)   **02** (B)   **03** (A)   **04** (B)   **05** (A)   **06** (A)

07 (B)   **08** (A)

01

Question 1 refers to the following conversation.	1번은 다음 대화에 관한 문제입니다.
M: You plan to meet / with our clients / today, / right? 당신은 만날 계획이죠 우리의 고객들과 오늘 그렇죠	남: 당신은 오늘 우리의 고객들과 만날 계획이죠, 그렇죠?
W: Yes. I'll go / to a café / with them. 네 저는 갈 거예요 카페에 그들과 함께	여: 네. 저는 그들과 함께 카페에 갈 거예요.

여자는 어디에 갈 것인가?
(A) 호텔
(B) 카페

해설   여자의 말 I'll go to a café에서 여자가 카페에 갈 것임을 알 수 있으므로 (B)가 정답입니다.

02

Question 2 refers to the following conversation.	2번은 다음 대화에 관한 문제입니다.
W: Kevin, / could you recommend an airline / for me? Kevin 항공사를 추천해 주실 수 있나요 저에게	여: Kevin, 저에게 항공사를 추천해 주실 수 있나요?
M: Well, / North Airways is good. I heard / 음 North Airways가 좋아요 저는 들었어요 they have low prices. 그들이 낮은 가격을 갖고 있다고	남: 음, North Airways가 좋아요. 저는 그들이 낮은 가격을 갖고 있다고 들었어요.

남자는 왜 North Airways를 좋아하는가?
(A) 신규 항공사이기 때문에
(B) 요금이 저렴하기 때문에

해설   남자의 말 North Airways is good ~ they have low prices에서 North Airways가 낮은 가격을 갖고 있기 때문에 남자가 North Airways를 좋아함을 알 수 있으므로 (B)가 정답입니다.

03

Question 3 refers to the following conversation.

M: Have you heard / about Ms. Michaels?
　　　 들었나요　　　　 Ms. Michaels에 대해

She's going to be a new manager.
그녀가 새로운 관리자가 될 예정이래요

W: Yes. It will be announced / at the team meeting /
　　　 네　　 그것은 발표될 거예요　　　　 팀 회의에서

on Tuesday.
화요일에

3번은 다음 대화에 관한 문제입니다.

남: Ms. Michaels에 대해 들었나요? 그녀가 새로운 관리자가 될 예정이래요.

여: 네. 그것은 화요일에 팀 회의에서 발표될 거예요.

화요일에 무슨 행사가 열릴 것인가?

(A) 회의
(B) 만찬

해설 여자의 말 at the team meeting on Tuesday에서 화요일에 팀 회의가 열릴 것임을 알 수 있으므로 (A)가 정답입니다.

04

Question 4 refers to the following conversation.

M: Hello. I'd like to speak / with Dr. Brent. I have a question /
　　　 안녕하세요　 저는 이야기하고 싶습니다　 Dr. Brent와　　 질문이 있어요

about my checkup.
제 검진에 관해

W: He is busy / now, / so I think / you should call / again /
　　　 그는 바빠요　 지금　 그래서 저는 생각해요 전화하셔야 한다고　 다시

in 10 minutes.
10분 후에

4번은 다음 대화에 관한 문제입니다.

남: 안녕하세요. 저는 Dr. Brent와 이야기하고 싶습니다. 제 검진에 관해 질문이 있어요.

여: 그는 지금 바빠서, 10분 후에 다시 전화하셔야 할 것 같아요.

여자는 무엇을 제안하는가?

(A) 사무실에 다시 방문하는 것
(B) 나중에 다시 전화하는 것

해설 여자의 말 I think you should call again에서 여자가 다시 전화하라고 제안하고 있음을 알 수 있으므로 (B)가 정답입니다.

05

Question 5 refers to the following conversation.

W: Excuse me. How much is a city tour?
　　　 실례합니다　　 시내 관광은 얼마인가요

M: We have a two-hour tour / for 30 dollars.
　　　 저희는 2시간 관광이 있어요　　 30달러짜리

W: That's perfect.
　　　 좋네요

5번은 다음 대화에 관한 문제입니다.

여: 실례합니다. 시내 관광은 얼마인가요?

남: 저희는 30달러짜리 2시간 관광이 있어요.

여: 좋네요.

여자는 무엇에 대해 묻는가?

(A) 관광 비용
(B) 관광 날짜

해설 여자의 말 How much is a city tour에서 여자가 시내 관광은 비용이 얼마나 드는지를 묻고 있음을 알 수 있으므로 (A)가 정답입니다.

Question 6 refers to the following conversation.

M: Ms. Green, / here's <u>the report</u>.
Ms. Green　여기 보고서가 있습니다

W: Um . . . I think / I need the one / from August.
음　저는 생각해요　보고서가 필요하다고　8월의

M: Oh, / then I'll send it / to you / <u>by e-mail</u>.
아　그러면 그것을 보내드릴게요 당신에게　이메일로

남자는 무엇을 할 것인가?

(A) 메일을 보낸다.
(B) 일정표를 보낸다.

6번은 다음 대화에 관한 문제입니다.

남: Ms. Green, 여기 보고서가 있습니다.

여: 음... 저는 8월의 보고서가 필요하다고 생각해요.

남: 아, 그러면 그것을 당신에게 이메일로 보내드릴게요.

해설 남자의 말 I'll send it[the one from August] to you by e-mail에서 남자가 이메일로 8월의 보고서를 보낼 것임을 알 수 있으므로 (A)가 정답입니다.

Question 7 refers to the following conversation.

W: Paul, / are you going to the workshop / <u>on Friday</u>?
Paul　워크숍에 가실 예정인가요　금요일에

M: I can't. I have to <u>finish my project</u> / that day.
갈 수 없어요　제 프로젝트를 마쳐야 해서요　그날

W: I see. Please let me know / if you need any help.
알겠어요　저에게 알려주세요　도움이 필요하시면

남자는 왜 워크숍에 갈 수 없는가?

(A) 발표 자료를 준비해야 하기 때문에
(B) 프로젝트를 마쳐야 하기 때문에

7번은 다음 대화에 관한 문제입니다.

여: Paul, 금요일에 워크숍에 가실 예정인가요?

남: 갈 수 없어요. 그날 제 프로젝트를 마쳐야 해서요.

여: 알겠어요. 도움이 필요하시면 저에게 알려주세요.

해설 여자의 말 are you going to the workshop과 남자의 말 I can't ~ I have to finish my project에서 남자가 프로젝트를 마쳐야 하기 때문에 워크숍에 갈 수 없음을 알 수 있으므로 (B)가 정답입니다.

Question 8 refers to the following conversation.

W: Hi. I need to see Mr. Jones / in human resources.
안녕하세요　저는 Mr. Jones를 봐야 해요　인사부의

Can you tell me / where his desk is?
말해주시겠어요　그의 책상이 어디에 있는지

M: In room 103. However, / he's <u>not in the office</u> / today.
103호에요　그런데　그는 사무실에 없어요　오늘

W: Oh, / thanks / for the information.
아　감사합니다　그 정보를 알려주셔서

남자가 여자에게 알려준 것은 무엇인가?

(A) Mr. Jones가 사무실에 없다.
(B) Mr. Jones가 회의 중이다.

8번은 다음 대화에 관한 문제입니다.

여: 안녕하세요. 저는 인사부의 Mr. Jones를 봐야 해요. 그의 책상이 어디에 있는지 말해주시겠어요?

남: 103호에요. 그런데, 그는 오늘 사무실에 없어요.

여: 아, 그 정보를 알려주셔서 감사합니다.

해설 남자의 말 he[Mr. Jones]'s not in the office와 여자의 말 thanks for the information에서 남자가 Mr. Jones는 사무실에 없다고 하자 여자가 그 정보를 알려주어서 고맙다고 했으므로 남자는 여자에게 Mr. Jones가 사무실에 없다는 것을 알려주었음을 알 수 있습니다. 따라서 (A)가 정답입니다.

해커스 토익 왕기초 Listening

토익 리스닝 기초　PART 1　PART 2　PART 3　PART 4

Course 1 시간·순서 표현   p. 127

실력 UP! 연습 문제

01 take	02 around	03 once	04 within
05 after	06 before	07 as soon as	

01 The meeting will **take** 40 minutes.

02 Mr. Chen visited **around** 11 o'clock.

03 I'll call you **once** I review the plan.

04 We need to arrive **within** two hours.

05 You can ask questions **after** the presentation.

06 The elevator will be repaired **before** Thursday.

07 Please let me know **as soon as** you finish your work.

Course 2 제안·요청 표현   p. 129

실력 UP! 연습 문제

01 Let's	02 Could you	03 Would you mind	04 You should
05 Please	06 Why don't we	07 I need you to	

01 **Let's** take the next train.

02 **Could you** order a copy machine?

03 **Would you mind** moving the table?

04 **You should** change the tour schedule.

05 **Please** register for the workshop.

06 **Why don't we** join this book club?

07 **I need you to** come to my office around noon.

01 (A)   **02** (B)   **03** (A)   **04** (A)   **05** (A)   **06** (B)

07 (B)   **08** (B)

01

Question 1 refers to the following conversation.

W: When will the new library open?
새 도서관이 언제 문을 여나요

M: It's going to open / within two weeks.
그건 문을 열 거예요   2주 이내에

1번은 다음 대화에 관한 문제입니다.

여: 새 도서관이 언제 문을 여나요?

남: 그건 2주 이내에 문을 열 거예요.

여자는 무엇에 대해 묻는가?
(A) 도서관 개장일
(B) 식당 개업일

해설   여자의 말 When will the new library open에서 여자가 새 도서관이 언제 문을 여는지 묻고 있음을 알 수 있으므로 (A)가 정답입니다.

02

Question 2 refers to the following conversation.

W: Mark, / are you busy? I need you to help design a poster.
Mark   바쁘신가요   포스터를 디자인하는 것을 도와주세요

M: Can you wait / a minute? I'm reviewing this list.
기다려 주시겠어요   잠깐만   저는 이 목록을 검토하고 있어요

It will take about 10 minutes.
10분쯤 걸릴 거예요

2번은 다음 대화에 관한 문제입니다.

여: Mark, 바쁘신가요? 포스터를 디자인하는 것을 도와주세요.

남: 잠깐만 기다려 주시겠어요? 저는 이 목록을 검토하고 있어요. 10분쯤 걸릴 거예요.

남자는 무엇을 하고 있는 중인가?
(A) 일정을 변경하고 있다.
(B) 목록을 검토하고 있다.

해설   남자의 말 I'm reviewing this list에서 남자가 목록을 검토하고 있음을 알 수 있으므로 (B)가 정답입니다.

03

Question 3 refers to the following conversation.

M: The meeting room door is locked / again.
회의실 문이 잠겼어요   또

W: Oh, / you should use this key.
아   당신은 이 열쇠를 사용하셔야 해요

3번은 다음 대화에 관한 문제입니다.

남: 회의실 문이 또 잠겼어요.

여: 아, 당신은 이 열쇠를 사용하셔야 해요.

여자는 무엇을 제안하는가?
(A) 열쇠를 사용하는 것
(B) 열쇠를 고치는 것

해설   여자의 말 you should use this key에서 여자가 열쇠를 사용해야 한다고 제안하고 있음을 알 수 있으므로 (A)가 정답입니다.

04

Question 4 refers to the following conversation.

M: Hi. I need to take the hotel shuttle / to the airport.
안녕하세요   저는 호텔 왕복 버스를 타야 해요   공항으로 가는

When does it leave?
그것은 언제 출발하나요

W: It leaves / in 15 minutes.
그것은 출발합니다 15분 후에

4번은 다음 대화에 관한 문제입니다.

남: 안녕하세요. 저는 공항으로 가는 호텔 왕복 버스를 타야 해요. 그것은 언제 출발하나요?

여: 그것은 15분 후에 출발합니다.

남자는 어디로 가려고 하는가?
(A) 공항
(B) 기차역

해설 남자의 말 I need to take ~ shuttle to the airport에서 남자가 공항으로 가는 왕복 버스를 타야 한다고 했으므로 공항으로 가야 함을 알 수 있습니다. 따라서 (A)가 정답입니다.

05

Question 5 refers to the following conversation.

M: My name is Rodney Dunn, / and I'm here /
제 이름은 Rodney Dunn입니다   그리고 저는 여기 왔습니다

for an **interview**.
면접을 위해

W: Mr. Dunn . . . Your interview will start / around 3 P.M.
Mr. Dunn   당신의 면접은 시작할 거예요   3시쯤에

M: I see. Thank you.
알겠습니다 감사합니다

5번은 다음 대화에 관한 문제입니다.

남: 제 이름은 Rodney Dunn이고, 면접을 위해 여기 왔습니다.

여: Mr. Dunn... 당신의 면접은 3시쯤에 시작할 거예요.

남: 알겠습니다. 감사합니다.

남자는 3시에 무엇을 할 것 같은가?
(A) 면접을 본다.
(B) 교육을 받는다.

해설 여자의 말 You[Mr. Dunn] interview ~ start around 3 P.M.에서 남자의 면접이 3시쯤에 시작할 것임을 알 수 있으므로 (A)가 정답입니다.

06

Question 6 refers to the following conversation.

M: Are you going to the marketing seminar, / Linda?
마케팅 세미나에 가실 건가요   Linda

W: Hmm . . . I don't think / I can complete the sales report /
음   그럴 것 같지 않아요   제가 판매 보고서를 완료할 수 있을

before then.
그 전에

M: I suggest you ask for help.
저는 당신이 도움을 요청하는 것을 제안해요

6번은 다음 대화에 관한 문제입니다.

남: 마케팅 세미나에 가실 건가요, Linda?

여: 음... 제가 그 전에 판매 보고서를 완료할 수 있을 것 같지 않아요.

남: 저는 당신이 도움을 요청하는 것을 제안해요.

남자는 무엇을 제안하는가?
(A) 기한을 연장하는 것
(B) 도움을 요청하는 것

해설 남자의 말 I suggest you ask for help에서 남자가 도움을 요청하는 것을 제안하고 있음을 알 수 있으므로 (B)가 정답입니다.

07

Question 7 refers to the following conversation.

W: Excuse me. I'd like to exchange this guitar /
    실례합니다   저는 이 기타를 교환하고 싶어요

for another model.
    다른 모델로

M: Oh, / our store manager isn't here / now.
    아   저희 가게 관리자가 여기 없어요   지금

Would you come back / after two o'clock?
    돌아와 주시겠어요   2시 이후에

W: OK. I'll do that.
    알겠어요   그렇게 할게요

7번은 다음 대화에 관한 문제입니다.

여: 실례합니다. 저는 이 기타를 다른 모델로 교환하고 싶어요.

남: 아, 저희 가게 관리자가 지금 여기 없어요. 2시 이후에 돌아와 주시겠어요?

여: 알겠어요. 그렇게 할게요.

남자는 여자에게 무엇을 하라고 요청하는가?

(A) 관리자와 약속을 잡는다.
(B) 가게에 다시 들른다.

해설 남자의 말 Would you come back after two o'clock에서 남자가 여자에게 2시 이후에 가게에 돌아와달라고 요청하고 있음을 알 수 있으므로 (B)가 정답입니다.

08

Question 8 refers to the following conversation.

W: Mr. Witten, / how long have you worked / for Ink Soft?
    Mr. Witten   얼마나 오래 일하셨나요   Ink Soft에서

M: Well, / I've been with the company / for five years.
    음   저는 회사에 있었습니다   5년 동안

I've created many computer software programs.
    저는 여러 컴퓨터 소프트웨어 프로그램들을 만들었어요

W: Please tell us more / about the software programs.
    더 이야기해주세요   그 소프트웨어 프로그램들에 대해

8번은 다음 대화에 관한 문제입니다.

여: Mr. Witten, Ink Soft에서 얼마나 오래 일하셨나요?

남: 음, 저는 회사에 5년 동안 있었습니다. 저는 여러 컴퓨터 소프트웨어 프로그램들을 만들었어요.

여: 그 소프트웨어 프로그램들에 대해 더 이야기해주세요.

여자는 남자에게 무엇을 하라고 요청하는가?

(A) 회사에 대해 이야기한다.
(B) 소프트웨어에 대해 이야기한다.

해설 여자의 말 Please tell us more about the software programs에서 여자가 남자에게 소프트웨어 프로그램들에 대해 더 이야기해달라고 요청하고 있음을 알 수 있으므로 (B)가 정답입니다.

Course 1 사내 업무·행사 관련 표현   p. 135

실력 UP! 연습 문제

01 report	**02** trade fair	**03** review	**04** position
05 sign up	**06** have a meeting	**07** give a presentation	**08** hire an employee

01 I'll send you the <u>report</u> tomorrow.

02 When will the <u>trade fair</u> begin?

03 Could you <u>review</u> the project plan?

04 I'm interested in the baker <u>position</u>.

05 You can <u>sign up</u> for the workshop now.

06 I <u>have a meeting</u> from 11 A.M. to 1 P.M.

07 I'll <u>give a presentation</u> at the next meeting.

08 We need to <u>hire an employee</u> for the marketing team.

Course 2 사업 계획·상품 판매 관련 표현   p. 139

실력 UP! 연습 문제

01 order	**02** quality	**03** contact	**04** feedback
05 customer service	**06** research	**07** survey result	**08** give away

01 We will <u>order</u> new products.

02 The <u>quality</u> of the computer is good.

03 I asked him to <u>contact</u> a client.

04 She gave some <u>feedback</u> on our project.

05 Please call the <u>customer service</u> center.

06 You can get the information from the **research** team.

07 You can receive the **survey results** on Thursday.

08 Our company will **give away** coupons at shopping malls.

자신감 UP! 실전 대비하기

p. 140

01 (B)	**02** (A)	**03** (B)	**04** (A)	**05** (B)	**06** (B)
07 (A)	**08** (A)				

01

Question 1 refers to the following conversation.

M: Where is Mr. Allen? He's not in his office.
Mr. Allen은 어디 있나요   그가 그의 사무실에 없어요

W: He's <u>having a meeting</u> / with his team members.
그는 회의 중이에요   그의 팀원들과

1번은 다음 대화에 관한 문제입니다.

남: Mr. Allen은 어디 있나요? 그가 그의 사무실에 없어요.

여: 그는 그의 팀원들과 회의 중이에요.

여자에 따르면, Mr. Allen은 무엇을 하고 있는가?
(A) 사무실로 오고 있다.
(B) 회의를 하고 있다.

해설 여자의 말 He[Mr. Allen]'s having a meeting에서 Mr. Allen이 회의를 하고 있음을 알 수 있으므로 (B)가 정답입니다.

02

Question 2 refers to the following conversation.

W: Hello, / I'm Jane Howard.
안녕하세요   저는 Jane Howard입니다

I'd like to <u>apply for</u> the marketing manager position.
저는 마케팅 관리자 직책에 지원하고 싶습니다

M: Sure. You should <u>send your résumé</u> / to our company.
네   당신의 이력서를 보내주셔야 합니다   저희 회사에

2번은 다음 대화에 관한 문제입니다.

여: 안녕하세요, 저는 Jane Howard입니다. 저는 마케팅 관리자 직책에 지원하고 싶어요.

남: 네. 저희 회사에 당신의 이력서를 보내주셔야 합니다.

남자는 여자에게 무엇을 하라고 제안하는가?
(A) 이력서를 보낸다.
(B) 회사에 전화한다.

해설 남자의 말 You should send your résumé에서 남자가 여자에게 이력서를 보내야 한다고 제안하고 있음을 알 수 있으므로 (A)가 정답입니다.

03

Question 3 refers to the following conversation.

W: Chad, / can we meet / this afternoon?
　　Chad　　우리 만날 수 있을까요　　오늘 오후에

　　We need to revise our plan / for our new product.
　　우리는 계획을 수정해야 해요　　　　신상품에 관한

M: OK. Let's meet / at 3 P.M.
　　알겠어요　만납시다　오후 3시에

3번은 다음 대화에 관한 문제입니다.

여: Chad, 우리 오늘 오후에 만날 수 있을까요? 우리는 신상품에 관한 계획을 수정해야 해요.

남: 알겠어요. 오후 3시에 만납시다.

여자는 왜 남자와 만나고 싶어 하는가?

(A) 상품을 확인하기 위해

(B) 계획을 수정하기 위해

해설 여자의 말 can we meet this afternoon ~ We need to revise our plan에서 여자가 계획을 수정하기 위해 남자와 오후에 만나고 싶어 함을 알 수 있으므로 (B)가 정답입니다.

04

Question 4 refers to the following conversation.

M: Good afternoon, / Ellen. Did you contact Rudd Exports?
　　안녕하세요　　　Ellen　　　Rudd Exports에 연락하셨나요

W: Yes. They said / that they can lower the price of our order.
　　네　그들은 말했어요　　　우리 주문품의 가격을 낮춰줄 수 있다고

4번은 다음 대화에 관한 문제입니다.

남: 안녕하세요, Ellen. Rudd Exports에 연락하셨나요?

여: 네. 그들은 우리 주문품의 가격을 낮춰줄 수 있다고 말했어요.

여자에 따르면, Rudd Exports는 무엇을 할 수 있는가?

(A) 제품 가격을 낮춰준다.

(B) 견본품을 무료로 제공한다.

해설 여자의 말 they[Rudd Exports] can lower the price of our order에서 Rudd Exports가 주문품의 가격을 낮춰줄 수 있음을 알 수 있으므로 (A)가 정답입니다.

05

Question 5 refers to the following conversation.

M: According to our research, / people are really happy /
　　우리의 조사에 따르면　　　　사람들은 매우 만족스러워 해요

　　with our laptops.
　　우리의 노트북 컴퓨터에

W: That's wonderful! Could you show me the customer
　　좋은데요　　　　　　제게 고객 의견을 보여주시겠어요

　　feedback?

M: Of course. I'll send it / to you.
　　물론이죠　그걸 보내드릴게요 당신에게

5번은 다음 대화에 관한 문제입니다.

남: 우리의 조사에 따르면, 사람들은 우리의 노트북 컴퓨터에 매우 만족스러워해요.

여: 좋은데요! 제게 고객 의견을 보여주시겠어요?

남: 물론이죠. 그걸 당신에게 보내드릴게요.

남자는 다음에 무엇을 할 것 같은가?

(A) 매출 보고서를 보내준다.

(B) 고객 의견을 보내준다.

해설 여자의 말 Could you show me the customer feedback과 남자의 말 I'll send it to you에서 여자가 고객 의견을 보여달라고 하자 남자가 보내주겠다고 했으므로 남자가 고객 의견을 보여줄 것임을 알 수 있습니다. 따라서 (B)가 정답입니다.

Question 6 refers to the following conversation.

W: Why was the <u>meeting time</u> changed?
　　　　　왜 회의 시간이 변경되었나요

　　It usually starts / at five o'clock.
　　그건 보통 시작하잖아요　　　5시에

M: That's / because I'm <u>going on a business trip.</u>
　　그건　　　제가 출장을 가기 때문이에요

　　I need to leave / soon.
　　저는 출발해야 해요　　곧

W: Oh, / I see.
　　아　　그렇군요

6번은 다음 대화에 관한 문제입니다.

여: 왜 회의 시간이 변경되었나요? 그건 보통 5시에 시작하잖아요.

남: 그건 제가 출장을 가기 때문이에요. 저는 곧 출발해야 해요.

여: 아, 그렇군요.

회의 시간이 왜 변경되었는가?
(A) 남자의 고객이 방문하기 때문에
(B) 남자가 출장을 가기 때문에

해설 여자의 말 Why was the meeting time changed와 남자의 말 That's because I'm going on a business trip에서 남자가 출장을 가기 때문에 회의 시간이 변경되었음을 알 수 있으므로 (B)가 정답입니다.

Question 7 refers to the following conversation.

W: Ken, / I have a <u>problem</u>. I don't have enough time /
　　Ken　　문제가 생겼어요　　　저는 충분한 시간이 없어요

　　to <u>review our sales report</u>.
　　　우리의 매출 보고서를 검토할

M: I will help you / with that. When is the deadline?
　　제가 도와줄게요　　그것을　　기한이 언제인가요

W: It is 4 P.M.
　　오후 4시예요

7번은 다음 대화에 관한 문제입니다.

여: Ken, 문제가 생겼어요. 저는 우리의 매출 보고서를 검토할 충분한 시간이 없어요.

남: 제가 그것을 도와줄게요. 기한이 언제인가요?

여: 오후 4시예요.

여자가 말하는 문제는 무엇인가?
(A) 보고서를 검토할 시간이 부족하다.
(B) 상품을 진열할 시간이 부족하다.

해설 여자의 말 I have a problem ~ I don't have enough time to review ~ report에서 여자가 보고서를 검토할 시간이 부족함을 알 수 있으므로 (A)가 정답입니다.

Question 8 refers to the following conversation.

M: Did you prepare <u>the training activities</u> /
　　　　　교육 활동들을 준비하셨나요

　　for <u>new employees</u>?
　　　새로운 직원들을 위한

W: Yes. I also made worksheets / about workplace safety.
　　네　　저는 평가지도 만들었어요　　　작업장 안전에 관한

M: Great. Please make copies / for everyone.
　　좋아요　　복사해 주세요　　모두를 위해

　　Thirty people <u>signed up</u>.
　　　30명이 등록했어요

8번은 다음 대화에 관한 문제입니다.

남: 새로운 직원들을 위한 교육 활동들을 준비하셨나요?

여: 네. 저는 작업장 안전에 관한 평가지도 만들었어요.

남: 좋아요. 모두를 위해 복사해 주세요. 30명이 등록했어요.

화자들은 주로 무엇에 대해 이야기하고 있는가?

(A) 직원 교육
(B) 발표 주제

해설 남자의 말 Did you prepare the training activities for new employees와 여자의 말 Yes. I made worksheets about workplace safety에서 남자가 교육을 준비했는지 묻자 여자가 그렇다며 작업장 안전에 관한 평가지도 만들었다고 했으므로 화자들이 직원 교육에 대해 이야기하고 있음을 알 수 있습니다. 따라서 (A)가 정답입니다.

Course 1 쇼핑·편의 시설 이용 관련 표현 p. 145

실력 UP! 연습 문제

01 receipt   **02** sold out   **03** refund   **04** repaired

05 bank account   **06** pick up   **07** got a checkup   **08** delivery service

01 Could you show me the **receipt**?

02 Those books are all **sold out** now.

03 I want a **refund** for this shirt.

04 My cell phone needs to be **repaired**.

05 How can I open a **bank account**?

06 I'd like to **pick up** the product at 11 A.M.

07 I **got a checkup** at Riverside Clinic.

08 Many customers like our quick **delivery service**.

Course 2 여행·주거·교통수단 관련 표현 p. 149

실력 UP! 연습 문제

01 window seat   **02** museum   **03** train station   **04** move to

05 book a flight   **06** looking for   **07** membership card   **08** give me directions

01 I prefer a **window seat**.

02 Many people visit this **museum**.

03 The theater is next to the **train station**.

04 I'll **move to** my new apartment soon.

05 I'd like to **book a flight** to Dublin.

06 I'm **looking for** a house near my office.

07 You can receive a **membership card** next week.

08 Could you **give me directions** to the city hall?

자신감 UP! 실전 대비하기 p. 150

01 (A) **02** (B) **03** (B) **04** (B) **05** (A) **06** (B)

07 (B) **08** (A)

01

Question 1 refers to the following conversation.

M: Good morning. Can I help you / with anything?
안녕하세요　　　도와드릴까요　　　무엇을

W: Hi. I need to open a bank account.
안녕하세요　저는 은행 계좌를 개설해야 해요

1번은 다음 대화에 관한 문제입니다.

남: 안녕하세요. 무엇을 도와드릴까요?

여: 안녕하세요. 저는 은행 계좌를 개설해야 해요.

대화는 어디에서 일어나는 것 같은가?

(A) 은행에서
(B) 우체국에서

> **해설** 여자의 말 I need to open a bank account에서 여자가 은행 계좌를 개설해야 한다고 했으므로 대화가 은행에서 일어나고 있음을 알 수 있습니다. 따라서 (A)가 정답입니다.

02

Question 2 refers to the following conversation.

W: This is Prime Clinic.
Prime Clinic입니다

M: Hello. This is Daniel Ford.
안녕하세요　저는 Daniel Ford입니다
I'm calling / to schedule a checkup.
전화 드려요　　검진 일정을 잡기 위해

2번은 다음 대화에 관한 문제입니다.

여: Prime Clinic입니다.

남: 안녕하세요. 저는 Daniel Ford입니다. 검진 일정을 잡기 위해 전화 드려요.

남자는 왜 전화하고 있는가?

(A) 일정을 변경하기 위해서
(B) 검진을 받기 위해서

> **해설** 남자의 말 I'm calling to schedule a checkup에서 남자가 검진 일정을 잡기 위해 전화하고 있음을 알 수 있으므로 (B)가 정답입니다.

03

Question 3 refers to the following conversation.

M: Let's see the museum's new exhibit.
박물관의 새 전시회를 봅시다

W: Sure. I have a membership, / so I can get a 10 percent
물론이죠   저는 회원권이 있어요   그래서 저는 10퍼센트

discount.
할인을 받을 수 있어요

3번은 다음 대화에 관한 문제입니다.

남: 박물관의 새 전시회를 봅시다.

여: 물론이죠. 저는 회원권이 있어서, 10퍼센트 할인을 받을 수 있어요.

화자들은 어디에 있는 것 같은가?

(A) 극장에

(B) 박물관에

해설 남자의 말 Let's see the museum's new exhibit에서 남자가 박물관의 새 전시회를 보자고 했으므로 화자들이 박물관에 있음을 알 수 있습니다. 따라서 (B)가 정답입니다.

04

Question 4 refers to the following conversation.

W: Thank you / for calling Star Clothing.
감사합니다   Star Clothing에 전화해주셔서

How can I help you?
무엇을 도와드릴까요

M: I bought a shirt / online, / but I don't like the color.
저는 셔츠를 샀어요   온라인으로   하지만 색상이 마음에 들지 않아요

I'd like to exchange it.
저는 이것을 교환하고 싶어요

4번은 다음 대화에 관한 문제입니다.

남: Star Clothing에 전화해주셔서 감사합니다. 무엇을 도와드릴까요?

여: 저는 셔츠를 온라인으로 샀는데, 색상이 마음에 들지 않아요. 저는 이것을 교환하고 싶어요.

남자는 무엇을 하고 싶어 하는가?

(A) 제품을 환불한다.

(B) 제품을 교환한다.

해설 남자의 말 I'd like to exchange it[shirt]에서 남자가 셔츠를 교환하고 싶어 함을 알 수 있으므로 (B)가 정답입니다.

05

Question 5 refers to the following conversation.

W: Hi, / I'm looking for an apartment / downtown.
안녕하세요   저는 아파트를 찾고 있어요   시내에 있는

M: How much can you spend / on rent / each month?
얼마를 쓸 수 있으신가요   집세로   매달

W: No more / than $800.
많지 않게요   800달러보다

5번은 다음 대화에 관한 문제입니다.

여: 안녕하세요, 저는 시내에 있는 아파트를 찾고 있어요.

남: 매달 집세로 얼마를 쓸 수 있으신가요?

여: 800달러보다 많지 않게요.

화자들은 어디에 있는 것 같은가?

(A) 부동산에

(B) 은행에

해설 여자의 말 I'm looking for an apartment downtown에서 여자가 시내에 있는 아파트를 찾고 있다고 했으므로 화자들이 부동산에 있음을 알 수 있습니다. 따라서 (A)가 정답입니다.

06

Question 6 refers to the following conversation.

W: I left my camera / here / for repairs / this morning.
　　제 카메라를 맡겼어요　여기　수리를 위해　오늘 아침에

　　Can I pick it up / now?
　　그것을 찾아갈 수 있나요　지금

M: Yes. We had to replace some parts. The fee will be $30.
　　네　저희는 몇몇 부품들을 교체해야 했습니다　요금은 30달러가 되겠습니다

W: I see. I'll pay / with my credit card.
　　알겠어요　결제할게요　제 신용카드로

6번은 다음 대화에 관한 문제입니다.

여: 오늘 아침에 수리를 위해 제 카메라를 여기 맡겼어요. 지금 그것을 찾아갈 수 있나요?

남: 네. 저희는 몇몇 부품들을 교체해야 했습니다. 요금은 30달러가 되겠습니다.

여: 알겠어요. 제 신용카드로 결제할게요.

남자는 무엇을 했는가?
(A) 카메라를 점검했다.
(B) 부품을 교체했다.

해설 남자의 말 We had to replace some parts에서 남자가 몇몇 부품들을 교체해야 했음을 알 수 있으므로 (B)가 정답입니다.

07

Question 7 refers to the following conversation.

M: Excuse me. Can I get to city hall / by public transportation?
　　실례합니다　시청에 도착할 수 있나요　대중교통으로

W: You should take the train / to Central Station.
　　기차를 타세요　중앙역으로 가는

　　City hall is just across the street.
　　시청은 바로 길 건너에 있어요

M: Thank you so much.
　　정말 감사합니다

7번은 다음 대화에 관한 문제입니다.

남: 실례합니다. 대중교통으로 시청에 도착할 수 있나요?

여: 중앙역으로 가는 기차를 타세요. 시청은 바로 길 건너에 있어요.

남: 정말 감사합니다.

여자는 남자에게 무엇을 하라고 제안하는가?
(A) 버스를 환승한다.
(B) 기차를 탄다.

해설 여자의 말 You should take the train에서 여자가 남자에게 기차를 타라고 제안하고 있음을 알 수 있으므로 (B)가 정답입니다.

08

Question 8 refers to the following conversation.

W: My name is Maria. I ordered a laptop / last week, /
　　제 이름은 Maria입니다　저는 노트북 컴퓨터를 주문했어요　지난주에

　　but I haven't received it / yet.
　　하지만 그것을 받지 못했어요　아직

M: Let me see . . . / The delivery is taking longer / than usual.
　　확인해 보겠습니다　배송이 더 오래 걸리네요　평소보다

　　It will arrive / tomorrow.
　　그건 도착할 것입니다　내일

W: All right. I can wait.
　　알겠습니다　기다릴 수 있어요

8번은 다음 대화에 관한 문제입니다.

여: 제 이름은 Maria입니다. 저는 지난주에 노트북 컴퓨터를 주문했는데, 그것을 아직 받지 못했어요.

남: 확인해 보겠습니다... 배송이 평소보다 더 오래 걸리네요. 그건 내일 도착할 것입니다.

여: 알겠습니다. 기다릴 수 있어요.

내일 무슨 일이 일어날 것인가?

(A) 상품이 도착할 것이다.
(B) 배송이 시작될 것이다.

해설 남자의 말 It[laptop] will arrive tomorrow에서 여자가 주문한 노트북 컴퓨터가 내일 도착할 것임을 알 수 있으므로 (A)
가 정답입니다.

Course 1 전체 대화 관련 문제 유형
p. 154

실력 UP! 연습 문제

01 (A) **02** (B) **03** (A) **04** (B) **05** (A) **06** (B)

07 (A) **08** (B)

01 What are the speakers mainly discussing?
화자들은 주로 무엇에 대해 이야기하고 있는가?

02 Where do the speakers most likely work?
화자들은 어디에서 일하는 것 같은가?

03 - 04

Questions 3-4 refer to the following conversation.	3-4번은 다음 대화에 관한 문제입니다.
W: Vincent, / ³how was your meeting / with the clients? Vincent 회의는 어땠나요 고객들과의	여: Vincent, ³고객들과의 회의는 어땠나요?
M: Good. ⁰⁴They really liked our new online advertisement. 좋았어요 그들은 우리의 새 온라인 광고를 정말 마음에 들어 했어요	남: 좋았어요. ⁰⁴그들은 우리의 새 온라인 광고를 정말 마음에 들어 했어요.
W: That's great news. 좋은 소식이네요	여: 좋은 소식이네요.

03 What are the speakers mainly discussing?
(A) 고객 회의
(B) 온라인 평가

03 화자들은 주로 무엇에 대해 이야기하고 있는가?

04 Where do the speakers most likely work?
(A) 인사부
(B) 마케팅부

04 화자들은 어디에서 일하는 것 같은가?

해설

03 What ~ speakers ~ discussing에서 화자들이 무엇에 대해 이야기하고 있는지를 묻는 주제 문제임을 확인할 수 있습니다. 여자의 말 how was your meeting with the clients에서 고객들과의 회의가 어땠는지 묻고 있으므로 화자들이 고객 회의에 대해 이야기하고 있음을 알 수 있습니다. 따라서 (A)가 정답입니다.

04 Where ~ speakers ~ work에서 화자들이 어디에서 일하는지를 묻는 화자 문제임을 확인할 수 있습니다. 남자의 말 They[clients] really liked our new online advertisement에서 고객들은 그들의 새 온라인 광고를 정말 마음에 들어 했다고 했으므로 화자들이 마케팅부에서 일하고 있음을 알 수 있습니다. 따라서 (B)가 정답입니다.

05

Question 5 refers to the following conversation.

M: How can I help you?
무엇을 도와드릴까요

W: Oh, / I'm looking for some milk.
아   저는 우유를 찾고 있어요

M: You can find it / in Aisle 10.
당신은 그것을 찾으실 수 있습니다   10번 통로에서

Where are the speakers?

(A) At a supermarket
(B) At a museum

토익 리스닝 기초

PART 1

PART 2

PART 3

PART 4

해커스 토익 왕기초 Listening

5번은 다음 대화에 관한 문제입니다.

남: 무엇을 도와드릴까요?

여: 아, 저는 우유를 찾고 있어요.

남: 10번 통로에서 그것을 찾으실 수 있습니다.

화자들은 어디에 있는가?

(A) 슈퍼마켓에
(B) 박물관에

해설 Where ~ speakers에서 화자들이 어디에 있는지를 묻는 장소 문제임을 확인할 수 있습니다. 여자의 말 I'm looking for some milk에서 여자가 우유를 찾고 있다고 했으므로 화자들이 슈퍼마켓에 있음을 알 수 있습니다. 따라서 (A) At a supermarket이 정답입니다.

06

Question 6 refers to the following conversation.

M: Hi. I'd like to apply for the engineer position.
안녕하세요   저는 기술자 직책에 지원하고 싶습니다

W: You have to go / to the human resources department.
당신은 가셔야 해요   인사부로

M: Thanks. I'll do that.
감사합니다   그렇게 할게요

What is the purpose of the man's visit?

(A) To find an engineer
(B) To apply for a job

6번은 다음 대화에 관한 문제입니다.

남: 안녕하세요. 저는 기술자 직책에 지원하고 싶습니다.

여: 당신은 인사부로 가셔야 해요.

남: 감사합니다. 그렇게 할게요.

남자의 방문 목적은 무엇인가?

(A) 기술자를 찾기 위해
(B) 일자리에 지원하기 위해

해설 What ~ purpose ~ man's visit에서 남자의 방문 목적이 무엇인지를 묻는 목적 문제임을 확인할 수 있습니다. 남자의 말 I'd like to apply for the engineer position에서 기술자 직책에 지원하고 싶다고 했으므로 남자가 일자리에 지원하기 위해 방문하였음을 알 수 있습니다. 따라서 (B) To apply for a job이 정답입니다. (A)는 지문에서 언급된 engineer(기술자)를 사용하였으나 기술자를 찾는다는 내용은 언급되지 않았으므로 오답입니다.

---

07 - 08

Questions 7-8 refer to the following conversation.

W: ⁰⁷Thank you / for calling. This is Donna speaking.
감사합니다   전화해주셔서   저는 Donna입니다

M: Hello. My name is Andrew Smith, / and ⁰⁷I booked
안녕하세요 제 이름은 Andrew Smith입니다   그리고 저는

a single room / for December 2. However, /
1인실을 예약했습니다   12월 2일로   그런데

⁰⁸I need to stay one more night.
저는 하룻밤을 더 머물러야 해요

W: All right, / Mr. Smith. May I have your reservation number?
알겠습니다   Mr. Smith   당신의 예약 번호를 알려주시겠어요

7-8번은 다음 대화에 관한 문제입니다.

여: ⁰⁷전화해주셔서 감사합니다. 저는 Donna입니다.

남: 안녕하세요. 제 이름은 Andrew Smith 이고, ⁰⁷저는 12월 2일로 1인실을 예약 했습니다. 그런데, ⁰⁸저는 하룻밤을 더 머물러야 해요.

남: 알겠습니다, Mr. Smith. 당신의 예약 번호를 알려주시겠어요?

07 Where does the woman most likely work?

(A) At a hotel

(B) At a restaurant

08 What is the purpose of the phone call?

(A) To cancel a service

(B) To change an appointment

07 여자는 어디에서 일하는 것 같은가?

(A) 호텔에서

(B) 식당에서

08 전화의 목적은 무엇인가?

(A) 서비스를 취소하기 위해

(B) 예약을 변경하기 위해

해설

07 Where ~ woman ~ work에서 여자가 어디에서 일하는지를 묻는 화자 문제임을 확인할 수 있습니다. 여자의 말 Thank you for calling ~ Donna speaking과 남자의 말 I booked a single room에서 전화를 받은 여자에게 남자가 자신이 1인실을 예약했다고 했으므로 여자가 호텔에서 일하고 있음을 알 수 있습니다. 따라서 (A) At a hotel이 정답입니다.

08 What ~ purpose ~ phone call에서 전화의 목적이 무엇인지를 묻는 목적 문제임을 확인할 수 있습니다. 남자의 말 I need to stay one more night에서 하룻밤을 더 머물러야 한다고 했으므로 예약을 변경하기 위해 전화하였음을 알 수 있습니다. 따라서 (B) To change an appointment가 정답입니다.

Course 2 세부 사항 관련 문제 유형   p. 158

실력 UP! 연습 문제

01 (B)   **02** (A)   **03** (A)   **04** (B)   **05** (A)   **06** (A)

07 (B)   **08** (B)

01 What does the man want to do?

남자는 무엇을 하고 싶어 하는가?

02 What will the man do next?

남자는 다음에 무엇을 할 것인가?

03 - 04

Questions 3-4 refer to the following conversation.

M: Hi. ⁰³I'm interested / in taking a tour. This is my first visit /
안녕하세요   저는 관심이 있어요   투어를 하는 것에   이번이 첫 방문이에요

to this museum.
이 박물관으로의

W: Our next one is at 3 P.M., / and it costs $5. Is that OK?
다음 것이 오후 3시에 있어요   그리고 그건 5달러예요   괜찮으신가요

M: Yes. ⁰⁴I'll pay for the ticket / now.
네   표 값을 결제할게요   지금

3-4번은 다음 대화에 관한 문제입니다.

남: 안녕하세요. ⁰³저는 투어를 하는 것에 관심이 있어요. 이번이 이 박물관으로의 첫 방문이에요.

여: 다음 것이 오후 3시에 있고, 그건 5달러예요. 괜찮으신가요?

남: 네. ⁰⁴지금 표 값을 결제할게요.

03 What does the man want to do?

(A) 투어를 하는 것

(B) 특별 전시를 보는 것

04 What will the man do next?

(A) 일정을 확인한다.

(B) 표를 구매한다.

03 남자는 무엇을 하고 싶어 하는가?

04 남자는 다음에 무엇을 할 것인가?

해설

03 What ~ man ~ want to do에서 남자가 무엇을 하고 싶어 하는지를 묻는 특정 세부 문제임을 확인할 수 있습니다. 남자의 말 I'm interested in taking a tour에서 남자가 투어를 하는 것에 관심이 있음을 알 수 있으므로 (A)가 정답입니다.

04 What ~ man do next에서 남자가 다음에 무엇을 할 것인지를 묻는 다음에 할 일 문제임을 확인할 수 있습니다. 남자의 말 I'll pay for the ticket now에서 남자가 지금 표 값을 결제할 것임을 알 수 있으므로 (B)가 정답입니다.

05

Question 5 refers to the following conversation.	5번은 다음 대화에 관한 문제입니다.
M: Welcome / to Blake's Fashions. How can I help you? 환영합니다 Blake's Fashions에 오신 걸 무엇을 도와드릴까요	남: Blake's Fashions에 오신 걸 환영합니다. 무엇을 도와드릴까요?
W: I bought this sweater / at your store, / 저는 이 스웨터를 샀어요 당신의 가게에서 but I'd like to get a refund. 그런데 저는 환불을 받고 싶어요	여: 저는 당신의 가게에서 이 스웨터를 샀는데, 환불을 받고 싶어요.
M: May I ask what the problem was? 문제가 무엇이었는지 여쭤봐도 될까요	남: 문제가 무엇이었는지 여쭤봐도 될까요?
What does the woman want to do?	여자는 무엇을 하고 싶어 하는가?
(A) Get some money back (B) Exchange some clothes	(A) 돈을 돌려받는다. (B) 옷을 교환한다.

해설 What ~ woman want to do에서 여자가 무엇을 하고 싶어 하는지를 묻는 특정 세부 문제임을 확인할 수 있습니다. 여자의 말 I'd like to get a refund에서 여자가 환불을 받고 싶어 함을 알 수 있으므로 (A) Get some money back이 정답입니다.

06

Question 6 refers to the following conversation.	6번은 다음 대화에 관한 문제입니다.
M: What did you discuss / at the meeting, / Susan? 무엇을 논의했나요 회의에서 Susan	남: 회의에서 무엇을 논의했나요, Susan?
W: We talked / about the internship program. 우리는 이야기했어요 인턴십 프로그램에 대해	여: 우리는 인턴십 프로그램에 대해 이야기했어요.
M: Really? Could you share the notes? 정말요 기록을 공유해주시겠어요	남: 정말이요? 기록을 공유해주시겠어요?
What does the man ask the woman to do?	남자는 여자에게 무엇을 하라고 요청하는가?
(A) Show some notes (B) Send some information	(A) 메모를 보여준다. (B) 정보를 보낸다.

해설 What ~ man ask ~ woman to do에서 남자가 여자에게 무엇을 하라고 요청하는지를 묻는 요청 문제임을 확인할 수 있습니다. 남자의 말 Could you share the notes에서 남자가 여자에게 기록을 공유해달라고 요청했으므로 (A) Show some notes가 정답입니다.

Questions 7-8 refer to the following conversation.

W: Is everything ready / for the training workshop?
모든 것이 준비가 되었나요   교육 워크숍을 위해

M: Not yet. ⁰⁷I'm not prepared / for the presentation.
아직이요   준비가 되지 않았어요   발표를 위한

W: I can help you / with that. ⁰⁸I'll bring my laptop / now.
제가 도와줄 수 있어요   그것을   제 노트북을 가지고 올게요   지금

7-8번은 다음 대화에 관한 문제입니다.

여: 교육 워크숍을 위해 모든 것이 준비가
되었나요?

남: 아직이요. ⁰⁷발표를 위한 준비가 되지
않았어요.

남: 제가 그것을 도와줄 수 있어요. ⁰⁸지금
제 노트북을 가지고 올게요.

---

07 What is the man's problem?
(A) He did not copy some handouts.
(B) He has to get ready for a talk.

08 What will the woman do next?
(A) Go to her office
(B) Bring some equipment

07 남자의 문제는 무엇인가?
(A) 유인물을 복사하지 않았다.
(B) 연설을 준비해야 한다.

08 여자는 다음에 무엇을 할 것인가?
(A) 그녀의 사무실에 간다.
(B) 기기를 가져온다.

해설

07 What ~ man's problem에서 남자의 문제가 무엇인지를 묻는 문제점 문제임을 확인할 수 있습니다. 남자의 말 I'm not prepared
for the presentation에서 남자가 발표를 위한 준비가 되지 않았음을 알 수 있으므로 (B) He has to get ready for a talk가
정답입니다.

08 What ~ woman do next에서 여자가 다음에 무엇을 할 것인지를 묻는 다음에 할 일 문제임을 확인할 수 있습니다. 여자의 말 I'll
bring my laptop now에서 여자가 지금 노트북을 가지고 올 것임을 알 수 있으므로 (B) Bring some equipment가 정답입니다.

자신감 UP! 실전 대비하기   p. 160

| **01** (D) | **02** (C) | **03** (D) | **04** (A) | **05** (A) | **06** (C) |
| **07** (B) | **08** (A) | **09** (B) | **10** (B) | **11** (D) | **12** (A) |

Questions 1-3 refer to the following conversation.

M: Hello, / Violet. ⁰¹Our company hired a new employee.
안녕하세요   Violet   우리 회사가 새로운 직원을 고용했어요

His name is Terry Gordon, / and he'll be sitting /
그의 이름은 Terry Gordon이에요   그리고 그는 앉을 거예요

next to you.
당신 옆에

W: OK. ⁰²When does he start?
알겠습니다   그는 언제 시작하나요

M: Tomorrow, / actually. ⁰³Can you print an employee manual /
내일이요   실은   직원 안내서를 인쇄해줄 수 있으신가요

for him?
그를 위해

W: Sure. ⁰³I'll do it / right away.
물론이죠   그렇게 할게요   지금

1-3번은 다음 대화에 관한 문제입니다.

남: 안녕하세요, Violet. ⁰¹우리 회사가 새
로운 직원을 고용했어요. 그의 이름은
Terry Gordon이고, 그는 당신 옆에 앉
을 거예요.

여: 알겠습니다. ⁰²그는 언제 시작하나요?

남: 실은, 내일이요. 그를 위해 ⁰³직원 안내
서를 인쇄해줄 수 있으신가요?

여: 물론이죠. ⁰³지금 그렇게 할게요.

01 What are the speakers mainly discussing?

(A) A sales meeting

(B) A delivery service

(C) Some office equipment

(D) A new worker

02 What does the woman ask about?

(A) A computer program

(B) A project deadline

(C) A start date

(D) An interview time

03 What will the woman do next?

(A) Call a manager

(B) Check a schedule

(C) Read a résumé

(D) Print a document

01 화자들은 주로 무엇에 대해 이야기하고 있는가?

(A) 영업 회의

(B) 배송 서비스

(C) 사무기기

(D) 신입 직원

02 여자는 무엇에 대해 묻는가?

(A) 컴퓨터 프로그램

(B) 프로젝트 기한

(C) 시작 날짜

(D) 인터뷰 시간

03 여자는 다음에 무엇을 할 것 같은가?

(A) 관리자에게 전화한다.

(B) 일정을 확인한다.

(C) 이력서를 읽는다.

(D) 문서를 인쇄한다.

해설

01 What ~ speakers ~ discussing에서 화자들이 무엇에 대해 이야기하고 있는지를 묻는 주제 문제임을 확인할 수 있습니다. 남자의 말 Our company hired a new employee에서 회사가 새로운 직원을 고용했다고 했으므로 화자들이 신입 직원에 대해 이야기하고 있음을 알 수 있습니다. 따라서 (D) A new worker가 정답입니다.

（바꾸어 쓴 표현）employee(직원) ➜ worker(직원)

02 What ~ woman ask about에서 여자가 무엇에 대해 묻는지를 묻는 특정 세부 문제임을 확인할 수 있습니다. 여자의 말 When does he[new employee] start에서 여자가 새로운 직원이 언제 시작하는지를 묻고 있음을 알 수 있으므로 (C) A start date가 정답입니다.

03 What ~ woman ~ do next에서 여자가 다음에 무엇을 할 것인지를 묻는 다음에 할 일 문제임을 확인할 수 있습니다. 남자의 말 Can you print an employee manual과 여자의 말 I'll do it right away에서 여자가 지금 직원 안내서를 인쇄할 것임을 알 수 있으므로 (D) Print a document가 정답입니다.

（바꾸어 쓴 표현）manual(안내서) ➜ document(문서)

04 - 06

Questions 4-6 refer to the following conversation.

M: Hi. ⁰⁴I'd like to buy one ticket / for *Sunset Avenue.*
안녕하세요   저는 표를 한 장 사고 싶어요   *Sunset Avenue*의

W: ⁰⁵I'm very sorry. ⁰⁴/⁰⁵The tickets / for that movie /
정말 죄송합니다   표는   그 영화의

are sold out. But we still have seats / for *The West Wind.*
매진되었어요   하지만 아직 좌석이 있어요   *The West Wind*의

M: Oh, / I'd like to watch that. How much is a ticket?
아   그걸 보고 싶네요   표는 얼마인가요

W: Ten dollars. ⁰⁶Do you have any discount coupons?
10달러예요   할인 쿠폰이 있으신가요

M: ⁰⁶Yes, / I have one. I'll use it.
네   하나 있어요   그것을 사용할게요

4-6번은 다음 대화에 관한 문제입니다.

남: 안녕하세요. ⁰⁴저는 *Sunset Avenue*의 표를 한 장 사고 싶어요.

여: ⁰⁵정말 죄송합니다. ⁰⁴/⁰⁵그 영화의 표는 매진되었어요. 하지만 아직 *The West Wind*의 좌석이 있어요.

남: 아, 그걸 보고 싶네요. 표는 얼마인가요?

여: 10달러예요. ⁰⁶할인 쿠폰이 있으신가요?

남: ⁰⁶네, 하나 있어요. 그것을 사용할게요.

04 Where are the speakers?

(A) At a theater

(B) At a train station

(C) At an airport

(D) At a library

05 Why does the woman apologize?

(A) Some tickets are unavailable.

(B) Some information is wrong.

(C) Some prices have increased.

(D) An event has finished.

06 What will the man probably do next?

(A) Send a document

(B) Request a refund

(C) Show a coupon

(D) Buy a gift

04 화자들은 어디에 있는가?

(A) 영화관에

(B) 기차역에

(C) 공항에

(D) 도서관에

05 여자는 왜 사과하는가?

(A) 표가 없다.

(B) 정보가 잘못되었다.

(C) 가격이 인상되었다.

(D) 행사가 끝났다.

06 남자는 다음에 무엇을 할 것 같은가?

(A) 서류를 보낸다.

(B) 환불을 요청한다.

(C) 쿠폰을 보여준다.

(D) 선물을 산다.

해설

04 Where ~ speakers에서 화자들이 어디에 있는지를 묻는 장소 문제임을 확인할 수 있습니다. 남자의 말 I'd like to buy one ticket for *Sunset Avenue*와 여자의 말 The tickets for that movie are sold out에서 남자가 *Sunset Avenue*의 표를 구매하려고 하자 여자가 그 영화의 표는 매진되었다고 했으므로 화자들이 영화관에 있음을 알 수 있습니다. 따라서 (A) At a theater가 정답입니다.

05 Why ~ woman apologize에서 여자가 왜 사과하는지를 묻는 이유 문제임을 확인할 수 있습니다. 여자의 말 I'm very sorry. The tickets ~ are sold out에서 여자가 죄송하다며 표가 매진되었다고 했으므로 (A) Some tickets are unavailable이 정답입니다.

06 What ~ man ~ do next에서 남자가 다음에 무엇을 할 것인지를 묻는 다음에 할 일 문제임을 확인할 수 있습니다. 여자의 말 Do you have any discount coupons와 남자의 말 Yes, I have one. I'll use it에서 여자가 할인 쿠폰이 있는지 묻자, 남자가 하나 있다며 그것을 사용하겠다고 했으므로 남자가 할인 쿠폰을 보여줄 것임을 알 수 있습니다. 따라서 (C) Show a coupon이 정답입니다.

07 - 09

Questions 7-9 refer to the following conversation.

M: ⁰⁷I'm preparing / for a workshop / for our museum's guides.
저는 준비하고 있어요　워크숍을　우리 박물관의 가이드들을 위한

Where should we hold the event?
어디서 행사를 열어야 할까요

W1: I've heard / that Gigi Convention Center is nice.
저는 들었어요　Gigi 컨벤션 센터가 좋다고

⁰⁸What do you think, / Grace?
어떻게 생각하세요　Grace

W2: ⁰⁸I went there / with some clients / last month.
저는 그곳에 갔어요　고객들과　지난달에

It's quite large and clean.
그곳은 꽤 크고 깨끗해요

M: Thanks / for the idea. ⁰⁹I'll make a reservation /
감사해요　의견을 주셔서　예약을 할게요

on the Web site / now.
웹사이트에서　지금

7-9번은 다음 대화에 관한 문제입니다.

남: ⁰⁷저는 우리 박물관의 가이드들을 위한 워크숍을 준비하고 있어요. 어디서 행사를 열어야 할까요?

여1: 저는 Gigi 컨벤션 센터가 좋다고 들었어요. ⁰⁸어떻게 생각하세요, Grace?

여2: ⁰⁸저는 지난달에 고객들과 그곳에 갔어요. 그곳은 꽤 크고 깨끗해요.

남: 의견을 주셔서 감사해요. ⁰⁹지금 웹사이트에서 예약을 할게요.

07 Where does the man most likely work?

(A) At a clinic

(B) At a museum

(C) At a hotel

(D) At a restaurant

08 What did Grace do last month?

(A) Met with some clients

(B) Went on a trip

(C) Joined a company

(D) Signed up for a seminar

09 What will the man do next?

(A) Update a menu

(B) Book a place

(C) Give some advice

(D) Write a report

07 남자는 어디에서 일하는 것 같은가?

(A) 병원에서

(B) 박물관에서

(C) 호텔에서

(D) 식당에서

08 Grace는 지난달에 무엇을 했는가?

(A) 고객들을 만났다.

(B) 여행을 갔다.

(C) 회사에 입사했다.

(D) 세미나에 등록했다.

09 남자는 다음에 무엇을 할 것인가?

(A) 메뉴를 업데이트한다.

(B) 장소를 예약한다.

(C) 조언을 준다.

(D) 보고서를 작성한다.

07 Where ~ man ~ work에서 남자가 어디에서 일하는지를 묻는 화자 문제임을 확인할 수 있습니다. 남자의 말 I'm preparing for a workshop for ~ museum's guides에서 박물관의 가이드들을 위한 워크숍을 준비하고 있다고 했으므로 남자가 박물관에서 일하고 있음을 알 수 있습니다. 따라서 (B) At a museum이 정답입니다.

08 What ~ Grace do last month에서 Grace가 지난달에 무엇을 했는지를 묻는 특정 세부 문제임을 확인할 수 있습니다. 여자1의 말 What do you think, Grace와 여자 2의 말 I went there[Gigi Convention Center] with some clients last month에서 여자 1이 Grace에게 어떻게 생각하냐고 묻자 여자 2가 자신은 지난달에 고객들과 Gigi 컨벤션 센터에 갔다고 했으므로 Grace 가 지난달에 고객들을 만났음을 알 수 있습니다. 따라서 (A) Met with some clients가 정답입니다. (B)는 지문에서 언급된 went(갔다)를 반복 사용하였지만 여행을 갔다는 내용은 언급되지 않았으므로 오답입니다.

09 What ~ man do next에서 남자가 다음에 무엇을 할 것인지를 묻는 다음에 할 일 문제임을 확인할 수 있습니다. 남자의 말 I'll make a reservation ~ now에서 남자가 지금 예약을 할 것임을 알 수 있으므로 (B) Book a place가 정답입니다.

(바꾸어 쓴 표현) make a reservation(예약을 하다) → Book(예약하다)

10 - 12

Questions 10-12 refer to the following conversation.

W: Our sales are decreasing. So, / ¹⁰we should revise
우리의 매출이 줄고 있어요   그래서   우리의 마케팅 계획을

our marketing plan. How about putting advertisements /
수정해야 해요   광고를 내는 건 어때요

in some magazines?
잡지들에

M: Good idea. Which magazine company should we contact?
좋은 생각이에요   무슨 잡지사에 연락해야 할까요

W: Austin Group and Egg Media's magazines are fine.
Austin Group과 Egg Media의 잡지가 괜찮아요

M: ¹¹Egg Media sounds good. ¹²Can you call the company /
Egg Media가 좋겠어요   그 회사에 전화해 주시겠어요

today / and ask / about its prices?
오늘 그리고 물어봐 주시겠어요 그곳의 가격에 대해

10-12번은 다음 대화에 관한 문제입니다.

여: 우리의 매출이 줄고 있어요. 그래서, ¹⁰우리의 마케팅 계획을 수정해야 해요. 잡지들에 광고를 내는 건 어때요?

남: 좋은 생각이에요. 무슨 잡지사에 연락해야 할까요?

여: Austin Group과 Egg Media의 잡지가 괜찮아요.

남: ¹¹Egg Media가 좋겠어요. 오늘 ¹²그 회사에 전화해서 그곳의 가격에 대해 물어봐 주시겠어요?

Luxury Magazines	
Magazine Name	**Company**
Gold Leaf	Castle Corp.
Elite Monthly	Benet Inc.
Top Class	Austin Group
Sparkle Life	Egg Media

고급 잡지	
잡지명	회사
Gold Leaf	Castle사
Elite Monthly	Benet사
Top Class	Austin Group
Sparkle Life	Egg Media

10 What does the woman suggest?

(A) Offering a discount

(B) Changing a plan

(C) Visiting a store

(D) Doing some research

11 Look at the graphic. Which magazine will the speakers most likely choose?

(A) Gold Leaf

(B) Elite Monthly

(C) Top Class

(D) Sparkle Life

12 What does the man ask the woman to do?

(A) Contact a company

(B) Buy some equipment

(C) Review an order

(D) Lower a price

10 여자는 무엇을 제안하는가?

(A) 할인을 제공하는 것

(B) 계획을 바꾸는 것

(C) 가게를 방문하는 것

(D) 조사를 하는 것

11 시각 자료를 보시오. 화자들은 무슨 잡지를 선택할 것 같은가?

(A) Gold Leaf

(B) Elite Monthly

(C) Top Class

(D) Sparkle Life

12 남자는 여자에게 무엇을 하라고 요청하는가?

(A) 회사에 연락한다.

(B) 기기를 산다.

(C) 주문을 검토한다.

(D) 가격을 낮춘다.

해설

10 What ~ woman suggest를 보고 여자가 무엇을 제안하는지를 묻는 제안 문제임을 확인할 수 있습니다. 여자의 말 we should revise our marketing plan에서 여자가 마케팅 계획을 수정해야 한다고 제안하고 있음을 알 수 있으므로 (B) Changing a plan 이 정답입니다.

바꾸어 쓴 표현 revise(수정하다) ➔ Changing(바꾸는 것)

11 Look at the graphic과 Which magazine ~ speakers ~ choose에서 시각 자료를 보고 화자들이 무슨 잡지를 선택할 것 같은지를 찾는 문제임을 확인할 수 있습니다. 남자의 말 Egg Media sounds good에서 Egg Media의 잡지가 좋다고 했으므로 화자들이 시각 자료에서 Egg Media의 잡지인 Sparkle Life를 선택할 것임을 알 수 있습니다. 따라서 (D) Sparkle Life가 정답입니다.

12 What ~ man ask the woman to do에서 남자가 여자에게 무엇을 하라고 요청하는지를 묻는 요청 문제임을 확인할 수 있습니다. 남자의 말 Can you call the company에서 남자가 여자에게 그 회사에 전화해달라고 요청하고 있음을 알 수 있으므로 (A) Contact a company가 정답입니다. (D)는 지문에서 언급된 prices(가격)를 a price(가격)로 사용하였으나 가격을 낮춘다는 내용은 언급되지 않았으므로 오답입니다.

바꾸어 쓴 표현 call(전화하다) ➔ Contact(연락하다)

Part 4

4주 1일 | 긴 문장 끊어 듣기

Course 1 구 단위로 끊어 듣기
p. 165

실력 UP! 연습 문제

01 Ⓑ   **02** Ⓐ   **03** Ⓑ   **04** Ⓐ   **05** Ⓑ   **06** Ⓑ

07 Ⓑ   **08** Ⓐ

01 The conference / **at the hotel** / was successful.

02 I'll visit your office / **in the morning**.

03 The manager hired more workers / **for the event**.

04 Ms. Smith will go to the trade fair / **in the afternoon**.

05 **To get free coupons**, / you should register for a membership.

06 Please check the e-mail / **before the seminar**.

07 We need the computer / **for the interview**.

08 I'm calling / to ask you / **about the guest speaker**.

Course 2 절 단위로 끊어 듣기
p. 167

실력 UP! 연습 문제

01 Ⓐ   **02** Ⓐ   **03** Ⓑ   **04** Ⓑ   **05** Ⓑ   **06** Ⓐ

07 Ⓑ   **08** Ⓐ

01 **If you're interested**, / please contact me.

02 I'll pick you up / **when you arrive**.

03 The game was canceled / **because it rained**.

04 Turn on the lights / **when you enter the room**.

05 Please check your ticket / **before you board the plane**.

06 **If you have finished the report**, / you should send it.

07 **After the conference ends**, / he will head to Chicago.

08 We'll move to a new location / **because we need more space**.

자신감 UP! 실전 대비하기   p. 168

01 (A)	**02** (B)	**03** (B)	**04** (B)	**05** (A)	**06** (B)
07 (A)	**08** (B)				

01

Question 1 refers to the following broadcast.

If you want high-quality <u>glasses</u>, / visit Coleman's.
높은 품질의 안경을 원하신다면   Coleman's를 방문하세요

All customers receive 20 percent off / our <u>regular prices</u>.
모든 고객들은 20퍼센트 할인을 받습니다   우리의 정가에서

1번은 다음 방송에 관한 문제입니다.

높은 품질의 안경을 원하신다면, Coleman's를 방문하세요. 모든 고객들은 우리의 정가에서 20퍼센트 할인을 받습니다.

어떤 가게가 광고되고 있는가?
(A) 안경점
(B) 식료품점

해설 화자의 말 If you want high-quality glasses ~ visit Coleman's에서 높은 품질의 안경을 원한다면 Coleman's를 방문하라고 했으므로 안경점이 광고되고 있음을 알 수 있습니다. 따라서 (A)가 정답입니다.

02

Question 2 refers to the following telephone message.

Hello, / Ms. Dawson. It's David Witt / from the
안녕하세요 Ms. Dawson   David Witt입니다

Bedford Convention Center. I'm calling / about <u>the schedule</u> /
Bedford 컨벤션 센터의   저는 전화드립니다   일정에 관해

for your company's <u>seminar</u>.
귀사의 세미나를 위한

2번은 다음 전화 메시지에 관한 문제입니다.

안녕하세요, Ms. Dawson. Bedford 컨벤션 센터의 David Witt입니다. 귀사의 세미나를 위한 일정에 관해 전화드립니다.

메시지는 주로 무엇에 관한 것인가?
(A) 전시회
(B) 세미나 일정

화자의 말 I'm calling about the schedule for ~ company's seminar에서 회사의 세미나를 위한 장소에 관해 전화한다고 했으므로 메시지가 세미나 일정에 관한 것임을 알 수 있습니다. 따라서 (B)가 정답입니다.

03

Question 3 refers to the following announcement.	3번은 다음 공지에 관한 문제입니다.
I am happy / to say / that <u>the new computers</u> have arrived. 저는 기쁩니다　말씀드리게 되어　　　　새 컴퓨터가 도착했다고	저는 새 컴퓨터가 도착했다고 말씀드리게 되어 기쁩니다. 기술자들이 우리의 작업 공간에 그것들을 설치할 것입니다.
Technicians will <u>set them up</u> / in our workspaces. 기술자들이 그것들을 설치할 것입니다　　우리의 작업 공간에	

무슨 제품이 도착하였는가?

(A) 에어컨
(B) 컴퓨터

화자의 말 the new computers have arrived에서 새 컴퓨터가 도착했음을 알 수 있으므로 (B)가 정답입니다.

04

Question 4 refers to the following speech.	4번은 다음 연설에 관한 문제입니다.
Welcome / to the customer service workshop. 환영합니다　　　고객 서비스 워크숍에 오신 것을	고객 서비스 워크숍에 오신 것을 환영합니다. 우리는 평가지를 작성하기 전에 여러 서비스들을 논의할 것입니다.
We're going to <u>discuss different services</u> / 　　　　우리는 여러 서비스들을 논의할 것입니다	
before we <u>fill in the worksheets</u>. 　　우리가 평가지를 작성하기 전에	

청자들은 다음에 무엇을 할 것 같은가?

(A) 평가지를 작성한다.
(B) 주제에 대해 논의한다.

화자의 말 We're going to discuss different services에서 청자들이 여러 서비스들을 논의할 것임을 알 수 있으므로 (B)가 정답입니다.

05

Question 5 refers to the following telephone message.	5번은 다음 전화 메시지에 관한 문제입니다.
Claire, / it's Todd Haley. I need to prepare my speech / Claire　　Todd Haley예요　　저는 연설을 준비해야 해요	Claire, Todd Haley예요. 저는 다음 달의 학회를 위해 연설을 준비해야 해요. 조언을 얻기 위해 당신의 사무실을 방문해도 될까요?
<u>for the conference</u> / next month. 　　학회를 위해　　　　다음 달의	
Can I visit your office / <u>to get some advice</u>? 당신의 사무실을 방문해도 될까요　　조언을 얻기 위해	

다음 달에 무슨 행사가 열릴 것인가?

(A) 학회
(B) 기념 파티

화자의 말 I need to prepare ~ for the conference next month에서 다음 달의 학회를 위해 준비해야 한다고 했으므로 다음 달에 학회가 열릴 것임을 알 수 있습니다. 따라서 (A)가 정답입니다.

06

Question 6 refers to the following telephone message.

My name is Claudia Hall. I bought two Briar chairs / yesterday.
제 이름은 Claudia Hall입니다   저는 Briar 의자 두 개를 샀습니다.   어제

However, / I think / that they're too tall.
하지만   저는 생각해요   그것이 너무 높다고

Please contact me / to discuss a refund.
연락해주시기 바랍니다   환불에 대해 논의하기 위해

6번은 다음 전화 메시지에 관한 문제입니다.

제 이름은 Claudia Hall입니다. 저는 어제 Briar 의자 두 개를 샀습니다. 하지만, 그것들이 너무 높다고 생각해요. 환불에 대해 논의하기 위해 연락해주시기 바랍니다.

Claudia는 왜 청자에게 연락해 달라고 하는가?

(A) 제품을 추가로 주문하기 위해

(B) 제품을 환불하기 위해

해설 화자[Claudia]의 말 Please contact me to discuss a refund에서 Claudia가 청자에게 환불에 대해 논의하기 위해 연락해 달라고 했음을 알 수 있으므로 (B)가 정답입니다.

07

Question 7 refers to the following broadcast.

Today / I'll be speaking / with the writer Betsy Smith.
오늘   저는 이야기할 것입니다   작가 Betsy Smith와

She will talk / about her novel.
그녀는 이야기할 것입니다 자신의 소설에 관해

To ask her a question, / please call us / at 555-2342.
그녀에게 질문하기 위해서   저희에게 전화해주세요   555-2342로

7번은 다음 방송에 관한 문제입니다.

오늘 저는 작가 Betsy Smith와 이야기할 것입니다. 그녀는 자신의 소설에 관해 이야기할 것입니다. 그녀에게 질문하기 위해서는 555-2342로 저희에게 전화해주세요.

Betsy Smith는 누구인가?

(A) 작가

(B) 요리사

해설 화자의 말 I'll be speaking with the writer Betsy Smith에서 작가 Betsy Smith와 이야기할 것이라고 했으므로 Betsy Smith가 작가임을 알 수 있습니다. 따라서 (A)가 정답입니다.

08

Question 8 refers to the following announcement.

This is an announcement / for passengers /
공지입니다   승객분들을 위한

of Southern Air Flight 345. The 10:30 flight will depart /
Southern Air 항공 345편의   10시 30분 항공편은 출발할 것입니다

an hour later / because there is a small issue /
한 시간 후에   작은 문제가 있어서

with the engine.
엔진에

8번은 다음 공지에 관한 문제입니다.

Southern Air 항공 345편 승객분들을 위한 공지입니다. 10시 30분 항공편은 엔진에 작은 문제가 있어서 한 시간 후에 출발할 것입니다.

공지는 무엇에 관한 것인가?

(A) 탑승구 변경

(B) 항공편 지연

해설 화자의 말 The 10:30 flight will depart an hour later에서 10시 30분 항공편은 한 시간 후에 출발할 것이라고 했으므로 항공편 지연에 관한 공지임을 알 수 있습니다. 따라서 (B)가 정답입니다.

Course 1　유사한 의미로 바꾸어 쓴 표현　　　　p. 171

실력 UP! 연습 문제

01 complete / finish　　**02** buy / purchase　　**03** fixed / repaired　　**04** manager / director

05 ideas / feedback　　**06** stop by / visit

01　We have to **complete** the project before May.　우리는 5월 전에 프로젝트를 완료해야 해요.

　　→ We have to **finish** the project before May.　우리는 5월 전에 프로젝트를 끝내야 해요.

02　You can **buy** this ticket for only $15.　여러분은 이 표를 단지 15달러로 살 수 있습니다.

　　→ You can **purchase** this ticket for only $15.　여러분은 이 표를 단지 15달러로 구매할 수 있습니다.

03　A technician **fixed** the computer this week.　기술자가 이번 주에 컴퓨터를 고쳤어요.

　　→ A technician **repaired** the computer this week.　기술자가 이번 주에 컴퓨터를 수리했어요.

04　You will meet a new **manager** tomorrow.　당신은 내일 새로운 관리자를 만날 거예요.

　　→ You will meet a new **director** tomorrow.　당신은 내일 새로운 관리자를 만날 거예요.

05　We need some **ideas** from our employees.　우리는 직원들로부터 의견이 필요해요.

　　→ We need some **feedback** from our employees.　우리는 직원들로부터 의견이 필요해요.

06　Please **stop by** my office after the meeting.　회의 후에 제 사무실에 잠시 들러주세요.

　　→ Please **visit** my office after the meeting.　회의 후에 제 사무실에 방문해주세요.

Course 2　넓은 의미로 바꾸어 쓴 표현　　　　p. 173

실력 UP! 연습 문제

01 workshop / event　　　　　　　　**02** résumé / document

03 some tables / some furniture　　　**04** a projector / some equipment

05 a bus / public transportation　　　**06** e-mail address / information

01　I met Ms. Brown at the **workshop** yesterday.　저는 어제 워크숍에서 Ms. Brown을 만났어요.

　　→ I met Ms. Brown at the **event** yesterday.　저는 어제 행사에서 Ms. Brown을 만났어요.

02 Please send your <u>résumé</u> to Mr. Collins. 당신의 이력서를 Mr. Collins에게 보내주세요.

→ Please send your <u>document</u> to Mr. Collins. 당신의 서류를 Mr. Collins에게 보내주세요.

03 I'd like you to move <u>some tables</u> to the meeting room. 회의실로 탁자들을 옮겨 주셨으면 해요.

→ I'd like you to move <u>some furniture</u> to the meeting room. 회의실로 가구를 옮겨 주셨으면 해요.

04 We need to buy <u>a projector</u>. 우리는 프로젝터를 사야 해요.

→ We need to buy <u>some equipment</u>. 우리는 기기를 사야 해요.

05 We're going to take <u>a bus</u>. 우리는 버스를 탈 거예요.

→ We're going to take <u>public transportation</u>. 우리는 대중교통을 탈 거예요.

06 You should get the client's <u>e-mail address</u>. 고객의 이메일 주소를 받으셔야 합니다.

→ You should get the client's <u>information</u>. 고객의 정보를 받으셔야 합니다.

자신감 UP! 실전 대비하기

p. 174

01 (B)   **02** (A)   **03** (A)   **04** (B)   **05** (B)   **06** (A)

07 (A)   **08** (B)

01

Question 1 refers to the following telephone message.	1번은 다음 전화 메시지에 관한 문제입니다.
Professor Wong, / this is the <u>director</u> / of the Sydney Wong 교수님 관리자입니다 Sydney 과학 **Science Museum. I want to thank you** / for your talk / 박물관의 당신에게 감사드리고 싶습니다 당신의 연설에 관해 **at our seminar. We hope you can visit** / again. 저희 세미나에서 저희는 당신이 방문하실 수 있기를 바랍니다 다시	Wong 교수님, Sydney 과학 박물관의 관리자입니다. 저희 세미나에서 당신의 연설에 관해 감사드리고 싶습니다. 저희는 당신이 다시 방문하실 수 있기를 바랍니다.
화자는 누구인가? (A) A museum guide (B) A museum manager	(A) 박물관 가이드 (B) 박물관 관리자

해설 화자의 말 this is the director of ~ Museum에서 박물관 관리자임을 알 수 있으므로 (B) A museum manager가 정답입니다.

바꾸어 쓴 표현 director(관리자) → manager(관리자)

Question 2 refers to the following excerpt from a meeting.	2번은 다음 회의 발췌록에 관한 문제입니다.
I'd like to share the results / of the customer survey. 저는 결과를 공유하고 싶습니다　　　고객 설문조사의 We received great ideas / to improve our services. 우리는 좋은 의견들을 받았습니다　　우리의 서비스를 개선하기 위한 Let's talk / about them / now. 이야기해봅시다　이것들에 대해　지금	저는 고객 설문조사의 결과를 공유하고 싶습니다. 우리는 우리의 서비스를 개선하기 위한 좋은 의견들을 받았습니다. 이것들에 대해 지금 이야기해봅시다.
화자에 따르면, 회사는 무엇을 받았는가? (A) Customer feedback (B) A checklist	(A) 고객 의견 (B) 점검표

해설　화자의 말 I'd like to share ~ customer survey. We received great ideas에서 고객 설문조사의 결과를 공유하고 싶다며 좋은 의견들을 받았다고 했으므로 회사가 고객 의견을 받았음을 알 수 있습니다. 따라서 (A) Customer feedback이 정답입니다.

바꾸어 쓴 표현　ideas(의견) → feedback(의견)

Question 3 refers to the following announcement.	3번은 다음 공지에 관한 문제입니다.
At 3 P.M. today, / new printers will be set up / on our floor. 오늘 오후 3시에　　새로운 프린터가 설치될 것입니다　　우리 층에 It will take about an hour, / so please print your documents / 그것은 약 한 시간이 걸릴 것입니다　그러므로 서류를 인쇄해주시기 바랍니다 before then. 그 전에	오늘 오후 3시에, 새로운 프린터가 우리 층에 설치될 것입니다. 그것은 약 한 시간이 걸릴 것이므로, 그 전에 서류를 인쇄해주시기 바랍니다.
오후 3시에 무슨 일이 일어날 것인가? (A) Some equipment will be set up. (B) A meeting will start.	(A) 기기가 설치될 것이다. (B) 회의가 시작할 것이다.

해설　화자의 말 At 3 P.M. ~ new printers will be set up에서 오후 3시에 새로운 프린터가 설치될 것임을 알 수 있으므로 (A) Some equipment will be set up이 정답입니다.

바꾸어 쓴 표현　printers(프린터) → Some equipment(기기)

Question 4 refers to the following telephone message.	4번은 다음 전화 메시지에 관한 문제입니다.
This is Janice Walker. I purchased a stove / 저는 Janice Walker입니다　저는 가스레인지를 구매했습니다 through your Web site / last week. However, / 당신의 웹사이트를 통해　지난주에　그런데 it hasn't arrived / yet. Please confirm my order / 그것이 도착하지 않았습니다　아직　제 주문을 확인해주시기 바랍니다 as soon as possible. 가능한 한 빨리	저는 Janice Walker입니다. 저는 지난주에 당신의 웹사이트를 통해 가스레인지를 구매했습니다. 그런데, 그것이 아직 도착하지 않았습니다. 가능한 한 빨리 제 주문을 확인해주시기 바랍니다.
화자는 지난주에 무엇을 했는가? (A) Ordered a table (B) Bought a stove	(A) 탁자를 주문했다. (B) 가스레인지를 샀다.

05

Question 5 refers to the following excerpt from a meeting.	5번은 다음 회의 발췌록에 관한 문제입니다.
For this week's article, / we need to research some 이번 주의 기사에 관해서　　우리는 모바일 애플리케이션들을 mobile applications. Please choose two applications / 　조사해야 해요　　두 개의 애플리케이션을 선정해주세요 and <u>send a report</u> / tomorrow morning. 그리고 보고서를 보내주세요　　내일 아침에	이번 주의 기사에 관해서, 우리는 모바일 애플리케이션들을 조사해야 해요. 두 개의 애플리케이션을 선정하여 내일 아침에 보고서를 보내주세요.
청자들은 내일 오전에 무엇을 할 것 같은가? (A) Read a manual (B) Send a document	(A) 안내서를 읽는다. (B) 서류를 보낸다.

06

Question 6 refers to the following announcement.	6번은 다음 공지에 관한 문제입니다.
Attention all passengers. Flight 343 to London 모든 승객분들께 알려드립니다　　런던행 343 항공편은 has had a <u>gate change</u>. Technicians will be <u>repairing the</u> 탑승구 변동이 있습니다　　기술자들이 스캐너를 수리할 것입니다 <u>scanner</u> / at Gate 3. The new departure gate is Gate 5. 　　3번 탑승구의　새로운 출발 탑승구는 5번 탑승구입니다	모든 승객분들께 알려드립니다. 런던행 343 항공편은 탑승구 변동이 있습니다. 기술자들이 3번 탑승구의 스캐너를 수리할 것입니다. 새로운 출발 탑승구는 5번 탑승구입니다.
화자는 무슨 일이 일어날 것이라고 말하는가? (A) Technicians will fix the scanner. (B) Technicians will arrive at the airport.	(A) 기술자들이 스캐너를 고칠 것이다. (B) 기술자들이 공항에 도착할 것이다.

07

Question 7 refers to the following excerpt from a meeting.	7번은 다음 회의 발췌록에 관한 문제입니다.
There is one last thing / <u>to discuss</u>. We have an issue / 마지막 사항이 있습니다　　논의할　　문제가 있습니다 with <u>office desks and chairs</u> / from our Classic line. 　사무용 책상과 의자에　　우리의 Classic 라인의 Many people are returning these products. 　많은 사람들이 이 상품들을 반품하고 있습니다	논의할 마지막 사항이 있습니다. 우리의 Classic 라인의 사무용 책상과 의자에 문제가 있습니다. 많은 사람들이 이 상품들을 반품하고 있습니다.
회사는 무엇을 판매하는가? (A) Furniture (B) Video game	(A) 가구 (B) 비디오 게임

해설 화자의 말 We have an issue with office desks and chairs from our Classic line에서 Classic 라인의 사무용 책상과 의자에 문제가 있다고 했으므로 회사가 가구를 판매함을 알 수 있습니다. 따라서 (A) Furniture가 정답입니다.

바꾸어 쓴 표현 desks and chairs(책상과 의자) → Furniture(가구)

08

Question 8 refers to the following broadcast.	8번은 다음 방송에 관한 문제입니다.
Dayton Industries is holding a job fair / at the Edwin Center / Dayton Industries가 취업 설명회를 엽니다　　　　　　Edwin 센터에서 on May 23. Company employees will answer / about questions. 　5월 23일에　　　　　회사 직원들은 답할 것입니다　　　질문에 대해 You can sign up / now / on the Web site. 　등록하실 수 있습니다　지금　　웹사이트에서	Dayton Industries가 5월 23일에 Edwin 센터에서 취업 설명회를 엽니다. 회사 직원들은 질문에 대해 답할 것입니다. 지금 웹사이트에서 등록하실 수 있습니다.
청자들은 웹사이트에서 무엇을 할 수 있는가? (A) Check a schedule (B) Register for an event	(A) 일정을 확인한다. (B) 행사에 등록한다.

해설 화자의 말 Dayton Industries is holding a job fair와 You can sign up ~ on the Web site에서 청자들이 웹사이트에서 Dayton Industries가 여는 취업 설명회에 등록할 수 있음을 알 수 있으므로 (B) Register for an event가 정답입니다.

바꾸어 쓴 표현 job fair(취업 설명회) → event(행사)
　　　　　　　sign up(등록하다) → Register(등록하다)

Course 1 메시지 관련 표현

p. 179

실력 UP! 연습 문제

01 voice mail	**02** reschedule	**03** appointment	**04** out of stock
05 place an order	**06** job opening	**07** look over	**08** as soon as possible

01   Please leave a **voice mail**.

02   I'm calling to **reschedule** our meeting.

03   We need to cancel the **appointment**.

04   This model is **out of stock** right now.

05   You can **place an order** on the Web site.

06   We have a **job opening** in the sales department.

07   You can **look over** her résumé before the interview.

08   Please contact me **as soon as possible**.

Course 2 연설 관련 표현

p. 183

실력 UP! 연습 문제

01 update	**02** stage	**03** register	**04** guest speaker
05 market	**06** focus on	**07** group training	**08** award ceremony

01   I have an **update** on our project.

02   I'd like to invite our CEO onto the **stage**.

03   Did you **register** for the seminar?

04   Our **guest speaker** today is Mr. Evans.

05   Let's talk about the results of the **market** survey.

06 Today, I'm going to **focus on** employee benefits.

07 The company is preparing for **group training**.

08 All employees are coming to the **award ceremony**.

자신감 UP! 실전 대비하기

p. 184

01 (A)	**02** (A)	**03** (B)	**04** (A)	**05** (B)	**06** (A)
07 (A)	**08** (B)				

01

Question 1 refers to the following telephone message.

Hello, / Mr. Haskins. There's an issue / with your
안녕하세요 Mr. Haskins   문제가 있습니다   당신의

hospital appointment. The doctor can't see you /
        병원 예약에   그 의사가 당신을 볼 수 없습니다

on Monday.
    월요일에

1번은 다음 전화 메시지에 관한 문제입니다.

안녕하세요, Mr. Haskins. 당신의 병원 예약에 문제가 있습니다. 그 의사가 **월요일**에 당신을 볼 수 없습니다.

화자는 어디에서 일하는가?

(A) 병원에서
(B) 대학에서

> **해설** 화자의 말 There's an issue with your hospital appointment ~ doctor can't see you에서 병원 예약에 문제가 있다며 의사가 청자를 볼 수 없다고 했으므로 화자가 병원에서 일하고 있음을 알 수 있습니다. 따라서 (A)가 정답입니다.

02

Question 2 refers to the following telephone message.

Hey, / Kevin. This is Lisa Hale. I'm out of town /
안녕하세요 Kevin 저 Lisa Hale이에요 저는 도시를 떠나 있어요

for a conference.
    학회 때문에

Can you take notes / for me / at our staff meeting?
필기를 해주실 수 있나요   저를 위해   우리 직원회의에서

2번은 다음 전화 메시지에 관한 문제입니다.

안녕하세요, Kevin. 저 Lisa Hale이에요. 저는 학회 때문에 도시를 떠나 있어요. 저를 위해 우리 직원회의에서 필기를 해주실 수 있나요?

화자는 무엇을 해달라고 요청하는가?

(A) 회의 내용을 기록하는 것
(B) 회의에서 발표하는 것

> **해설** 화자의 말 Can you take notes for me at our staff meeting에서 화자가 직원회의에서 필기를 해달라고 요청하고 있음을 알 수 있으므로 (A)가 정답입니다.

03

Question 3 refers to the following talk.

OK, / this is the end of my presentation /
좋습니다   이것이 제 발표의 마지막입니다

on our **sales performance**. Now, / please let me know /
　　　우리 영업 실적에 대한   이제   제게 알려주세요

if you have **any questions**.
　　　질문이 있으시다면

3번은 다음 담화에 관한 문제입니다.

좋습니다, 이것이 우리 영업 실적에 대한 제 발표의 마지막입니다. 이제, 질문이 있으시다면 제게 알려주세요.

화자는 다음에 무엇을 할 것 같은가?

(A) 서류를 수거한다.
(B) 질문을 받는다.

해설 화자의 말 please let me know if you have ~ questions에서 질문이 있다면 알려달라고 했으므로 화자가 질문을 받을 것임을 알 수 있습니다. 따라서 (B)가 정답입니다.

04

Question 4 refers to the following talk.

I **have an update** / on Mr. Anderson's **retirement** party.
　최신 정보가 있습니다   Mr. Anderson의 은퇴 파티에 대해

We selected the **event venue**, / so please check
　　　행사 장소를 선정했습니다   그러므로 이메일을

your e-mail.
확인해주시기 바랍니다

4번은 다음 담화에 관한 문제입니다.

Mr. Anderson의 은퇴 파티에 대해 최신 정보가 있습니다. 행사 장소를 선정했으므로, 이메일을 확인해주시기 바랍니다.

화자는 무엇에 관해 이야기하고 있는가?

(A) 파티 장소
(B) 행사 일정

해설 화자의 말 We selected the event venue ~ check your e-mail에서 행사 장소를 선정했으니 이메일을 확인해달라고 했으므로 화자가 파티 장소에 관해 이야기하고 있음을 알 수 있습니다. 따라서 (A)가 정답입니다.

05

Question 5 refers to the following telephone message.

Hello, / James Cooper. This is John / from the
안녕하세요   James Cooper   저는 John입니다

Wilson Lamp Store. You did not provide **your address** /
　Wilson   조명 가게의   당신은 주소를 제공하지 않았습니다

when you **placed the order**. Please **send it** / to us /
　　　　주문하셨을 때   그것을 보내주시기 바랍니다   저희에게

as soon as possible.
　　가능한 한 빨리

5번은 다음 전화 메시지에 관한 문제입니다.

안녕하세요, James Cooper. 저는 Wilson 조명 가게의 John입니다. 당신은 주문하셨을 때 주소를 제공하지 않았습니다. 가능한 한 빨리 저희에게 그것을 보내주시기 바랍니다.

화자는 무엇을 요청하는가?

(A) 주문 수량
(B) 주소

해설 화자의 말 You did not provide your address ~ Please send it to us에서 청자가 주소를 제공하지 않았다며 그것을 보내달라고 했으므로 화자가 주소를 요청하고 있음을 알 수 있습니다. 따라서 (B)가 정답입니다.

06

Question 6 refers to the following telephone message.

Mr. Shaw, / my name is Cindy Wells. I'd like to make a
<small>Mr. Shaw   제 이름은 Cindy Wells입니다   저는 예약을 하고</small>

reservation / for a company dinner. Please give me a call /
<small>싶습니다   회사 만찬을 위해   제게 전화해 주시기 바랍니다</small>

at 555-3938 / to talk about this.
<small>555-3938로   이에 대해 이야기하기 위해</small>

6번은 다음 전화 메시지에 관한 문제입니다.

Mr. Shaw, 제 이름은 Cindy Wells입니다. 저는 회사 만찬을 위해 예약을 하고 싶습니다. 이에 대해 이야기하기 위해 555-3938로 제게 전화해 주시기 바랍니다.

메시지의 목적은 무엇인가?

(A) 행사 장소를 예약하기 위해
(B) 행사 프로그램을 논의하기 위해

해설 화자의 말 I'd like to make a reservation for a company dinner에서 회사 만찬을 위해 예약을 하고 싶다고 했으므로 행사 장소를 예약하기 위한 목적임을 알 수 있습니다. 따라서 (A)가 정답입니다.

07

Question 7 refers to the following excerpt from a meeting.

I'd like to discuss / our next advertisement campaign.
<small>저는 논의하고 싶습니다   우리의 다음 광고 캠페인을</small>

In May, / we will focus on / our new car model.
<small>5월에   우리는 집중할 것입니다   신차 모델에</small>

I'm sure / it will do well / on the market.
<small>저는 확신합니다 이것이 잘 될 것이라고 시장에서</small>

7번은 다음 회의 발췌록에 관한 문제입니다.

저는 우리의 다음 광고 캠페인을 논의하고 싶습니다. 5월에, 우리는 신차 모델에 집중할 것입니다. 저는 이것이 시장에서 잘 될 것이라고 확신합니다.

화자는 주로 무엇에 관해 이야기하고 있는가?

(A) 광고 캠페인
(B) 신제품 개발

해설 화자의 말 I'd like to discuss our next advertisement campaign에서 다음 광고 캠페인을 논의하고 싶다고 했으므로 화자가 광고 캠페인에 관해 이야기하고 있음을 알 수 있습니다. 따라서 (A)가 정답입니다.

08

Question 8 refers to the following speech.

Welcome / to the Seattle Design Conference. To begin with, /
<small>환영합니다   시애틀 디자인 학회에 오신 것을   우선</small>

Maddy Harris will talk / about new trends / in graphic design.
<small>Maddy Harris가 강연할 것입니다 새로운 경향에 대해   그래픽 디자인의</small>

Then, / at 10 o'clock, / there will be an award ceremony /
<small>그리고   10시에는   시상식이 있을 것입니다</small>

in Hall C.
<small>C홀에서</small>

8번은 다음 연설에 관한 문제입니다.

시애틀 그래픽 디자인 학회에 오신 것을 환영합니다. 우선, Maddy Harris가 그래픽 디자인의 새로운 경향에 대해 강연할 것입니다. 그리고, 10시에는, C홀에서 시상식이 있을 것입니다.

10시에 무슨 행사가 열리는가?

(A) 토론회
(B) 시상식

해설 화자의 말 at 10 o'clock, there will be an award ceremony에서 10시에 시상식이 있을 것임을 알 수 있으므로 (B)가 정답입니다.

Course 1 안내 및 공지 관련 표현

p. 189

실력 UP! 연습 문제

01 badge	**02** gift shop	**03** tour guide	**04** boarding pass
05 take pictures	**06** don't forget	**07** artwork	**08** announce

01 New staff will get their <u>badge</u> tomorrow.

02 We will stop by a <u>gift shop</u>.

03 I'll be your <u>tour guide</u> today.

04 Be sure to check your <u>boarding pass</u>.

05 You can <u>take pictures</u> with your friends.

06 Please <u>don't forget</u> to bring your laptop.

07 You'll have a chance to look at some <u>artwork</u>.

08 The manager will <u>announce</u> the change of uniform.

Course 2 방송 관련 표현

p. 193

실력 UP! 연습 문제

01 introduce	**02** rush hour	**03** a short break	**04** perfect for
05 Stay tuned	**06** coupon	**07** low price	**08** traffic report

01 Let me <u>introduce</u> today's guest, Mr. Han.

02 Take Highway 3 during <u>rush hour</u>.

03 After <u>a short break</u>, I'll speak with our guest.

04 EZ meals are <u>perfect for</u> busy workers.

05 <u>Stay tuned</u> for our interview with Jamie White.

06 You can download a **coupon** from the Web site.

07 This week, you can get all items at a **low price**.

08 Thanks for listening to Radio 109. Next is the morning **traffic report**.

자신감 UP! 실전 대비하기

01 (A)　　**02** (B)　　**03** (B)　　**04** (A)　　**05** (B)　　**06** (A)

07 (B)　　**08** (A)

01

Question 1 refers to the following announcement.	1번은 다음 공지에 관한 문제입니다.
Welcome aboard Flight 234. Due to a schedule change, / 234 항공편에 탑승하신 것을 환영합니다.　　일정 변경으로 인해 there will be a 20-minute delay / before we **depart**. 　20분간 지연이 있을 것입니다　　　출발하기 전	234 항공편에 탑승하신 것을 환영합니다. 일정 변경으로 인해, **출발하기 전 20분간 지연이 있을 것입니다.**

항공편은 왜 지연될 것인가?

(A) 일정이 변경되었다.
(B) 날씨가 좋지 않다.

해설 화자의 말 Due to a schedule change, there will be a ~ delay에서 일정 변경으로 인해 지연이 있을 것임을 알 수 있으므로 (A)가 정답입니다.

02

Question 2 refers to the following announcement.	2번은 다음 공지에 관한 문제입니다.
I have something / to **announce**. For our next 　어떤 것이 있습니다　　알려드릴　　　다음 **advertisement campaign**, / we added three **staff members** / 　광고 캠페인을 위해　　　우리는 세 명의 직원을 추가하였습니다 to the marketing team. 　마케팅팀에	알려드릴 것이 있습니다. 다음 광고 캠페인을 위해, 우리는 마케팅팀에 세 명의 직원을 추가하였습니다.

공지의 주제는 무엇인가?

(A) 장비 설치
(B) 직원 추가

해설 화자의 말 we added three staff members to the marketing team에서 마케팅팀에 세 명의 직원을 추가했다고 했으므로 공지가 직원 추가에 관한 것임을 알 수 있습니다. 따라서 (B)가 정답입니다.

03

Question 3 refers to the following talk.

Hello, / everyone. I'll be your guide / today.
안녕하세요 여러분 저는 여러분의 가이드가 될 것입니다 오늘

First, / we will <u>look</u> / at the <u>artworks</u> / on the third floor.
먼저 우리는 살펴볼 것입니다 예술품을 3층에 있는

Then, / you can stop by the <u>gift shop</u>.
그리고 나서 여러분은 기념품점에 잠시 들르실 수 있습니다

3번은 다음 담화에 관한 문제입니다.

안녕하세요, 여러분. 저는 오늘 여러분의 가이드가 될 것입니다. 먼저, 우리는 3층에 있는 예술품을 살펴볼 것입니다. 그러고 나서, 여러분은 기념품점에 잠시 들르실 수 있습니다.

화자는 주로 무엇에 대해 이야기하고 있는가?

(A) 관람 시간
(B) 관람 장소

해설 화자의 말 we will look at the artworks on the third floor. Then, you can stop by the gift shop에서 3층에 있는 예술품을 살펴보고 나서 기념품점에 잠시 들를 수 있다고 했으므로 화자가 관람 장소에 대해 이야기하고 있음을 알 수 있습니다. 따라서 (B)가 정답입니다.

04

Question 4 refers to the following advertisement.

Don't miss the Eastwood Department Store's **promotion event**!
　　　　　　　 Eastwood 백화점의 홍보 행사를 놓치지 마세요

During this week, / you can get <u>discounts</u> / on all products.
이번 주 동안 여러분은 할인을 받으실 수 있습니다 모든 상품에 대해

Visit our Web site / for <u>more information</u>.
저희 웹사이트를 방문해주세요 더 많은 정보를 위해

4번은 다음 광고에 관한 문제입니다.

Eastwood 백화점의 홍보 행사를 놓치지 마세요! 이번 주 동안, 여러분은 모든 상품에 대해 할인을 받으실 수 있습니다. 더 많은 정보를 위해 저희 웹사이트를 방문해주세요.

청자들은 왜 웹사이트를 방문해야 하는가?

(A) 할인 정보를 얻기 위해
(B) 상품 목록을 보기 위해

해설 화자의 말 you can get discounts ~ Visit our Web site for more information에서 청자들이 할인을 받을 수 있으며 더 많은 정보를 위해 웹사이트를 방문해야 함을 알 수 있으므로 (A)가 정답입니다.

05

Question 5 refers to the following broadcast.

Welcome / to *Boston Radio Hour*. On today's show, /
환영합니다 *Boston Radio Hour*에 오신 것을 오늘의 쇼에서는

I'll <u>introduce our guest</u>, / Ron Hansen. He is going to
초대 손님을 소개해드릴 것입니다 Ron Hansen

explain his plan / for city schools.
그는 그의 계획을 설명할 예정입니다 시립 학교에 관한

5번은 다음 방송에 관한 문제입니다.

*Boston Radio Hour*에 오신 것을 환영합니다. 오늘의 쇼에서는 초대 손님, Ron Hansen을 소개해드릴 것입니다. 그는 시립 학교에 관한 그의 계획을 설명할 예정입니다.

화자가 다음에 할 일은 무엇인가?

(A) 프로그램을 설명한다.
(B) 초대 손님을 소개한다.

해설 화자의 말 I'll introduce our guest에서 화자가 초대 손님을 소개할 것임을 알 수 있으므로 (B)가 정답입니다.

Question 6 refers to the following announcement.

6번은 다음 공지에 관한 문제입니다.

Attention, / all **passengers**. Flight 445 will start
주목해주십시오   모든 승객 여러분   445 항공편이 탑승에 들어가기

boarding / in five minutes. Please <u>show your boarding pass</u> /
시작할 것입니다   5분 후에   탑승권을 보여주시기 바랍니다

at the gate.
탑승구에서

모든 승객 여러분께서는 주목해주십시오. 445 항공편이 5분 후에 탑승에 들어가기 시작할 것입니다. 탑승구에서 탑승권을 보여주시기 바랍니다.

청자들은 탑승구에서 무엇을 해야 하는가?

(A) 항공권을 보여준다.
(B) 수화물을 체크인한다.

해설 화자의 말 Please show your boarding pass at the gate에서 청자들이 탑승구에서 항공권을 보여주도록 요청받고 있음을 알 수 있으므로 (A)가 정답입니다.

07

Question 7 refers to the following broadcast.

7번은 다음 방송에 관한 문제입니다.

You're listening / to *Movies and More*. This afternoon, /
여러분은 듣고 계십니다   *Movies and More*를   오늘 오후에

I'll be talking / about tomorrow's film **award ceremony**.
저는 이야기할 것입니다   내일의 영화 시상식에 대해

We'll be back / after a message / from <u>our sponsor</u>, /
저희는 돌아오겠습니다   메시지 이후에   저희의 광고주로부터의

David Miller.
David Miller

여러분은 *Movies and More*를 듣고 계십니다. 오늘 오후에, 저는 내일의 영화 시상식에 대해 이야기할 것입니다. 저희의 광고주인 David Miller로부터의 메시지 이후에 돌아오겠습니다.

David Miller는 누구인가?

(A) 영화감독
(B) 광고주

해설 화자의 말 our sponsor, David Miller에서 David Miller가 광고주임을 알 수 있으므로 (B)가 정답입니다.

Question 8 refers to the following broadcast.

8번은 다음 방송에 관한 문제입니다.

Good afternoon, / Radio 193 **listeners**. This is the
안녕하세요   193 라디오 청취자 여러분   여기는

morning **traffic report**. The Bay Bridge will be closed /
아침 교통 정보입니다   Bay교가 폐쇄될 것입니다

for repairs / from 2:00 P.M. to 6:00 P.M. You should <u>take</u>
수리로 인해   오후 2시부터 6시까지   다른 도로를

<u>another route</u> / during that time.
이용하셔야 합니다   그 시간 동안에는

안녕하세요, 193 라디오 청취자 여러분. 여기는 아침 교통 정보입니다. 오후 2시부터 6시까지 수리로 인해 Bay교가 폐쇄될 것입니다. 그 시간 동안에는 다른 도로를 이용하셔야 합니다.

화자는 무엇을 제안하는가?

(A) 다른 도로를 이용하는 것
(B) 대중교통을 이용하는 것

해설 화자의 말 You should take another route에서 화자가 다른 도로를 이용하는 것을 제안하고 있음을 알 수 있으므로 (A)가 정답입니다.

Course 1 전체 지문 관련 문제 유형   p. 198

실력 UP! 연습 문제

01 (A)	**02** (B)	**03** (B)	**04** (A)	**05** (B)	**06** (A)

07 (A)   **08** (B)

01 (What) is the (message) mainly (about)?

02 (Where) does the (speaker) probably (work)?

03 - 04

Questions 3-4 refer to the following telephone message.

Hello, / **this is** Debbie Cole. ⁰³My order arrived /
안녕하세요   저는 Debbie Cole입니다   제 주문품이 도착했어요

yesterday, / but some items were missing. ⁰⁴I need them /
어제   하지만 몇몇 상품이 누락되어 있었어요   저는 그것들이 필요합니다

to make our special lunch menu / today.
점심 특별 메뉴를 만들기 위해   오늘

⁰³Please deliver them / as soon as possible.
그것들을 배송해주세요   가능한 한 빨리

3-4번은 다음 전화 메시지에 관한 문제입니다.

안녕하세요, 저는 Debbie Cole입니다. ⁰³제 주문품이 어제 도착했지만, 몇몇 상품이 누락되어 있었어요. ⁰⁴저는 오늘 점심 특별 메뉴를 만들기 위해 그것들이 필요합니다. ⁰³가능한 한 빨리 그것들을 배송해주세요.

03 What is the message mainly about?
(A) 연락 요청
(B) 상품 배송

03 메시지는 주로 무엇에 관한 것인가?

04 Where does the speaker probably work?
(A) 식당
(B) 주방용품점

04 화자는 어디에서 일하는 것 같은가?

해설

03 What ~ message ~ about에서 메시지가 무엇에 관한 것인지를 묻는 주제 문제임을 확인할 수 있습니다. 화자의 말 My order arrived ~ but some items were missing과 Please deliver them as soon as possible에서 주문품이 도착했지만 몇몇 상품이 누락되어 있었다며 가능한 한 빨리 그것들을 배송해달라고 했으므로 메시지가 상품 배송에 관한 것임을 알 수 있습니다. 따라서 (B)가 정답입니다.

04 Where ~ speaker ~ work에서 화자가 어디에서 일하는지를 묻는 화자 문제임을 확인할 수 있습니다. 화자의 말 I need them[items] to make our special lunch menu에서 점심 특별 메뉴를 만들기 위해 상품들이 필요하다고 했으므로 화자가 식당에서 일하고 있음을 알 수 있습니다. 따라서 (A)가 정답입니다.

05

Question 5 refers to the following announcement.

I have an <u>update</u> / on the <u>annual company workshop</u>.
최신 정보가 있습니다   연례 회사 워크숍에 관한

It will take place / from August 13 to 14, /
이것은 열릴 것입니다   8월 13일부터 14일까지

and all employees can <u>bring a guest</u>.
그리고 모든 직원들은 손님을 데리고 올 수 있습니다.

What is the announcement mainly about?

(A) A trade fair
(B) A firm event

5번은 다음 공지에 관한 문제입니다.

연례 회사 워크숍에 관한 최신 정보가 있습니다. 이것은 8월 13일부터 14일까지 열릴 것이며, 모든 직원들은 손님을 데리고 올 수 있습니다.

공지는 주로 무엇에 관한 것인가?

(A) 무역 박람회
(B) 회사 행사

해설 What ~ announcement ~ about에서 공지가 무엇에 관한 것인지를 묻는 주제 문제임을 확인할 수 있습니다. 화자의 말 I have an update on the annual company workshop에서 연례 회사 워크숍에 관해 최신 정보가 있다고 했으므로 공지가 회사 행사에 관한 것임을 알 수 있습니다. 따라서 (B) A firm event가 정답입니다.

바꾸어 쓴 표현 workshop(워크숍) ➙ event(행사)

06

Questions 6 refers to the following telephone message.

<u>This message is for</u> Ms. Smith. This is Matt Palmer /
이 메시지는 Ms. Smith를 위한 것입니다   저는 Matt Palmer입니다

from Carleton's. I'd like to discuss the <u>cake decorations</u> /
      Carleton's의   저는 케이크 장식을 논의하고 싶습니다

for your party. Could you please <u>call me back</u>?
당신의 파티를 위한   제게 다시 전화해 주시겠어요

Where does the speaker probably work?

(A) At a bakery
(B) At a photo studio

6번은 다음 전화 메시지에 관한 문제입니다.

이 메시지는 Ms. Smith를 위한 것입니다. 저는 Carleton's의 Matt Palmer입니다. 저는 당신의 파티를 위한 케이크 장식을 논의하고 싶습니다. 제게 다시 전화해 주시겠어요?

화자는 어디에서 일하는 것 같은가?

(A) 제과점에서
(B) 사진관에서

해설 Where ~ speaker ~ work에서 화자가 어디에서 일하는지를 묻는 화자 문제임을 확인할 수 있습니다. 화자의 말 I'd like to discuss ~ cake decorations for ~ party에서 파티를 위한 케이크 장식을 논의하고 싶다고 했으므로 화자가 제과점에서 일하고 있음을 알 수 있습니다. 따라서 (A) At a bakery가 정답입니다.

07
-
08

Questions 7-8 refer to the following telephone message.

Hello, / my name is Lou Cobb. ⁰⁷I would like to <u>schedule</u>
안녕하세요 제 이름은 Lou Cobb입니다   저는 예약 일정을 잡고 싶습니다

<u>an appointment</u> / with the owner / of your company.
                    소유주와   당신 회사의

⁰⁸<u>Our hotel</u> needs to be painted, / and I'd like to know <u>the price</u>.
저희 호텔이 페인트칠 되어야 합니다   그리고 저는 가격을 알고 싶습니다

7-8번은 다음 전화 메시지에 관한 문제입니다.

안녕하세요, 제 이름은 Lou Cobb입니다. ⁰⁷저는 당신 회사의 소유주와 예약 일정을 잡고 싶습니다. ⁰⁸저희 호텔이 페인트칠되어야 하고, 저는 가격을 알고 싶습니다.

07 What is the purpose of the message? (A) To set up an appointment (B) To request a discount	**07** 메시지의 목적은 무엇인가? (A) 예약을 하기 위해 (B) 할인을 요구하기 위해
08 Where does the speaker probably work? (A) At a paint shop (B) At a hotel	**08** 화자는 어디에서 일하는 것 같은가? (A) 페인트 가게에서 (B) 호텔에서

해설

07 What ~ purpose ~ message에서 메시지의 목적이 무엇인지를 묻는 목적 문제임을 확인할 수 있습니다. 화자의 말 I would like to schedule an appointment에서 예약 일정을 잡고 싶다고 했으므로 메시지가 예약을 하기 위한 것임을 알 수 있습니다. 따라서 (A) To set up an appointment가 정답입니다.

08 Where ~ speaker ~ work에서 화자가 어디에서 일하는지를 묻는 화자 문제임을 확인할 수 있습니다. 화자의 말 Our hotel needs to be painted에서 화자의 호텔이 페인트칠 되어야 한다고 했으므로 화자가 호텔에서 일하고 있음을 알 수 있습니다. 따라서 (B) At a hotel이 정답입니다.

Course 2 세부 사항 관련 문제 유형   p. 202

실력 UP! 연습 문제

01 (A)   **02** (B)   **03** (A)   **04** (B)   **05** (B)   **06** (A)

07 (A)   **08** (A)

01 (What) is (mentioned about) the (car)?

02 (What) does the (speaker ask) the listener (to do)?

03 - 04

Questions 3-4 refer to the following telephone message. Good morning, / Ms. Parker. This is Sarah / from Capital Auto. 안녕하세요 Ms. Parker 저는 Sarah입니다 Capital Auto의 ⁰³Your car is fixed / now. ⁰⁴Please stop by our shop / 당신의 자동차는 수리되었습니다 이제 저희 가게에 들러 주세요 today / to pick it up. Thank you. 오늘 그것을 찾으러 감사합니다	3-4번은 다음 전화 메시지에 관한 문제입니다. 안녕하세요, Ms. Parker. 저는 Capital Auto의 Sarah입니다. ⁰³당신의 자동차는 이제 수리되었습니다. 오늘 그것을 찾으러 ⁰⁴저희 가게에 들러 주세요. 감사합니다.
03 What is mentioned about the car? (A) 수리되었다. (B) 운송될 것이다.	**03** 자동차에 대해서 무엇이 언급되는가?
04 What does the speaker ask the listener to do? (A) 업체에 전화한다. (B) 업체를 방문한다.	**04** 화자는 청자에게 무엇을 하라고 요청하는가?

03 What ~ mentioned about ~ car에서 자동차에 대해서 무엇이 언급되는지를 묻는 언급 문제임을 확인할 수 있습니다. 화자의 말 Your car is fixed now에서 자동차가 수리되었음을 알 수 있으므로 (A)가 정답입니다.

04 What ~ speaker ask ~ to do에서 화자가 청자에게 무엇을 하라고 요청하는지를 묻는 요청 문제임을 확인할 수 있습니다. 화자의 말 Please stop by our shop에서 가게에 들러달라고 요청하고 있음을 알 수 있으므로 (B)가 정답입니다.

05

Question 5 refers to the following advertisement.	5번은 다음 광고에 관한 문제입니다.
Do you want / to save money / on your gym **membership**? 원하시나요 　돈을 절약하기를 　　당신의 체육관 회원권에 Then / join Everyday Fitness! We offer the lowest 그렇다면 Everyday Fitness에 가입하세요 저희는 가장 저렴한 membership fees / in this town. 회비를 제공합니다 　　이 지역에서	당신의 체육관 회원권에 돈을 절약하기를 원하시나요? 그렇다면 Everyday Fitness에 가입하세요! 저희는 이 지역에서 가장 저렴한 회비를 제공합니다.
What does Everyday Fitness provide? (A) Low rental fees (B) Low prices	Everyday Fitness는 무엇을 제공하는가? (A) 저렴한 대여료 (B) 저렴한 가격

What ~ Everyday Fitness provide에서 Everyday Fitness가 무엇을 제공하는지를 묻는 특정 세부 문제임을 확인할 수 있습니다. 화자의 말 We[Everyday Fitness] offer the lowest membership fees in this town에서 Everyday Fitness가 이 지역에서 가장 저렴한 회비를 제공함을 알 수 있으므로 (B) Low prices가 정답입니다.

06

Question 6 refers to the following excerpt from a meeting.	6번은 다음 회의 발췌록에 관한 문제입니다.
As some of you know, / I'm flying / to Mexico City / 몇몇 분들이 아시다시피 　저는 비행기를 탑니다 　멕시코 시티행 tomorrow. While I'm there, / I'm going to tour our new 내일 　　제가 그곳에 있는 동안 　　저는 우리의 새 자동차 공장을 factory. I'll share my experience / with you all / next week. 견학할 것입니다 제 경험을 공유해드리겠습니다 여러분 모두에게 다음 주에	몇몇 분들이 아시다시피, 저는 내일 멕시코 시티행 비행기를 탑니다. 제가 그곳에 있는 동안, 저는 우리의 새 공장을 견학할 것입니다. 다음 주에 여러분 모두에게 제 경험을 공유해드리겠습니다.
Why will the speaker travel to Mexico City? (A) To look around a facility (B) To build a factory	화자는 왜 멕시코 시티로 갈 것인가? (A) 시설을 둘러보기 위해 (B) 공장을 짓기 위해

Why ~ speaker travel ~ Mexico City에서 화자가 왜 멕시코 시티로 갈 것인지를 묻는 이유 문제임을 확인할 수 있습니다. 화자의 말 I'm flying to Mexico City tomorrow. While I'm there, I'm going to tour our new factory에서 내일 멕시코 시티행 비행기를 타며 그곳에 있는 동안 새 공장을 견학할 것임을 알 수 있으므로 (A) To look around a facility 가 정답입니다. (B)는 지문에서 사용된 factory(공장)를 사용하였으나 공장을 짓는다는 내용은 언급되지 않았으므로 오답입니다.

[바꾸어 쓴 표현] factory(공장) → facility(시설)

Questions 7-8 refer to the following telephone message.

Hello, / Ms. Porter. 07This is Sally Bynes, / the manager /
안녕하세요 Ms. Porter   저는 Sally Bynes입니다   관리자인

of Lotus Bank. You called us / yesterday /
Lotus 은행의   당신은 전화하셨습니다   어제

to report a mistake / on your credit card bill. I'm sorry / to hear /
오류를 신고하기 위해   신용카드 청구서에 있는   유감입니다   듣게 되어

about this problem. 08I will send a new one / by e-mail /
이 문제에 대해   새 청구서를 보내드리겠습니다   이메일로

right now.
지금 바로

7-8번은 다음 전화 메시지에 관한 문제입니다.

안녕하세요, Ms. Porter. 07저는 Lotus 은행의 관리자인 Sally Bynes입니다. 당신은 어제 신용카드 청구서에 있는 오류를 신고하기 위해 전화하셨습니다. 이 문제에 대해 듣게 되어 유감입니다. 지금 바로 08새 청구서를 이메일로 보내드리겠습니다.

07 What did Ms. Porter do yesterday?
(A) Contacted a bank
(B) Lost a card

07 Ms. Porter는 어제 무엇을 했는가?
(A) 은행에 연락했다.
(B) 카드를 분실했다.

08 What will the speaker probably do next?
(A) E-mail a document
(B) Deliver a new card

08 화자는 다음에 무엇을 할 것 같은가?
(A) 이메일로 문서를 보낸다.
(B) 새로운 카드를 배송한다.

해설

07 What ~ Ms. Porter do yesterday에서 Ms. Porter가 어제 무엇을 했는지를 묻는 특정 세부 문제임을 확인할 수 있습니다. 화자의 말 This is ~ the manager of Lotus Bank. You[Ms. Porter] called us yesterday에서 Ms. Porter가 어제 Lotus 은행에 전화했음을 알 수 있으므로 (A) Contacted a bank가 정답입니다.

바꾸어 쓴 표현 called(전화했다) ➜ Contacted(연락했다)

08 What ~ speaker ~ do next에서 화자가 다음에 무엇을 할 것인지를 묻는 다음에 할 일 문제임을 확인할 수 있습니다. 화자의 말 I will send a new one[credit card bill] by e-mail에서 새 신용카드 청구서를 이메일로 보낼 것임을 알 수 있으므로 (A) E-mail a document가 정답입니다.

자신감 UP! 실전 대비하기   p. 204

| **01** (C) | **02** (B) | **03** (A) | **04** (C) | **05** (A) | **06** (D) |
| **07** (D) | **08** (A) | **09** (B) | **10** (B) | **11** (C) | **12** (B) |

Questions 1-3 refer to the following talk.

OK, / everyone. 01We're here / to talk / about staff uniforms.
좋습니다 여러분 우리는 이곳에 있습니다 이야기하기 위해 직원 유니폼에 대해

I got the images / from 02Margaret Smith, the manager
저는 사진을 받았습니다   Margaret Smith에게서 관리자인

of the design department.
           디자인 부서의

03I will show them / to you / now.
그것들을 보여드리겠습니다 여러분께   지금

1-3번은 다음 담화에 관한 문제입니다.

좋습니다, 여러분. 01우리는 직원 유니폼에 대해 이야기하기 위해 이곳에 있습니다. 저는 02디자인 부서의 관리자인 Margaret Smith에게서 사진을 받았습니다. 03지금 여러분께 그것들을 보여드리겠습니다.

01 What is the talk mainly about?
(A) Schedule changes
(B) Parking spots
(C) Staff clothing
(D) Office hours

02 Who is Margaret Smith?
(A) A computer engineer
(B) A department head
(C) A fashion designer
(D) A hotel owner

03 What will the speaker probably do next?
(A) Present some images
(B) Test some items
(C) Hand out a form
(D) Print a document

01 담화는 주로 무엇에 관한 것인가?
(A) 일정 변경
(B) 주차 공간
(C) 직원 의류
(D) 근무 시간

02 Margaret Smith는 누구인가?
(A) 컴퓨터 기술자
(B) 부서장
(C) 패션 디자이너
(D) 호텔 소유주

03 화자는 다음에 무엇을 할 것 같은가?
(A) 사진들을 발표한다.
(B) 몇몇 상품들을 시험한다.
(C) 양식을 나누어 준다.
(D) 문서를 인쇄한다.

해설

01 What ~ talk ~ about에서 담화가 무엇에 관한 것인지를 묻는 주제 문제임을 확인할 수 있습니다. 화자의 말 We're here to talk about staff uniforms에서 직원 유니폼에 대해 이야기하기 위해 이곳에 있다고 했으므로 담화가 직원 의류에 관한 것임을 알 수 있습니다. 따라서 (C) Staff clothing이 정답입니다.

[바꾸어 쓴 표현] uniforms(유니폼) → clothing(의류)

02 Who ~ Margaret Smith에서 Margaret Smith가 누구인지를 묻는 특정 세부 문제임을 확인할 수 있습니다. 화자의 말 Margaret Smith, the manager of the design department에서 Margaret Smith가 디자인 부서의 관리자임을 알 수 있으므로 (B) A department head가 정답입니다.

03 What ~ speaker ~ do next에서 화자가 다음에 무엇을 할 것인지를 묻는 다음에 할 일 문제임을 확인할 수 있습니다. 화자의 말 I will show them[images] to you now에서 지금 사진들을 보여줄 것임을 알 수 있으므로 (A) Present some images가 정답입니다.

04 - 06

Questions 4-6 refer to the following announcement.

Hello, / everyone. Welcome / to Best Tech.
안녕하세요 여러분   환영합니다 Best Tech에 오신 것을
04I'm Porter / from the human resources department.
저는 Porter입니다   인사부의
05It's already 8:30 A.M. We have a lot of topics / to cover /
벌써 오전 8시 반이네요   우리는 자료들이 많습니다   다룰
today. First, / I'd like to tell you / about our company's policies.
오늘   먼저   저는 말씀드리고 싶습니다   우리 회사의 정책에 대해
06Please open your booklets / to the first page.
         여러분의 책자를 펴주세요   첫 페이지로

4-6번은 다음 공지에 관한 문제입니다.

안녕하세요, 여러분. Best Tech에 오신 것을 환영합니다. **04**저는 인사부의 Porter입니다. **05**벌써 오전 8시 반이네요. 오늘 다룰 주제들이 많습니다. 먼저, 저는 우리 회사의 정책에 대해 말씀드리고 싶습니다. **06**여러분의 책자 첫 페이지를 펴주세요.

04 Where does the speaker work?

    (A) Customer service department

    (B) Sales department

    (C) Human resources department

    (D) Accounting department

05 Why does the speaker say, "It's already 8:30 A.M."?

    (A) To start a talk

    (B) To revise a plan

    (C) To follow a rule

    (D) To explain a timeline

06 What does the speaker ask the listeners to do?

    (A) Return a call

    (B) Update a calendar

    (C) Get an ID badge

    (D) Look at a document

04 화자는 어디에서 일하는가?

    (A) 고객 서비스부

    (B) 영업부

    (C) 인사부

    (D) 회계부

05 화자는 왜 "벌써 오전 8시 반이네요"라고 말하는가?

    (A) 강연을 시작하기 위해

    (B) 계획을 수정하기 위해

    (C) 규칙을 따르기 위해

    (D) 시간표를 설명하기 위해

06 화자는 청자들에게 무엇을 하라고 요청하는가?

    (A) 전화를 다시 하는 것

    (B) 달력을 갱신하는 것

    (C) 신분증을 받는 것

    (D) 문서를 보는 것

해설

04 Where ~ speaker work에서 화자가 어디에서 일하는지를 묻는 장소 문제임을 확인할 수 있습니다. 화자의 말 I'm Porter from the human resources department에서 화자가 인사부에서 일하고 있음을 알 수 있으므로 (C) Human resources department가 정답입니다.

05 Why ~ speaker say, "It's already 8:30 A.M."에서 화자가 왜 "벌써 오전 8시 반이네요"라고 말하는지를 묻는 의도 파악 문제임을 확인할 수 있습니다. 화자의 말 It's already 8:30 A.M. We have a lot of topics to cover today에서 벌써 오전 8시 반이라고 한 뒤 오늘 다룰 주제들이 많다고 했으므로 강연을 시작하기 위함임을 알 수 있습니다. 따라서 (A) To start a talk가 정답입니다.

06 What ~ speaker ask ~ listeners to do에서 화자가 청자들에게 무엇을 하라고 요청하는지를 묻는 요청 문제임을 확인할 수 있습니다. 화자의 말 Please open your booklets to the first page에서 책자 첫 페이지를 펴달라고 요청하고 있음을 알 수 있으므로 (D) Look at a document가 정답입니다.

바꾸어 쓴 표현 booklets(책자) → document(문서)

07 - 09

Questions 7-9 refer to the following telephone message.

Good morning, / Charles. It's Tracy Chan. ⁰⁷I'm calling /
안녕하세요   Charles   Tracy Chan이에요.   전화드려요

to tell you / about our project / with Barns Industries.
당신에게 말하기 위해   우리 프로젝트에 대해   Barns Industries와의

⁰⁸Yesterday, / I met / with the firm's manager.
어제   저는 만났어요   그 회사의 관리자와

We had a great conversation / about a new business project.
우리는 매우 좋은 대화를 나눴어요   새로운 사업 프로젝트에 대해

⁰⁹I'll write a short report / about it.
제가 짧은 보고서를 작성할게요   이것에 관한

7-9번은 다음 전화 메시지에 관한 문제입니다.

안녕하세요, Charles. Tracy Chan이에요. Barns Industries와의 ⁰⁷우리 프로젝트에 대해 당신에게 말하기 위해 전화드려요. ⁰⁸어제, 저는 그 회사의 관리자와 만났어요. 우리는 새로운 사업 프로젝트에 대해 매우 좋은 대화를 나눴어요. ⁰⁹제가 이것에 관한 짧은 보고서를 작성할게요.

07 Why is the speaker calling?

    (A) To explain a problem

    (B) To thank an employee

    (C) To ask a favor

    (D) To discuss a project

08 What did the speaker do yesterday?

    (A) Talked with a director

    (B) Signed a form

    (C) Sent an e-mail

    (D) Bought a product

09 What will the speaker most likely do next?

    (A) Visit a store

    (B) Create a document

    (C) Answer a question

    (D) Check a Web site

07 화자는 왜 전화하고 있는가?

    (A) 문제를 설명하기 위해

    (B) 직원에게 감사를 전하기 위해

    (C) 부탁을 하기 위해

    (D) 프로젝트에 대해 논의하기 위해

08 화자는 어제 무엇을 했는가?

    (A) 관리자와 이야기했다.

    (B) 양식에 서명했다.

    (C) 이메일을 보냈다.

    (D) 상품을 구입했다.

09 화자는 다음에 무엇을 할 것 같은가?

    (A) 가게를 방문한다.

    (B) 문서를 제작한다.

    (C) 질문에 답변한다.

    (D) 웹사이트를 확인한다.

[해설]

07 Why ~ speaker calling에서 화자가 왜 전화하고 있는지를 묻는 이유 문제임을 확인할 수 있습니다. 화자의 말 I'm calling to tell you about our project에서 프로젝트에 대해 말하기 위해 전화하고 있음을 알 수 있으므로 (D) To discuss a project가 정답입니다.

08 What ~ speaker do yesterday에서 화자가 어제 무엇을 했는지를 묻는 특정 세부 문제임을 확인할 수 있습니다. 화자의 말 Yesterday, I met with the firm's manager에서 어제 회사의 관리자와 만났음을 알 수 있으므로 (A) Talked with a director가 정답입니다.

    [바꾸어 쓴 표현] manager(관리자) → director(관리자)

09 What ~ speaker ~ do next에서 화자가 다음에 무엇을 할 것인지를 묻는 다음에 할 일 문제임을 확인할 수 있습니다. 화자의 말 I'll write a short report에서 화자가 짧은 보고서를 작성할 것임을 알 수 있으므로 (B) Create a document가 정답입니다.

    [바꾸어 쓴 표현] write a ~ report(보고서를 작성하다) → Create a document(문서를 제작하다)

10-12

Questions 10-12 refer to the following excerpt from a meeting.

OK, / everyone. ¹⁰I've explained all / of our
좋습니다 여러분   저는 모든 것을 설명했습니다   우리

security information. Now, / I want to move on /
보안 정보의   이제   저는 넘어가고 싶습니다

to the next agenda item. ¹¹You'll work / on the third floor /
다음 안건으로   여러분은 일할 것입니다   3층에서

with the other researchers, / so we will go there / first.
다른 연구원들과   그러므로 우리는 그곳에 갈 것입니다 먼저

Also, / ¹²please leave your coats / in this conference room.
또한   여러분의 코트를 두고 가주세요   이 학회장에

We'll come back / here / later.
우리는 다시 돌아올 것입니다 여기 나중에

10-12번은 다음 회의 발췌록에 관한 문제입니다.

좋습니다, 여러분. ¹⁰저는 우리 보안 정보의 모든 것을 설명했습니다. 이제 저는 다음 안건으로 넘어가고 싶습니다. ¹¹여러분은 다른 연구원들과 3층에서 일할 것이므로, 우리는 그곳에 먼저 갈 것입니다. 또한, ¹²여러분의 코트를 이 학회장에 두고 가주세요. 우리는 나중에 여기 다시 돌아올 것입니다.

Agenda	
8:00 A.M.	Welcome speech
8:30 A.M.	Security information
9:00 A.M.	¹⁰Building tour
10:00 A.M.	Office rules
10:30 A.M.	Training video

안건	
오전 8시	환영사
오전 8시 30분	보안 정보
오전 9시	¹⁰건물 견학
오전 10시	사무실 규칙
오전 10시 30분	교육 영상

10 Look at the graphic. What is the next agenda item?

(A) Security information

(B) Building tour

(C) Office rules

(D) Training video

10 시각 자료를 보시오. 다음 안건은 무엇인가?

(A) 보안 정보

(B) 건물 견학

(C) 사무실 규칙

(D) 교육 영상

11 What is mentioned about the researchers?

(A) They will have a meeting.

(B) They will check a file.

(C) They work on the same floor.

(D) They wear uniforms.

11 연구원들에 대해 무엇이 언급되는가?

(A) 회의를 할 것이다.

(B) 파일을 확인할 것이다.

(C) 같은 층에서 일한다.

(D) 유니폼을 입는다.

12 According to the speaker, what should the listeners leave in the room?

(A) Some bags

(B) Some clothing

(C) Some laptops

(D) Some books

12 화자에 따르면, 청자들은 방 안에 무엇을 두고 가야 하는가?

(A) 가방

(B) 옷

(C) 노트북 컴퓨터

(D) 책

해설

10 Look ~ graphic. What ~ next agenda에서 다음 안건이 무엇인지를 묻는 시각 자료 문제임을 확인할 수 있습니다. 화자의 말 I've explained all of our security information ~ I want to move on to the next agenda item에서 보안 정보의 모든 것을 설명했으며, 다음 안건으로 넘어가고 싶다고 했으므로 시각 자료에서 Security information의 다음인 Building tour가 다음 안건임을 알 수 있습니다. 따라서 (B) Building tour가 정답입니다.

11 What ~ mentioned about ~ researchers에서 연구원들에 대해 무엇이 언급되는지를 묻는 언급 문제임을 확인할 수 있습니다. 화자의 말 You'll work on the third floor with the other researchers에서 청자들이 다른 연구원들과 함께 3층에서 일할 것이라고 했으므로 연구원들이 같은 층에서 일함을 알 수 있습니다. 따라서 (C) They work on the same floor가 정답입니다.

12 what ~ listeners leave in the room에서 청자들이 방 안에 무엇을 두고 가야 하는지를 묻는 특정 세부 문제임을 확인할 수 있습니다. 화자의 말 please leave your coats in this conference room에서 코트를 학회장에 두고 가야 함을 알 수 있으므로 (B) Some clothing이 정답입니다.

바꾸어 쓴 표현   coats(코트) → Some clothing(옷)

해커스토익 Hackers.co.kr

무료 온라인 모의토익 · 무료 매월 적중예상특강 · 무료 실시간 토익시험 정답확인&해설강의

해커스인강 HackersIngang.com

본 교재 인강 · 무료 교재 MP3 · 무료 단어암기장 및 단어암기 MP3

해커스 어학연구소

누적 수강건수 550만 선택

취업교육 1위 해커스